裁判実務フロンティア

家事事件手続

矢尾和子・大坪和敏 編

秋山里絵
木下真由美
倉持政勝
国分貴之
本多智子
町田健一
著

有斐閣

はしがき

　家事事件手続法が，家事審判法の手続を約60年ぶりに大改正して平成25年1月1日に施行されてから4年が経過し，調停に代わる審判の対象事件の拡大，申立書写しの送付や子の意思把握の規定の新設等の適正で合理的な審理を実現するための様々な改正を踏まえた新しい実務が定着しつつある一方で，家事事件の新受事件数は平成28年度には100万件を超え，家裁の手続による家事紛争解決に対する期待はますます高まっている状況にある。
　したがって，家事事件の手続に関与する実務家は，従来の家事紛争でイメージされてきた家事調停の話合いによる解決の枠組みだけでなく，紛争発生前の時点から紛争発生後その終局までの間において，選択可能な各種の手続及びそこでポイントとなる事実及び証拠を見通した上で，紛争予防の効果的な対策を取り，また紛争発生後は的確な手続選択と各手続における適切な主張立証をすることが必要不可欠となっている。

　そこで，本書は，家事事件手続法施行当時に東京家裁に在籍し，改正後の新しい実務の定着に向けて様々な検討を行っていた裁判官3名と，家事調停官や弁護士会の家事事件の運用に関する委員会のメンバー等として，家事事件の運用に深く関わってきた弁護士5名とが議論を重ね，家事事件で最も典型的な離婚紛争2件と相続紛争2件の事例を作り上げ，いずれも，エピソード（物語）形式で手続の進行をシミュレートして，裁判所，双方当事者（代理人），調停委員会等の具体的なやりとりを示し，家事紛争の予防（例えば，Episode 3の成年後見申立手続やEpisode 4の公正証書遺言作成手続）も視野に入れながら，事案の流れに沿って各手続のポイントについて詳細な解説をしたものである。
　なお，上記のとおり，本書の4つのエピソードはいずれも架空の事例をゼロから創作したものであり，読者ができるだけ現実の家事事件において裁判所職員や代理人弁護士が行う手続をイメージできるよう，様々な書面（例えば，Episode 2では，家裁調査官が作成する詳細な調査報告書）を示している

はしがき

が，これも執筆者らの創作である。実務でよく問題となる離婚や遺産分割の典型的な事件は，類似している要素や争点を抱えたものが少なくなく，読者の中には，本書の事例が実際の事件に似ていると思われる方もおられるかもしれないが，どの事例も架空のものであって実際の事件ではないことにご留意願いたい。

ところで，本書のスタイルは，非公開で実施される家事審判・調停事件の手続（家事事件手続法33条。裁判所が相当と認める者の傍聴は許されるが，例外的なものである）における裁判官，双方当事者（代理人）及び調停委員会等の具体的なやりとりを示している点で，同じく有斐閣から出版されている民事訴訟手続における争点整理を対象にした林道晴＝太田秀哉編『ライブ争点整理』（2014年）に類似している。これは，地方裁判所における争点整理手続が必ずしも公開を前提とせずに行われる（民事訴訟法169条2項）点で，両者が似ていることから，当該手続の関係者以外であっても実際の手続をイメージできるようにして，家裁の手続に関与する実務家のスキルアップを図るとともに，研究者の検討分析にも役立てることが，民事訴訟手続における争点整理手続の場合と同様に意義があると考えたためである。

他方で，家事事件手続法施行後においても，家庭裁判所の紛争解決機能を強化してさらに適正迅速な解決を実現することが重要な課題となっていることから，本書の内容も，家事事件の実務が，より法の趣旨を踏まえつつ利用者のニーズに適った運用へと発展していくことを願って，現実よりも多少先に進んだ運用イメージを想定しているところもあり，その意味で，家事事件の手続のフロンティアを切り開いていきたいとの思いを込めて，「フロンティア」という表現をタイトルに盛り込んだものである。

本書の主たる読者としては，家事事件の実務を担っている実務家（弁護士，裁判官，家裁調査官や書記官，家事調停官，家事調停委員等）を念頭に置いているが，家裁の実務に関心を持つ研究者や，司法修習生，法科大学院生など法曹を目指している者にとっても参考になる面があると思われる。

また，本書の執筆に際し，執筆者らは，できるだけ多くの実務上の有用な

知識と情報を読者に伝えたいという強い熱意をもって協議を重ねて取りまとめを行った。その結果，本書はかなりボリュームのある内容になったが，ボリュームがあっても，物語の進行に興味を引かれてどんどん読み進めることができると同時に，様々な知識がまさにエピソード記憶として記憶に残りやすいものになっていると自負している。

　本書が，家事事件の実務に少しでもプラスの影響を及ぼすことができたら，執筆者一同誠に幸甚である。

　最後に，本書の企画当初から一貫して温かいご指導をいただいた，有斐閣の山宮康弘氏，青山ふみえ氏，また，最後の仕上げにご尽力いただいた五島圭司氏に心から謝意を表したい。

　2017年6月

執筆者を代表して
矢　尾　和　子

目　次

本書の利用の仕方　xix

Episode 1　婚姻費用及び財産分与等離婚給付をめぐる争い
　　　　　〜ある会社経営者の離婚〜

Scene 1　調停申立前――夫婦間の事前協議――――――――――3
- I　申立人（夫）の活動――離婚を求める夫は ……………………3
    - 1　打合せ前の事前準備　3
    - 2　弁護士との打合せ・受任通知の送付　3
- II　相手方（妻）の活動――離婚を求められた妻は ………………11
    - 1　弁護士への相談　11
    - 2　弁護士との打合せ　11
- III　事前協議の状況とその後――不貞の疑いをめぐって対立 ………14
    - 1　事前協議の経過　14
    - 2　離婚調停申立ての準備　14

Scene 2　調停申立て――合意を目指すための書面の作成と提出のあり方―16
- I　申立書類の作成――申立書等の記載例 ……………………16
- II　裁判所における申立書等の審査――受付から期日指定まで ……21
    - 1　申立書等の審査　21
    - 2　手続選別（インテーク）の実際　24
- III　花子（妻）の方針――離婚及び婚姻費用分担調停の準備 ………25
    - 1　離婚調停についての方針と準備　25
    - 2　婚姻費用分担調停の申立ての準備　26
    - 3　婚姻費用分担調停の申立て――申立書の記載例等　32
- IV　裁判所の調停期日前の準備
　　――離婚調停と婚姻費用分担調停の進め方 ………………32
- V　太郎（夫）と赤坂弁護士との期日前の打合せ
　　――婚姻費用は払っています ……………………………34

Scene 3	第1回調停期日──婚姻費用分担の調整から──────36
Ⅰ	調停期日前の評議──調停委員会の方針 ………………36
Ⅱ	調停期日の経過──分かりやすい手続を目指して ………37
	1 開始時の双方立会手続説明 37
	2 太郎（夫）の「主張」の要旨 40
	3 花子（妻）の「主張」の要旨 41
	4 双方の意見 43
	5 調停委員同士の打合せ 44
	6 終了時の双方立会手続説明 45
Ⅲ	双方の調停期日後の打合せ──不貞疑惑と収入認定 …………45
	1 太郎（夫）と赤坂弁護士──不貞疑惑を払拭できるか？ 45
	2 花子（妻）と淡路弁護士──役員報酬か生活費か？ 46

Scene 4	第2回調停期日──離婚に向けて話合いを進めるために──47
Ⅰ	調停期日前の評議──婚姻費用分担調停の成立を目指して ……47
Ⅱ	調停期日の経過──調停に代わる審判による解決か？ ………48
	1 開始時の双方立会手続説明 48
	2 双方の「主張」の要旨 48
	3 中間評議 49
	4 調停委員会案に対する双方の意見の要旨 49
	5 調停に代わる審判 50
	6 離婚調停の進行 51
	7 終了時の双方立会手続説明 53
Ⅲ	双方の調停期日後の打合せ──離婚の合意に向けて ………53
	1 太郎（夫）と赤坂弁護士──花子の心情に配慮して 53
	2 花子（妻）と淡路弁護士──離婚条件の検討 54

Scene 5	第3回調停期日──財産分与の調整────────55
Ⅰ	調停期日前の評議 ………………………………………55
Ⅱ	調停期日の経過──会社の株式の帰属をめぐる争い ………55
	1 開始時の双方立会手続説明 55
	2 財産分与等に関する双方の「主張」の要旨 56
	3 終了時の双方立会手続説明 57
Ⅲ	調査嘱託申立て──任意の提出を促したが ………………63

Scene 6	第4回調停期日──離婚後の生活保障，慰謝料等の調整──66
Ⅰ	調停期日前の評議──特有財産に関する心証 ………………66

目　次

　Ⅱ　調停期日の経過──株式の分け方 …………………………………67
　　1　双方の意見の要旨（同席で事情聴取）　67
　　2　中間評議　68
　　3　基本方針等に対する双方の意見　71
　　4　終了時の双方立会手続説明　71
　Ⅲ　双方の調停期日後の打合せ──相手の納得を得るために ………72
　　1　太郎（夫）と赤坂弁護士──優先順位を考えて　72
　　2　花子（妻）と淡路弁護士──解決することを考えて　72

Scene 7　第5回調停期日──離婚成立─────────────73
　Ⅰ　調停期日前の評議──調停成立に向けて …………………………73
　Ⅱ　調停期日の経過──良好な親子関係の再構築を目指して ………73
　　1　開始時の双方立会手続説明　73
　　2　双方の意見の要旨　74
　　3　中間評議　74
　　4　調停委員会案に対する双方の意見の要旨　75
　　5　双方の最終提案　76
　　6　調停成立　77
　Ⅲ　離婚届の提出，年金分割の請求──これからの生活に向けて …79
　　1　離婚の届出，氏（戸籍），子供の戸籍について　79
　　2　年金分割のための手続など　80

　　【書式1-1】受任通知　10
　　【書式1-2】調停申立書　18
　　【書式1-3】事情説明書　20
　　【書式1-4】調査嘱託申立書　64

Episode 2　監護・親権・面会交流をめぐる争い
〜親子関係の再構築を目指して〜

Scene 1　申立前の活動──一時的な里帰りのはずが──────85
　Ⅰ　弁護士への相談──子供たちが帰ってきません ……………………85
　Ⅱ　子の引渡しに関する手続
　　　──裁判所の手続を利用するにあたって ………………………87
　　1　子の引渡しの手続の説明　87

2　子の引渡しの執行手続の説明　89

Scene 2　子の引渡しの保全処分・審判，監護者指定の審判申立て
　　　　　　──保全，審判手続の概要─────────────92
　Ⅰ　保全申立書等の概要──申立書記載例 ……………………92
　Ⅱ　裁判所における期日前の準備──保全・審判申立事案の進行 …97
　Ⅲ　相手方（母・妻）の準備──答弁書記載例 ……………………98

Scene 3　第1回期日──双方の意見と進行方針の検討────────102
　Ⅰ　双方の「主張」の要旨──二男が不安定に ……………………102
　　1　寛（父・夫）の「主張」　102
　　2　明子（母・妻）の「主張」　102
　Ⅱ　調査命令（関係機関調査）──保全の必要性に関する調査へ …104

Scene 4　家裁調査官による調査Ⅰ
　　　　　　──小学校，保育園での子供たちの様子は？──────106
　Ⅰ　調査前の双方の準備──円滑な調査官調査に向けて ……………106
　　1　寛（父・夫）と山下弁護士との打合せ　106
　　2　明子（母・妻）と川口弁護士との打合せ　106
　Ⅱ　裁判官と家裁調査官の打合せ──調査の趣旨・目的等の確認 …107
　Ⅲ　家裁調査官による関係機関調査とその結果
　　　　──調査報告書の提出 ………………………………………107
　　1　調査とその結果　108
　　2　家裁調査官と裁判官との打合せ　112
　Ⅳ　調査報告書の謄写とその検討 …………………………………113
　　1　調査報告書の謄写　113
　　2　寛（父・夫）と山下弁護士との打合せ　114
　　3　明子（母・妻）と川口弁護士との打合せ　114

Scene 5　第2回期日──保全か本案か？────────────115
　Ⅰ　家裁調査官による調査結果の検討
　　　　──夫婦間の争いに子を巻き込まないために ………………115
　　1　事実の調査の通知　115
　　2　寛（父・夫）の調査結果に対する意見の要旨　115
　　3　家裁調査官による補足説明　115
　　4　明子（母・妻）の調査結果等に対する意見の要旨　116
　Ⅱ　今後の進行方針──離婚に向けての話合いは可能か？ ………116
　Ⅲ　調査命令（子の監護状況及び心情）

vii

目　次

　　　　──調査に向けての準備事項 …………………………………117
Scene 6　家裁調査官による調査Ⅱ──過去・現在の監護の状況は？─118
　Ⅰ　子の監護状況及び子の心情調査とその結果
　　　　──調査報告書の提出 ……………………………………………118
　Ⅱ　家裁調査官による調査結果の検討
　　　　──次回期日に向けての準備 ……………………………………129
　　　1　寛（父・夫）と山下弁護士の打合せ
　　　　　──面会交流調停の申立てへ　129
　　　2　明子（母・妻）と川口弁護士との打合せ
　　　　　──子供たちの健全な成長のために　130
　Ⅲ　期日前の裁判所の準備──付調停に向けて ……………………130

Scene 7　第3回期日──調査結果を踏まえた進行────────────133
　Ⅰ　双方の意見の要旨──離婚問題の解決は？ ……………………133
　　　1　寛（父・夫）の意向　133
　　　2　明子（母・妻）の意向　134
　Ⅱ　期日の経過──話合いによる解決を目指して …………………134

Scene 8　離婚及び面会交流調停申立て──────────────────135
　Ⅰ　離婚調停申立て──明子の離婚条件 ……………………………135
　　　1　明子（母・妻）と川口弁護士の打合せ　135
　　　2　離婚調停の申立て等　135
　Ⅱ　面会交流調停の申立て──寛（父・夫）と山下弁護士の方針…136
　　　1　寛（父・夫）と山下弁護士の打合せ
　　　　　──親権と監護を分けることはできますか？　136
　　　2　面会交流調停申立て　137
　Ⅲ　調停期日前の双方及び裁判所の準備
　　　　──離婚と面会交流の話合いに向けて …………………………144
　　　1　双方の準備　144
　　　2　裁判所の準備　144

Scene 9　第1回調停期日──離婚条件の調整──────────────146
　Ⅰ　調停期日前の評議──調停委員会の進行方針 …………………146
　Ⅱ　調停期日の経過
　　　　──離婚後の子供の居住場所，面会交流の頻度をめぐって……146
　　　1　開始時の双方立会手続説明　146
　　　2　双方からの事情聴取　146

3　終了時の双方立会手続説明　148
　　　4　調停委員から書記官への報告等　149
　Ⅲ　調停期日後に生じた問題──面会交流中に問題が ……………149
　　　1　明子（母・妻）と川口弁護士の打合せ　149
　　　2　寛（父・夫）と山下弁護士との打合せ　150
　　　3　裁判所の事前準備　152

Scene 10　第2回調停期日
　　　　　──子供の幸せのための面会交流のあり方を考える──153
　Ⅰ　調停期日前の評議──面会交流の円滑な実施を目指して ………153
　Ⅱ　調停期日の経過──双方の不信感は未だ解消されず ……………153
　　　1　開始時の双方立会手続説明　153
　　　2　双方の事情聴取　154
　　　3　終了時の双方立会手続説明　155
　Ⅲ　DVD「子どものための面会交流に向けて」視聴
　　　　──面会交流における心構え ……………………………………156
　Ⅳ　期日前の双方及び裁判所の準備 …………………………………156
　　　1　双方の準備　156
　　　2　裁判所の準備　157

Scene 11　第3回調停期日──調停成立──────────158
　Ⅰ　調停期日前の評議──調停委員会案の策定 ……………………158
　Ⅱ　調停期日の経過──父母として子供たちにできることを考える …158
　　　1　開始時の双方立会手続説明と明子からの提案　158
　　　2　明子と寛の対話（双方同席で実施）
　　　　　──信頼関係を修復するために　159
　　　3　中間評議──調停条項案の検討　160
　Ⅲ　調停成立──夫婦から父母へ ……………………………………160
　　　1　調停条項案の提示　160
　　　2　調停条項の確認，養育費についての疑問　161

```
【書式2-1】保全処分申立書　92
【書式2-2】答弁書　98
【書式2-3】調査報告書　108
【書式2-4】調査報告書　118
【書式2-5】申立書　138
【書式2-6】事情説明書　140
```

目　次

Episode 3　成年後見の申立てと遺産分割紛争
～同族会社の株式をめぐるお家騒動～

Scene 1　成年後見の申立て——大株主は認知症————————165
- Ⅰ　発端——親族による使込みのおそれ ……………………165
- Ⅱ　成年後見申立ての準備——同居していない親族の採り得る手段 …166
  - 1　太郎からの電話　166
  - 2　打合せ当日のやりとり　166
- Ⅲ　家裁への成年後見の申立て——申立書の作成 ……………171

Scene 2　成年後見の申立てに対する家庭裁判所の審判————176
- Ⅰ　申立受理と申立人からの事情の聴取——手続の選別 ………176
- Ⅱ　鑑定の実施と後見開始の審判——同居親族の理解を得て ………176

Scene 3　成年後見人の選任から本人の死亡による後見終了まで
　　　　　——成年後見人の業務————————————————179
- Ⅰ　成年後見人の初動業務——本人の財産を保護するために ………179
  - 1　記録の閲覧・謄写と面談の準備　179
  - 2　申立人との面談　180
  - 3　本人及び同居親族との面談（予定）　181
- Ⅱ　後見業務の終了——本人の死亡 ……………………………182

Scene 4　当事者間の遺産分割協議——協議の申入れから決裂まで——185
- Ⅰ　遺産分割協議の申入れ——まずは裁判外の話合いから …………185
  - 1　太郎（長男）と甲野弁護士の打合せ——遺産分割協議に向けて　185
  - 2　美衣子ら（長女・二男）と乙川弁護士の打合せ
    ——遺産分割協議の申入れを受けて　186
- Ⅱ　代理人弁護士による協議——交渉はまとまらず ………………191

Scene 5　遺産分割調停の申立て——争点を意識した定型書式の利用—192
- Ⅰ　太郎と甲野弁護士の打合せ——遺産分割調停の申立てへ ………192
- Ⅱ　遺産分割調停の申立て——申立書の記載例 ……………………192
- Ⅲ　答弁書の提出——定型書式を利用して ……………………196
  - 1　美衣子と乙川弁護士の打合せ　196
  - 2　乙川弁護士による答弁書の作成・提出　197

Scene 6	第1回調停期日──遺産分割調停の進め方 ──────199
Ⅰ	事前評議──進行方針の策定 …………………………………199
Ⅱ	調停期日でのやりとり 　──調停の進め方を調停委員会と当事者間で共有する ………207
	1　開始時の双方立会手続説明　207
	2　申立人からの聴取　207
	3　相手方らからの聴取　208
	4　申立人への確認──遺産である不動産の賃料債権　209
	5　終了時の双方立会手続説明　209
Ⅲ	期日間の打合せで──平成28年決定を受けて ……………210

Scene 7	第2回調停期日──使途不明金と遺産の評価についての協議─211
Ⅰ	調停期日でのやりとり──まずは遺産の範囲から ………211
	1　申立人からの聴取　212
	2　相手方美衣子からの聴取　212
	3　終了時の双方立会手続説明　212
Ⅱ	調停期日後のそれぞれの感想──今後の方針は ……………213
	1　裁判官（四谷）　213
	2　申立代理人（甲野弁護士）　213
	3　相手方美衣子代理人（乙川弁護士）　213

Scene 8	第3回調停期日──遺産の範囲の中間合意 ──────219
	1　開始時の双方立会手続説明　219
	2　申立人からの聴取　220
	3　相手方らからの聴取　221
	4　中間評議　222
	5　中間合意　223
	6　終了時の双方立会手続説明　225
	7　期日後の相手方次郎代理人の感想　226

Scene 9	第4回調停期日──遺産の評価の中間合意 ──────227
	1　開始時の双方立会手続説明　227
	2　申立人からの聴取　227
	3　相手方らからの聴取　228
	4　中間評議　229
	5　双方からの再聴取と中間合意　232
	6　終了時の双方立会手続説明　232

目　　次

　　　7　特別受益・寄与分に対する双方の検討内容　233

Scene 10　第5回調停期日——特別受益についての協議——236
　Ⅰ　期日間に提出された資料・書面 …………………………………236
　Ⅱ　事前評議——生命保険の特別受益該当性 ……………………239
　Ⅲ　調停期日でのやりとり …………………………………………239
　　　1　開始時の双方立会手続説明　239
　　　2　申立人からの聴取　239
　　　3　相手方からの聴取　240
　　　4　終了時の双方立会手続説明　241

Scene 11　第6回調停期日——特別受益と寄与分についての協議——243
　Ⅰ　調停期日間に提出された資料・書面 …………………………243
　Ⅱ　事前評議——特別受益・寄与分についての進行を確認 ………246
　　　1　特別受益　246
　　　2　寄与分　247
　Ⅲ　調停期日でのやりとり——調停委員会からの提案 ……………248
　　　1　開始時の双方立会手続説明　248
　　　2　申立人からの聴取　248
　　　3　相手方からの聴取　248
　　　4　中間評議　249
　　　5　申立人からの再聴取　250
　　　6　終了時の双方立会手続説明　250
　Ⅳ　調停期日後の美衣子代理人乙川弁護士の感想
　　　——分割方法を考える ……………………………………………250

Scene 12　第7回調停期日（調停不成立）——分割方法についての協議—252
　Ⅰ　双方からの聴取——話合いは平行線 …………………………252
　Ⅱ　中間評議——分割方法の原則 …………………………………252
　Ⅲ　分割方法の聴取——合意ができなければ審判へ ………………254

Scene 13　遺産分割の審判——調停で段階的進行をした場合の審判手続—257
　Ⅰ　期日前に提出された書面等——審判で主張する点を簡潔に ……257
　Ⅱ　審判期日でのやりとり——調停段階での合意と争点の確認 ……259
　Ⅲ　審判の告知 ………………………………………………………260

Scene 14　即時抗告の申立てとその後の顚末——YMD新体制の発足へ—268
　Ⅰ　即時抗告の申立て——不服申立ての方法 ………………………268

Ⅱ　その後の顛末──身内の紛争はこりごりです ……………………268

【書式3-1】後見開始申立書　173
【書式3-2】遺産分割協議申入書　186
【書式3-3】申立書（遺産分割調停）　193
【書式3-4】遺産目録　194
【書式3-5】申立人主張書面（使途不明金）　211
【書式3-6】相手方美衣子主張書面（使途不明金）　219
【書式3-7】資料説明書　220
【書式3-8】中間合意調書（第3回期日調書）　223
【書式3-9】申立人主張書面（特別受益）　236
【書式3-10】相手方美衣子主張書面（寄与分）　237
【書式3-11】相手方美衣子資料説明書（本文のみ）　238
【書式3-12】申立人主張書面（寄与分）　243
【書式3-13】相手方美衣子主張書面（特別受益）　245
【書式3-14】申立人主張書面（分割方法）　257
【書式3-15】相手方美衣子主張書面（分割方法）　258
【書式3-16】審判書（遺産分割）　261

Episode 4　遺言書をめぐる相続紛争
～前妻の子と後婚の妻の対立～

Scene 1　遺言の作成──亡き後の遺産紛争の防止？ ──273
Ⅰ　発端──後婚の妻に頼まれて ……………………………………273
Ⅱ　遺言書作成の相談──遺言とは ………………………………273
Ⅲ　公正証書遺言の作成──公正証書で確実に ……………………281
　1　公証役場との事前のやりとり　281
　2　遺言書作成当日　281

Scene 2　遺言執行の着手──遺言執行者の業務 ──287
Ⅰ　遺言執行者の就任──遺言者の死亡 ……………………………287
Ⅱ　遺言執行者の初動業務──相続人に不信を抱かせないために …288
　1　就任承諾の通知　288
　2　財産目録の作成・交付　290
　3　遺言の執行──不動産，預貯金等　292

目　次

Scene 3　推定相続人の廃除の審判──廃除事由はあるか────296
　Ⅰ　推定相続人の廃除の審判申立て──申立書の記載例 …………296
　Ⅱ　家庭裁判所における審判手続──当事者主義的対立構造で ……298
　　1　裁判官と書記官の進行の打合せ　298
　　2　廃除を求められた純也と乙山弁護士の打合せ　299
　　3　第1回審判期日　300
　　4　第2回審判期日（節子と純也の陳述聴取）　301
　　5　審　判　301

Scene 4　遺留分減殺請求に関する裁判外の交渉──当事者間の事前協議─303
　Ⅰ　純也と乙山弁護士との打合せ
　　　──相続させないとされた相続人の採る手段 ………………303
　Ⅱ　遺留分減殺請求の通知 ……………………………………………305
　Ⅲ　遺留分減殺請求を受けた場合の対応 ……………………………306
　　1　遺言執行者（甲野弁護士）との関係　306
　　2　節子らと丙川弁護士との打合せ　307
　　3　回答書の送付　308
　Ⅳ　遺留分減殺についての交渉──事前協議は折り合わず …………308

Scene 5　遺留分減殺の調停──まずは話合いでの解決を目指します─310
　Ⅰ　遺留分減殺の調停申立て──遺留分も家庭に関する事件です …310
　　1　純也と乙山弁護士の打合せ　310
　　2　遺留分減殺の調停申立て　311
　Ⅱ　第1回調停期日──遺留分調停の進め方 ………………………313
　　1　事前評議　313
　　2　調停期日でのやりとり　316
　Ⅲ　第2回調停期日──調停における争点の整理 …………………318
　　1　期日前に提出された資料　318
　　2　調停期日でのやりとり　320
　　3　評　議　322
　Ⅳ　第3回調停期日──多少は歩み寄ったものの ……………………324
　　1　期日でのやりとり　324
　　2　不成立の評議と双方立会手続説明　324

Scene 6　遺留分減殺請求訴訟──手続は民事裁判へ────325
　Ⅰ　遺留分減殺請求訴訟の提起
　　　──遺留分減殺請求訴訟のモデル訴状 …………………………325

II　第1回口頭弁論期日──第1回からの争点整理 …………330
　　　1　口頭弁論期日でのやりとり　332
　III　第2回期日（第1回弁論準備手続）
　　　──裁判所による和解勧試 ……………………………334
　　　1　期日前に提出された資料　334
　　　2　期日でのやりとり　335
　IV　期日間における代理人と依頼者とのやりとり
　　　──和解案の受入れへ …………………………………338
　V　第3回期日（第2回弁論準備手続）
　　　──和解成立とその後の手続 …………………………339
　VI　純也の報告──昔を思い出しました ………………………342

Scene 7　遺言執行の終了──報酬を受け取るまで──────343
　I　遺言執行の終了 ……………………………………………344
　　　1　遺言執行の終了時期　344
　　　2　遺言執行者の任務終了報告──任務終了報告書の作成　344
　II　遺言執行者の報酬
　　　──協議ができない場合には家庭裁判所の審判で ……345
　　　1　相続人との協議　345
　　　2　報酬付与審判の申立て　346
　　　3　報酬付与の審判とその後の経過　347

┌───┐
│【書式4-1】遺言公正証書　284
│【書式4-2】遺言執行者の就任通知書　289
│【書式4-3】財産目録　291
│【書式4-4】廃除審判申立書　297
│【書式4-5】遺留分減殺請求通知書　306
│【書式4-6】遺留分減殺の調停申立書（一部抜粋）　312
│【書式4-7】財産一覧表（相手方ら作成）　318
│【書式4-8】訴状（遺留分減殺）　325
│【書式4-9】答弁書（特別受益，貸駐車場の評価，連帯保証債務）　331
│【書式4-10】遺留分減殺計算シート　333
│【書式4-11】平成29年4月19日付け原告第1準備書面（本文）　334
│【書式4-12】和解調書（和解条項）　340
│【書式4-13】任務終了報告書　343
│【書式4-14】遺言執行者に対する報酬付与申立書（一部抜粋）　346
└───┘

目　次

事項索引　349
判例索引　352

```
┌─────────────────────────────────────────────────┐
│　　　　　解説一覧（★のついているものは，特に実務上の重要な問題点）
│【Episode 1】
│　　離婚の相談者からの聴取りにおける留意点　5
│　　「証拠」資料とその取得方法　7
│　　協議離婚　11
│　　家事調停制度の概要　15
│　　家事調停における申立書等の書面の記載事項と提出のあり方　22
│　★婚姻費用分担調停・審判の実務――算定表の考え方　28
│　　調停に代わる審判の積極的活用　50
│　★財産分与調停・審判の実務　58
│　　財産分与請求権を被保全権利とする保全処分とその手続　62
│　　調停手続における調査嘱託の利用　65
│　　離婚に伴う戸籍に関する諸手続　79
│　　離婚時の年金分割制度と家庭裁判所の手続　81
│【Episode 2】
│　　子の引渡しを求める手続の概要　90
│　★審判前の保全処分の申立ての実務　95
│　　審判事件と保全事件における当事者の陳述聴取等の実際　103
│　　行動科学の知見を活用した事実の調査　127
│　★面会交流調停・審判の実務　141
│【Episode 3】
│　　成年後見の申立て　169
│　　成年後見人の職務と権限　182
│　　成年後見制度の平成28年改正　183
│　　遺産分割調停の申立書の審査　195
│　★遺産分割調停の実務　201
│　　遺産分割調停における遺産の評価　214
│　　中間合意調書　225
│　★寄与分の実務　234
│　　生命保険金が特別受益に当たるか　241
│　★分割方法の実務　253
│　★寄与分を定める処分申立事件の実務　256
│　　遺産分割の審判　259
└─────────────────────────────────────────────────┘
```

具体的相続分の計算方法　264
　　相続開始後に預貯金口座に入金があった場合の取扱い　266
　★即時抗告の実務　269
【Episode 4】
　★遺言書の実務　275
　　公正証書遺言の要件　282
　　遺言執行者の業務の流れ　287
　★遺言執行の実務　293
　　法定相続情報証明制度　295
　　推定相続人の廃除の要件　296
　★遺留分減殺請求の実務①　305
　　遺留分減殺請求後の法律関係　310
　　遺留分調停の進め方（事前評議のあり方）　314
　★遺留分減殺請求の実務②　323
　　遺留分減殺請求訴訟を提起するに当たって　329
　　遺留分制度の見直し　330
　　遺留分減殺請求の効果　341

　　　　　　　　　　コラム一覧
【Episode 1】
　調停前置主義（家事257条1項）　9
　有責配偶者からの離婚請求　13
　個人番号（マイナンバー）の記載は不要　23
　評議について　33
　双方立会手続説明とは　36
　調停における手続代理人の役割，手続代理人と調停委員会との関係　42
　調停委員会による一応の事実認定　52
　住宅ローン付き不動産の処理Ⅰ　60
　住宅ローン付き不動産の処理Ⅱ（オーバーローンの場合など）　62
　調停条項案作成の留意点　78
　履行勧告，履行命令　82
【Episode 2】
　監護に関する陳述書　96
　家裁調査官の関与　104
　調査報告書の謄写（秘匿情報の取扱い等）　113
　子の陳述聴取　128

目　次

　　付調停の決定　131
　　家事調停事件の管轄，自庁処理の申出について　135
　　面会交流と間接強制　151
【Episode 3】
　　長谷川式簡易知能評価スケール　171
　　審判前の保全処分　175
　　後見制度支援信託　177
　　遺産分割における事情聴取のポイント　187
　　遺産分割事件における利益相反　191
　　遺産分割と相続税申告　217
　　土地の無償使用による特別受益と持戻し免除　231
　　寄与分に関する当事者向けリーフレット　233
　　調停不成立の場合の審判手続への移行　255
　　同族会社の株式の分割方法　267
【Episode 4】
　　遺言書作成の相談における留意点①──遺留分への配慮　279
　　遺言書作成の相談における留意点②──遺言執行者とその報酬　280
　　遺言による推定相続人の廃除　286
　　遺言執行者選任・解任の審判　288
　　推定相続人の廃除の審判　299
　　廃除を求められた推定相続人以外の相続人の利害関係参加　301
　　遺言執行者の法的地位と弁護士倫理　307
　　家事調停官制度──普段は弁護士やってます　316
　　基礎財産から保証債務を控除すべきか　333
　　遺言執行者の報酬額の定めがなかった場合　345

本書の利用の仕方

1 本書の構成

　本書は，エピソードを通じて家事事件の基本を身に付けることを志向して，家事事件で比較的よく見かける実務上重要な法律問題を含む4つの「エピソード」から構成されている。前半の2つは離婚に関わる事例，後半の2つは相続に関わる事例である。各エピソードはいずれもありがちな事例であるが，登場人物をはじめとして全て架空のものである。4つの架空の事案について，弁護士が相談を受けるところから，裁判所における各種手続を経て解決に至る過程を，当事者双方代理人及び裁判所のそれぞれの視点から物語風に視覚化している。

　架空の事件ではあるが，事案を作成するに当たっては，各執筆者が扱った事件の体験を踏まえて裁判官と弁護士が合議した上で，できるだけ現実にありそうな事例を作り上げている。当事者とのやりとりの再現についても，執筆者が自ら弁護士や裁判官，調停委員としてその場に臨んだら発言するであろうことを想像して記載し，各シーンに臨場感を持たせるようにしている。ただし，解決に至る過程や結論には，本来こうあるべきという理想的あるいは希望的な進行，結論を採用したところも多少含まれている。

　離婚についての「Episode 1」は，主に夫婦間の財産分与，慰謝料，婚姻費用が問題となっている。「Episode 2」では，離婚の際の子供に関する法律問題として子の引渡し，親権，面会交流などが問題となっている。

　相続についての「Episode 3」は，被相続人が亡くなる前の財産の管理に関わる成年後見の申立てから，相続開始後の遺産分割における法律問題が扱われている。「Episode 4」は，遺言が存在する場合の相続について，遺言書の作成から相続開始後の遺言執行者の活動，遺留分減殺請求が扱われている。

　それぞれの物語の進行に応じて，網掛けの囲み記事の中で関連する民法などの実体法や家事事件手続法などの手続法の基礎知識，実務の運用などの解説を加えている。さらにコラムとして，実務上注意を要する点や，少し高度

な応用的な問題を載せている。

2 各事案の概要

(1) 婚姻費用及び財産分与等離婚給付をめぐる争い～ある会社経営者の離婚～

　Episode 1 は、既に成人した子供がいる資産家夫婦の離婚の事案である。初め夫が離婚を希望していたが、後に夫の浮気が判明し、離婚については夫の側に原因がある。夫は会社を経営しており、その会社の株式のほか不動産、預金等の財産を有している。夫から妻に対し離婚調停の申立てがなされたところ、妻から婚姻費用分担の調停申立てがなされた。家庭裁判所では、離婚（夫婦関係調整）と婚姻費用分担の調停を同時に進めることになった。調停では、特有財産の評価や夫の経営する会社の株式の取扱いなど主に財産分与が問題となった。

(2) 監護・親権・面会交流をめぐる争い～親子関係の再構築を目指して～

　Episode 2 は、妻が7歳と5歳の子供を連れて家を出たことから、夫が、子の引渡しのための法的手続を申し立てた事案である。夫は妻に対し、子の引渡し及び監護者指定の審判を申し立てるとともに、子の仮の引渡しと仮の監護者指定を求める審判前の保全処分を併せて申し立て、それらの手続が同時に進められた。その後、その審判の手続の流れの中で、妻から別途離婚調停の申立てがなされ、親権者（監護者）の指定と夫と子との面会交流を含めた離婚条件についての協議が行われることになった。

(3) 成年後見の申立てと遺産分割紛争～同族会社の株式をめぐるお家騒動～

　Episode 3 は、母親の遺産をめぐる兄妹（弟）による遺産分割の事案である。被相続人である母親は、生前、妹が引き取って面倒を見ていたが、その財産の管理に問題があるとして、兄が成年後見の申立てをして、開始決定がなされたが、その直後に母親は亡くなり、相続が開始した。母親の遺言は存在せず、遺産分割について相続人間で話がまとまらなかったことから、兄から遺産分割の調停が申し立てられた。調停では、不動産や兄が継いだ父親の

創業した会社の株式の評価，母親から妹への特別受益，妹の寄与分の扱いなどが問題となった。

(4) 遺言書をめぐる相続紛争〜前妻の子と後婚の妻の対立〜

　Episode 4 は，再婚した妻に頼まれて遺言を作成した被相続人の相続開始後に，後婚の妻と前妻との子である長男との間の相続関係に関する争いの事案である。被相続人は後婚の妻とその妻との間の子（長女），さらにその長女の子（孫）に財産を全て相続させる内容の遺言書を作成しているが，被相続人と長男とは生前金銭をめぐってトラブルがあった。そのため被相続人はそのトラブルを理由として，遺言によって推定相続人の廃除をしており，相続開始後，遺言執行者により推定相続人廃除の審判の申立てがなされている。さらに，被相続人の遺言は長男の遺留分を侵害する内容であったことから，長男からは遺留分減殺請求がなされており，遺留分についても問題となっている。

3　本書の読み方

　冒頭で述べたように本書の4つのエピソードは，それぞれ①物語部分，②解説部分，③コラム部分で構成されている。冒頭には，各事案の主な登場人物を掲げてある。

(1)　物語部分

　物語部分の各エピソードは，手続の流れに従っていくつかのシーンに分けられている。いずれも依頼者が弁護士に相談するシーンから始まる。家族などの関係図や時系列表などを掲げているので，冒頭で大まかな事案の概要が分かるはずである。それぞれの事案で，当事者及び関係者の立場から物語が進み，解決に至るまでの過程ができるだけ忠実に描かれている。

　当事者とのやりとりの中で弁護士や裁判所が提出を求めている資料等は，必ずしも当該事案に限ってのものではなく，他の事件でも一般的に必要とされるものがほとんどである。実際の事件においては，それらの資料の有無を

本書の利用の仕方

本人に確認し，存在するものを本人から直接，あるいは弁護士自ら取得することになる。

　家事調停における調停委員とのやりとりや，手続代理人の関わり方は，司法修習生などとして調停に立ち合う機会がなければ，なかなか外部からは想像しにくいところと思われる。本書におけるやりとりは，執筆に当たった裁判官や弁護士が実際の事件に直面した際に発言する内容を予想して記載したものであり，実際の事件でも同様のやりとりがなされていると考えてもらってよい。

　また，掲載している調停の申立書や主張書面，審判書なども，各執筆者がそれぞれの立場で実際の事件のつもりで起案したものである（目次にエピソードごとの書式一覧を掲載している）。特に家事事件の主張書面については，その記載の仕方に決まった形があるわけではないが，単に当事者の言い分を時系列に従って記載するだけでは足りないのであり，手続代理人となった際に，形式面を含め自分が起案する際の参考にして欲しい（ただし，特に主張書面におけるインデントなどのレイアウトは書籍上の制約から実際に裁判所に提出するそのままではないことに留意されたい）。

(2)　解説部分

> **離婚の相談者からの聴取りにおける留意点**
> 1　聴取りにおける心構え～相談者との信頼関係を構築するために～

　各シーンの物語の終わりには，必要に応じて網掛けの囲み記事の中でそのシーンに関係する法的知識などの解説が加えられている。最初のうちは，解説は読み飛ばして物語の結末まで読み進め，まずは手続の全体像を理解するようにするとよいであろう。

　解説では，それぞれのシーンで関係する法律の基礎知識や，問題点について説明がなされている。特に実務上の重要な問題点については，次のように「ポイント　～の実務」として解説している。

> 婚姻費用分担調停・審判の実務——算定表の考え方
>
> 1 婚姻費用の基礎知識

　物語の全体像をつかんだら、それぞれのシーンの中で行われていることの実体法上の意味や手続法上の位置付けを、各引用条文を参照しつつ確認しておくことが求められる。

　エピソードを通じて家事事件の基本を身に付けるという本書の性格上、解説では、各シーンの理解に必要な基本的な事項や重要な点について述べられている。したがって家事事件全般について網羅的に説明したり、各問題点について掘り下げて考察を加えたりすることはしていない。解説で取り上げた各項目のうち特に重要と思われる問題については、主要な参考文献を掲載しているので、より深く、また広く検討したい場合にはそれらの参考文献と、そこに引用されている文献を参照されたい。

(3) コラム部分

> 調停前置主義（家事257条1項）
> 離婚訴訟を提起する前には家事調停を経なければならないとされている（調停

　コーヒーブレイクとして、解説とは別にコラムが掲載されている。コラムでは、実務上注意すべき点や、各シーンに関係する少し高度な応用的な問題にふれている。必要に応じて参照するとよいであろう。

4　家事事件に取り組むに当たり

　家事事件は実務の経験年数を問わず、扱うことが多い事件類型と思われる。法律家が家事事件を扱う難しさ、重要性については、はしがきで述べられているとおりである。家事調停などにおいて家事事件を解決するためには、多

本書の利用の仕方

くの場合，粘り強い忍耐力と根気を要する。裁判官や弁護士，調停委員の言動によって当事者の人生が大きく変わったり，人生自体が決まったりすることも少なくない。とりわけ弁護士は，そのやる気や頑張りで，夫婦が離婚することになったり，一方の親が子供の親権を失ったり，あるいはそれらの逆の結果をもたらすことになる。弁護士があきらめれば，簡単に夫婦が離婚することになったり，父親が親権を失ったりすることになる。逆に弁護士のやる気や頑張りのために，当事者がいつまでも新しい人間関係を築くことができず，かえって事件がこじれることもある。自力救済など弁護士倫理上の問題に直面することも多い。このように家事事件に関わる弁護士の役割は重要であり，その責任は極めて重い。

本書は手続の流れに従って家事事件の基本的な知識を身に付けることを志向しているが，家事事件を扱うに当たっては，民法などの実体法や家事事件手続法などの手続法を理解しているだけでは十分でないことは言うまでもない。家族法や手続法，判例などの正しい法律知識を身に付けるとともに，様々な人生経験を多く積むことによって，人間に対する洞察力を磨く必要がある。これまで自らが直接的あるいは間接的に経験してきたことを総動員して事案に当たって，ようやく当事者の心を動かし，問題の解決に至るということもある。

家事事件に取り組むに際しては，常に，謙虚に研鑽を続ける努力が求められているといえる。

凡　　例

1　法令名等の略記

本文中で略記した法令名は，以下のとおり。なお，（　）内の法令名は，原則として有斐閣『六法全書』巻末の「法令名略語」によった。

家事	家事事件手続法	保険	保険法
家事規	家事事件手続規則	一般法人	一般社団法人及び一般財団法人に関する法律
民訴	民事訴訟法		
人訴	人事訴訟法	任意後見	任意後見契約に関する法律
民調	民事調停法	後見登記	後見登記等に関する法律
民執	民事執行法	人保	人身保護法
民	民法	弁護	弁護士法
不登則	不動産登記規則	公証	公証人法
信託	信託法	税通	国税通則法
戸	戸籍法	相税	相続税法

2　主要文献略語

● Episode 1

東京・大阪養育費等研究会・提案
　　東京・大阪養育費等研究会「簡易迅速な養育費等の算定を目指して――養育費・婚姻費用の算定方式と算定表の提案」判タ 1111 号（2003 年）285 頁

松本・婚姻費用分担事件の審理
　　松本哲泓「婚姻費用分担事件の審理――手続と裁判例の検討」家月 62 巻 11 号（2010 年）1 頁

東京家事事件研究会・実務〔執筆者〕
　　東京家事事件研究会編『家事事件・人事訴訟事件の実務――家事事件手続法の趣旨を踏まえて』（法曹会，2015 年）

岡・諸問題
　　岡健太郎「養育費・婚姻費用算定表の運用上の諸問題」判タ 1209 号（2006 年）4 頁

凡　例

● Episode 2
　小田ほか・遺産分割事件の運用
　　小田正二＝山城司＝小林謙介＝松川春佳＝上野薫＝長門久美子「東京家庭裁判所家事第5部における遺産分割事件の運用——家事事件手続法の趣旨を踏まえ，法的枠組みの説明をわかりやすく行い，適正な解決に導く手続進行」判タ1418号（2016年）5頁
● Episode 4
　新版注釈民法（28）〔執筆者〕
　　中川善之助＝加藤永一編集『新版注釈民法（28）相続(3)〔補訂版〕』（有斐閣，2002年）
　金子・逐条解説
　　金子修編著『逐条解説家事事件手続法』（商事法務，2013年）

3　判例集・雑誌名略語

　民　集　　最高裁判所民事判例集
　高　民　　高等裁判所民事判例集
　下民集　　下級裁判所民事裁判例集
　家　月　　家庭裁判月報
　判　時　　判例時報
　判　タ　　判例タイムズ
　金　判　　金融・商事判例
　金　法　　金融法務事情

編者・執筆者一覧（五十音順）

編　者

矢尾和子（やお　かずこ）
　　現職／東京地方裁判所所長代行（東京簡易裁判所事務掌理）
大坪和敏（おおつぼ　かずとし）
　　現職／弁護士

執　筆　者

秋山里絵（あきやま　りえ）
　　現職／弁護士
木下真由美（きのした　まゆみ）
　　現職／弁護士
倉持政勝（くらもち　まさかつ）
　　現職／弁護士
国分貴之（こくぶん　たかし）
　　現職／盛岡地方裁判所判事
本多智子（ほんだ　ともこ）
　　現職／盛岡地方裁判所判事
町田健一（まちだ　けんいち）
　　現職／弁護士

本書のコピー, スキャン, デジタル化等の無断複製は著作権法上での例外を除き禁じられています。本書を代行業者等の第三者に依頼してスキャンやデジタル化することは, たとえ個人や家庭内での利用でも著作権法違反です。

Episode 1

婚姻費用及び財産分与等
離婚給付をめぐる争い
～ある会社経営者の離婚～

Episode 1 の主な登場人物

新宿　太郎		離婚を求めている夫（双子の父親）
新宿　花子		妻（双子の母親）
赤坂　四郎		新宿太郎の代理人弁護士
淡路　町子		新宿花子の代理人弁護士
銀座　イチロー		裁判官
神保　かすみ		裁判所書記官
京橋　梅子		家庭裁判所調査官
青山　二郎		調停委員
乃木坂　まい		調停委員

Scene 1 調停申立前
——夫婦間の事前協議

I 申立人(夫)の活動——離婚を求める夫は

1 打合せ前の事前準備

(1) 相談のきっかけ

　新宿太郎に，妻の花子からメールが届いた。内容はいつものお金の催促である。さらに，不誠実，恩知らずなど，太郎を罵倒する言葉が続く。

　子供たちも成人したし，自分もまだ若い，50歳になる前に自由になりたいと考え，仕事でお世話になっている赤坂四郎弁護士に相談することにした。

(2) 面談のアポイントと面談前の準備

　平成28年6月，太郎の面談の依頼を受けた赤坂弁護士は，太郎に下記①〜⑤の事項を準備した上で，赤坂法律事務所に来るよう伝えた。また，①の家族関係図や②の時系列表のひな形の電子データをメールで送信した。

① 家族関係図（名前，生年月日，同居・別居の別を記載）
② 簡単な時系列表（結婚，出産，紛争に至るまでの経緯）
③ 離婚を求める理由と希望する離婚条件をまとめたメモ
④ 戸籍全部事項証明書（もしあれば）
⑤ 手紙，文書，写真，録音，メール等，事情が分かる「証拠」資料

2 弁護士との打合せ・受任通知の送付

(1) 離婚意思とその理由の聴取

　赤坂弁護士は，太郎が当日持参した資料などを参考に，太郎にこれまでの事情を自由に話すように促しつつ，民法770条1項の離婚事由を意識しな

Episode 1　婚姻費用及び財産分与等離婚給付をめぐる争い

がら離婚意思及びその理由，それに対する花子の意見などを聴取した。

【家族関係図】

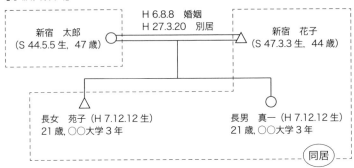

【時系列表】

平成2年4月	○○大学のテニスサークルで知り合い，交際開始。
平成4年4月	太郎：○○大学卒業後，○○商事に入社。
平成6年3月	花子：○○大学卒業。
同年8月8日	結婚（当初，花子の実家に居候。その後，自宅建物を新築し転居）。
平成7年12月	長男真一，長女苑子（双生児）出産。
平成14年3月	太郎：○○商事退職。
同年5月	太郎：株式会社ステラ設立。
平成26年4月	長男，長女：大学進学。
平成27年1月	花子：太郎の不貞を疑い，執拗に非難を始める。
同年2月上旬	夫婦の寝室を別にする。長女とともに責め始める。
同月下旬	花子と長女から完全に無視され，長男とも会話がなくなる。
同年3月20日	太郎：会社近くにマンションを借り，別居開始。

Scene 1

赤坂弁護士：花子さんは太郎さんの女性問題を疑っているとのことですが，具体的な相手は誰ですか。

太郎：社内の……，総務の神楽坂です。

赤坂弁護士：ああ，あの方。なるほど，花子さんとしても心配になりますね。

太郎：確かに素敵な女性だとは思いますが，部下ですし，私も気を遣っています。

赤坂弁護士：なぜ疑われることになったのですか？

太郎：うちの会社は例年クリスマスパーティーをやるのですが，そこには妻も来るのです。一応名前だけ取締役になっていますので。去年のパーティーのとき，専務の豊島が酔っぱらって，うちの妻に，神楽坂のことを僕のお気に入りだという話をしたらしいのです。

赤坂弁護士：それだけで疑うとは……。失礼ですが，これまでに女性関係が問題になったことはありますか？

太郎：……実は，もう20年も前，飲み屋の女性と関係をもったことがありました。ただ，出来心でほんの遊びです。妻にも疑われましたが，一緒にいただけと説明して通しています。妻もこのことは問題にしていないと思います。

赤坂弁護士：それは花子さんのお気持ちを聴いてみないと分かりませんね。

離婚の相談者からの聴取りにおける留意点

1　聴取りにおける心構え〜相談者との信頼関係を構築するために〜

　相談者は，紛争の渦中にあり不安な気持ちを抱えている上に，弁護士との面談や法律事務所への訪問自体が初めての経験で緊張している者も少なくない。感情的になっていたり，被害意識や警戒心をもっていることもあるだろう。初回の面談は，相談者との間に信頼関係を構築していくための重要な場であることを意識し，相談者の緊張感や警戒心をできるだけ和らげることを心掛け，まずは，話を聴く姿勢を示すことが重要である。「今回はどうされたのですか」，「これまでの話をお聴かせください」などのオープン・クエスチョンの方法により，時間をとってゆっくりと話を聴くことが望

Episode 1　婚姻費用及び財産分与等離婚給付をめぐる争い

ましい。
　また，相談者に，事前に離婚を考えるようになった経緯や具体的なエピソードなどを時系列にしたメモを作成して持参するように求めることも有用である。相談者側も事前に事実関係を整理した上で，説明することができるし，弁護士側も円滑に聴取りを進めることができる。個々のエピソードについて具体的な年月日が判然としない場合には，子供が何歳の時，転勤した時，誰かが入院した時など，身近な出来事と関連させて質問して時期を特定するとよい。
　未成年の子がいる場合には，相手への嫌悪感だけでなく，親として子の福祉を最優先に考えるよう促すことも大切である。
　また，相談者が感情的になっている場合には，弁護士は初めから離婚ありき（または修復ありき）と決めつけず，相談者が冷静に自己が置かれている客観的な状況を理解した上で，合理的な選択をすることができるように配慮する必要がある。アドバイスをする場合でも，相談者に弁護士の価値観を押し付けられた，「弁護士に言われたから……」という思いをもたせたりすることがないよう信頼関係の構築に細心の注意を払いながら，相談者が自分の意思で判断するよう促すことが肝要である。

2　離婚事由を意識した聴取り
　協議離婚及び調停離婚は，当事者間の話合いによって決まるものであって，離婚が成立する場合には民法770条1項所定の離婚事由は必要ない。とはいえ，弁護士としては，離婚について合意が得られない場合に備えて，離婚事由の有無を確認しつつ訴訟の見通しを予測しながら，調停による解決のメリット，デメリットを検討しておくことは重要である。

3　別居の経緯について
　別居しているケースでは，紛争の真相が別居に至る経緯に表れることが多い。別居時期や別居の理由，別居前のやりとりなどを，入念に聴き取ることが重要である。また，別居後の状況についても，婚姻費用の支払の有無，未成年の子がいる場合には別居親と子の交流の有無やその内容等を聴取して，今後の検討事項を把握しておく必要があろう。

4　予測される対立点について
　性生活や不貞行為の有無，精神疾患等の健康上の問題の有無など，他人には知られたくない重大なプライバシーに関する事項についても，事案を理解して，適切な対応を検討するために，相談者の心情に配慮しつつ，聴取する必要がある。相談者には，事実を明らかにした上で，意見が対立すると思われる事項を予測し，早期の段階で対応策を立てておくことの重要性を説明して，信頼関係を築きながら理解と協力を求めることが重要である。
　自らの不貞行為や暴力など，自己に不利な事実については，真実を語らない（語り

たがらない）相談者も少なくないだろう。しかし，弁護士としては，法的側面も踏まえた解決策を検討する必要があり，早期の段階でできるだけ客観的な事実を把握するように努めたい。相手から不貞行為を疑われているという話があれば，相手に疑いをもたれた経緯やその根拠を詳細に聴取し，疑問に思った点は率直に指摘して説明を求めたり，裏付け資料を確認するなどして，早期のうちに真相を明らかにしておきたい。

(2) 離婚条件等の希望の聴取

赤坂弁護士は，双方の財産の内容，双方の収入，婚姻費用等の支払状況，子の状況を聴取した。

赤坂弁護士は，花子が離婚に応じる意向を示した場合には，離婚条件を検討する必要があること，離婚が成立するまで婚姻費用の分担を求められる可能性があることを説明し，太郎に以下の「証拠」資料を準備するよう求めた。

①収入に関する資料：源泉徴収票（個人番号〔マイナンバー〕の記載のないもの）

②財産に関する資料：不動産登記事項証明書，固定資産税の評価証明書，太郎名義の預金口座通帳（別居時の残高が分かる資料），太郎名義の証券会社の取引口座（別居時の残高が分かる資料），保険証券と別居時の解約返戻金の額が分かる資料，ステラ株の評価が分かる資料，住宅ローン関係資料（別居時の残ローン額が分かる資料）

「証拠」資料とその取得方法

離婚の交渉を始めるに当たっては，調停申立てをするか否かにかかわらず，まず，戸籍の全部事項証明書の提出を求めて，婚姻関係，家族関係を把握する必要がある。

また，婚姻費用・養育費，財産分与，年金分割等の経済的な条件が問題となる事案であれば，早期に（少なくとも調停申立前までには）客観的な「証拠」資料を収集する必要がある。弁護士より本人の方が早く入手することができるものも多いので，まずは本人に準備を求めるとよい。

Episode 1　婚姻費用及び財産分与等離婚給付をめぐる争い

【財産分与についての必要資料例】

財産の種類	資料（例）	取得場所・方法（例）
不動産	不動産登記事項証明書	最寄りの法務局
	固定資産評価証明書	不動産を管轄する都税事務所または市区町村役場
	または課税明細書	固定資産税の納付通知書に添付
	見積書・査定書	不動産業者に依頼
自動車	自動車検査証	名義人が所持
	見積書・査定書	中古車販売業者等に依頼
	レッドブック	
宝飾品・腕時計・絵画等の市場価値のある動産	写真	
	見積書	鑑定業者・引取業者等に依頼
預貯金	預貯金通帳（婚姻時，別居時の残高が分かるもの）残高証明または取引履歴	名義人が所持・金融機関に照会
生命保険	保険証書	名義人が所持
	解約返戻金計算書	保険会社に照会
株式（上場株式）	残高明細書，取引明細書	証券会社に照会
	株価の資料	新聞・インターネットによる調査
株式（非上場株式）	確定申告書写し，決算書等の財務諸表	当該会社に照会（回答が得られなければ調査嘱託）
退職金	退職金規程，計算書	勤務先に照会
負債	ローン返済表，取引明細書	名義人が所持・金融機関に照会

　その他未成年の子の親権や監護者等が問題となる事案であれば，母子健康手帳，保育園や幼稚園等の連絡帳，小学校等の通知表などの「証拠」資料が必要となるから，本人を通じてできるだけ早期に準備しておくことが望ましい（詳細は Episode 2 参照）。

(3)　手続・弁護士報酬に関する説明

　赤坂弁護士は，太郎に，離婚を進めるための手続の流れを説明して，今後の方針を協議した。
　離婚については，当事者間で協議が調わない場合には調停を申し立てて，調停で合意ができない場合には訴訟を提起することになること，いきなり訴

Scene 1

訟をすることはできず，調停を経なければならないこと（調停前置主義，家事257条1項）やその趣旨，それぞれの手続の概要や手続が終了するまでの一般的な期間などを説明した（平成27年の司法統計によると，調停では6か月以内に終了したものが73.1%，訴訟では6か月以内が29.9%，1年以内が59.1%である）。

さらに事前交渉（協議），離婚調停，離婚訴訟を委任した場合のそれぞれの弁護士報酬について，事務所備え付けの報酬基準を示して説明した。

 調停前置主義（家事257条1項）

離婚訴訟を提起する前には家事調停を経なければならないとされている（調停前置主義，家事257条1項）。これは，家庭内の紛争については，いきなり訴訟で対立的に争って一刀両断的な解決を図るより，当事者の話合いによる解決を基本とする家事調停をまず利用するのが望ましいという考えによる。

実際，夫婦間の紛争は，夫婦関係が解消されても，その後の面会交流や養育費など継続的な法律関係が形成されたり，居住不動産の住宅ローンの負担など，必ずしも法的処理になじみ難い事項が問題になることも多いことから，履行確保や今後の安定した生活環境の確保等の観点からも，できる限り当事者双方が納得した上での解決を図ることが望ましいといえる。第1回調停期日において，離婚するかしないかについて意見が対立するという理由だけで実質的な話合いをしないまま直ちに不成立を求める当事者や手続代理人がいるが，このような調停前置主義の趣旨を軽視する態度は問題であろう。

---

(4) 受任通知の送付

太郎によれば，花子は離婚に応じる意向を示しているとのことであったので，赤坂弁護士は，太郎と相談の上，早期かつ円満に解決するために協議離婚（民763条）を目指すこととして，まずは任意の事前交渉から始めることにした。

赤坂弁護士は，花子に対し，普通郵便で受任通知を送り，離婚に向けての協議を申し入れた。

Episode 1　婚姻費用及び財産分与等離婚給付をめぐる争い

　受任通知は到達日を確定するために内容証明郵便で送付するのが一般的であるが，離婚について円満な話合いを求める場合には，相手を過度に刺激したり，警戒心を抱かせないために普通郵便で送付することも多い。

【書式 1-1】 受任通知

```
                                                     平成 28 年 6 月 29 日
      新　宿　花　子　様
                           〒○○○-○○○○
                           東京都○○区○○　赤坂法律事務所
                           電話○○-○○○○-○○○○
                           FAX○○-○○○○-○○○○
                           弁護士　赤　坂　四　郎　㊞

                    ご　　連　　絡

拝啓　時下益々ご清祥のこととお慶び申し上げます。
　突然，このような書面を送付することをご容赦ください。私は，今般新宿太郎さんから依頼を受けた弁護士です。太郎さんを代理して，ご連絡を申し上げます。
　太郎さんは，これまでの花子様との婚姻関係の状況に鑑み，花子様との話合いを通じて，円満に離婚することを希望しています。もちろん花子様のご意向もあることと存じます。そこで，まずは，私の方から，花子様にお目にかかり，太郎さんのお考えをお伝えし，また，花子様のお気持ちなどをお伺いした上で，今後のことについてのご相談をさせていただければと思います。
　つきましては，上記の連絡先までお電話をいただければと存じます。
　何卒よろしくお願い申し上げます。
                                                              敬具
```

> **協議離婚**
>
> **1 協議による離婚の意義**
> 　夫婦間の紛争を早期かつ円満に解決し，合意内容の確実な履行を実現するためには，当事者間の自律的な解決が最も望ましい。民法も，離婚の規定の冒頭の第1款で，当事者間の協議で離婚することを認めており（763条），条文構造上，協議による離婚を，原則的な形態としていると考えられる。
>
> **2 離婚協議書の作成**
> 　離婚とともに，財産分与や養育費等の離婚給付や年金分割を合意した場合には，履行を確保し，将来の紛争を防止するために，公正証書を作成することが望ましい。なお，離婚給付とともに年金分割について合意した場合は，離婚給付契約公正証書とは別に，年金事務所に提出するための年金分割合意契約公正証書を作成することが多い。

II　相手方（妻）の活動——離婚を求められた妻は

1　弁護士への相談

　淡路町子弁護士は，知人の紹介を受けたという花子から，離婚の申入れがされたことについて相談したいという電話を受けた。淡路弁護士は，花子に対し，赤坂弁護士から送付された受任通知を持って事務所に来るように伝えた。

2　弁護士との打合せ

(1)　離婚原因等についての事情聴取

　弁護士からの受任通知や裁判所からの期日通知書を受け取った依頼者は，それだけで動揺して不安になったり，一方的に悪者にされたなどの感情をもつことも少なくない。そのような不安やショックを和らげ，依頼者の心情に配慮しながら，離婚についての考えを丁寧に聴き取ることが大切である。相

Episode 1　婚姻費用及び財産分与等離婚給付をめぐる争い

談に来た段階で既に，離婚しない，離婚する，条件次第で離婚する，など自分の方針を決めていることもあるが，気持ちの整理ができていない状態にあることも多い。最初の段階から，いずれか1つに方針を固める必要はなく，弁護士としては，離婚した場合，しない場合のメリット・デメリットを説明するなど，依頼者が自分で合理的な選択をするために客観的な問題状況を正しく理解してもらうようにすることが重要である。

　淡路弁護士は，まずは，思うところを話してもらう中で，花子の離婚についての考えを把握し，離婚原因や有責性の有無等の事実の確認を行った。

花子：太郎が離婚したいって，弁護士までつけるなんて私が悪者になったみたいで本当にショックです。

淡路弁護士：太郎さんが離婚を望んでいる理由について，何か心当たりはありますか？

花子：夫は浮気をしているので，それが理由としか考えられません。浮気をしておいて，私と子供たちを捨てるなんて絶対に許せません。

淡路弁護士：それは許せませんね。とすると，花子さんとしては，離婚には応じられないというお考えでしょうか。

花子：……でも，そうは言っても夫はもう戻ってこないかもしれません。ただ，悔しくて，このまますぐ離婚という気持ちにはなりません。とにかく，夫には，まず謝罪してほしいです。話合いはそれからです。

淡路弁護士：浮気の証拠はあるのですか？

花子：はい。どうも様子がおかしいので，興信所に依頼しました。今日は報告書を持ってきていませんが，相手の女性の家に泊まったことははっきりしています。夫には，自分で非を認めて謝ってほしいので，興信所のことは言ってませんし，伝えたくないです。

淡路弁護士：分かりました。確実な証拠があれば，離婚をするつもりはないと突っぱねることができます。太郎さんに伝えるかどうかは別にして，私としても，事実を確認したいので，今度，興信所の報告書を持ってきてください。ただ，太郎さんの離婚の決意が固いとなると，やり直すのは難しいようにも思われます。お子さんたちも成人していますし，このまま別居

Scene 1

の期間が長くなれば，有責配偶者であっても離婚請求が認められる可能性もあります。争いを長引かせるより，気持ちを整理しながら，財産を清算して，新しい生活を始めるというのも選択肢の1つだとも思います。どうするのがよいか，太郎さんの態度やお子さんたちの様子を見ながら，一緒に考えていきましょう。

　淡路弁護士は，花子と相談の上，赤坂弁護士には，不貞についての謝罪がなければ離婚の話合いに応じるつもりはないとの花子の意見を伝えて，太郎の出方を待つことにした。

(2)　手続・弁護士報酬に関する説明

　淡路弁護士は，花子に対して今後の手続の流れ，見通し，弁護士費用等を説明した。また，参考として，離婚する場合の財産分与，年金分割，慰謝料について，一般的な考え方などを説明した。

 有責配偶者からの離婚請求

　有責配偶者からの離婚請求は，原則として信義則上許されないとされている。もっとも，①別居が夫婦の年齢及び同居期間との対比において相当の長期間に及び，②夫婦間に未成熟の子が存在しない場合には，③相手方配偶者が離婚により精神的・社会的・経済的に極めて苛酷な状況に置かれる等，離婚請求を容認することが著しく社会正義に反するといえるような特段の事情が認められない限り，有責配偶者からの請求であるとの一事をもって許されないとすることはできない（最大判昭和62・9・2民集41巻6号1423頁）。有責配偶者が訴訟により離婚を求める場合には，上記①から③までの要件を立証する必要があり（再抗弁），①については，有責性が問題にならない離婚の場合と比べて，民法770条5項により離婚が認められるためには，より長期の別居期間が必要とされる事案も少なくない。

Episode 1　婚姻費用及び財産分与等離婚給付をめぐる争い

Ⅲ　事前協議の状況とその後
　　――不貞の疑いをめぐって対立

1　事前協議の経過

　赤坂弁護士と淡路弁護士は，平成28年7月11日，弁護士会館で面談し，協議を行った。

　淡路弁護士は，太郎は有責配偶者であり，不貞行為について謝罪がなければ離婚の話はできないと主張したのに対し，赤坂弁護士は，不貞の事実はなく謝罪はしないと主張し，その後も双方の主張は平行線で協議はまとまらなかった。

　赤坂弁護士は，太郎に再度，不貞行為の有無を電話で確認したところ，太郎は，花子の邪推であると説明して，これを否定したので，今後の相談をするため，打合せの予定を入れた。

　淡路弁護士は，花子に協議の結果を報告し，今後おそらく太郎から調停の申立てがされること，その場合，裁判所から調停申立書や期日通知書が届くので，すぐに連絡してほしいと伝えた。

2　離婚調停申立ての準備

　事前協議後の打合せで，太郎は，花子から責め立てられ，精神的に追いつめられていることや金銭感覚をめぐる性格の不一致を訴えて，早期の離婚を求めた。また，従業員との不貞が疑われていることが社内で明るみになるのは避けたいとの心情を吐露した。

　そこで，赤坂弁護士と太郎は，離婚に向けた円満な話合いを求めるために，家庭裁判所に離婚調停を申し立てることにした。

　赤坂弁護士は，太郎自身が，裁判所で行われる調停期日に出席する必要があること（家事258条1項・51条2項。本人出頭主義），平日の午前10時から午後5時までの間で，1回の期日当たり2時間程度が必要なことなどを説明し，太郎の差支えのある日時を確認した上で，申立書の提出時期などを

打ち合わせた。

家事調停制度の概要

　家事調停は，離婚，離縁や遺産分割などといった家庭に関する紛争について，家庭裁判所の調停委員会の下で，当事者が，自主的に条理にかない実情に即した適正妥当な合意の成立を目指す制度である。
　調停委員会は，裁判官1名，民間から選ばれた調停委員2名以上（通常は男性，女性がそれぞれ1名ずつ）で組織される（家事248条1項）。調停委員は，原則として40歳から70歳未満で，社会生活上の豊富な知識経験をもつ者，家事紛争の解決に有用な専門的知識経験をもつ者の中から最高裁判所によって任命される非常勤の国家公務員であり，各事件を担当する調停委員は，事件ごとに指定されている（同条2項）。このように調停では法的な観点だけでなく，調停委員の豊かな経験知識を活かした弾力的な解決を図ることができる。
　また，調停の手続は，訴訟のように公開の法廷ではなく，当事者以外は立ち入ることが許されない調停室で進められる。この点からも，調停は，家庭内の重要なプライバシーに関わる家事紛争の解決にふさわしい制度であるといえよう。
　あくまで当事者間の合意が基本となる制制度であり，当事者の納得を得ることが求められ，いくら調停委員会が適正妥当と考える解決案であっても，強制的に調停を成立させることはできない。他方，裁判所で行われる手続である以上，当事者間で合意が成立したからといって，調停委員会が，その内容が法的観点などから見て適正でないと判断する場合には，調停を成立させることはできない。

Episode 1　婚姻費用及び財産分与等離婚給付をめぐる争い

Scene 2　調停申立て――合意を目指すための書面の作成と提出のあり方

I　申立書類の作成――申立書等の記載例

　赤坂弁護士は，家庭裁判所のウェブサイトから，調停申立書その他離婚調停のために必要な書式を入手し，申立書その他の必要書類を作成した。
　そして，平成28年7月26日，下記の書面を相手方である花子の住所地を管轄する家庭裁判所（家事245条1項）に提出した。

【申立時に裁判所に提出する書面と通数】
①夫婦関係調整調停（離婚）申立書（正本，写し各1通），②事情説明書（夫婦関係調整）1通，③進行に関する照会回答書（以下「進行照会回答書」という）1通，④連絡先等の届出書1通，⑤夫婦の戸籍全部事項証明書（申立日から3か月以内に発行されたもの）1通，⑥手続代理委任状1通，⑦不動産登記記録（全部事項証明書）1通，⑧固定資産評価証明書1通
※⑦⑧の資料は，必ずしも申立時に必要な資料ではないが，財産分与の対象となる不動産については早期のうちに提出しておくことが望ましい。

　申立書作成に当たり，赤坂弁護士は，太郎から，これまでの花子の浪費や太郎に対する悪意に満ちた言動など離婚事由に関する事情を詳細に記載した書面を裁判所に提出してほしいと頼まれた。しかし，赤坂弁護士は，まだ太郎が冷静に気持ちを整理できていない可能性があること，調停における花子の態度も明らかになっていない段階でそのような書面が花子の目に触れることによって，花子の感情を過度に刺激して話合いによる解決を困難にさせてしまうおそれがあることなどから，第1回調停期日の状況を踏まえて，対立事項などを把握した上でポイントを絞った書面の作成を検討する方が望ましいと考えた。
　太郎には，上記の方針を説明し，第1回調停期日は，太郎自身の言葉で，

Scene 2

調停委員会にこれまでの経緯や自分の思いを率直に伝えて，調停委員会に太郎の言い分や気持ちを理解してもらうことを第一目標とすることとし，太郎が混乱した場合には，自分が適宜フォローするので安心して話をするように伝えて，太郎の了解を得た。

また，赤坂弁護士は，予め調停委員会に事前協議の状況を伝えておいた方が進行方針が立てやすいのではないかと考えて，太郎と相談の上，事情説明書に花子が太郎の不貞を疑い，謝罪するまで話合いには応じないとの態度であったこと，太郎としては不貞行為はなく，謝罪には応じられない旨を回答したため協議が調わなかったことなどを記載することとした。

Episode 1　婚姻費用及び財産分与等離婚給付をめぐる争い

【書式1-2】調停申立書

<u>この申立書の写しは，法律の定めるところにより，申立ての内容を知らせるため，相手方に送付されます。</u>
<u>この申立書とともに相手方送付用のコピーを提出してください。</u>

受付印	夫婦関係等調整調停申立書　事件名（　　離　婚　）
収入印紙　　　　円 予納郵便切手　　円	（この欄に申立て1件あたり収入印紙1,200円分を貼ってください。） （貼った印紙に押印しないでください。）

東京　家庭裁判所 　　　　　　御中 平成 28 年 7 月 26 日	申 立 人 （又は法定代理人など） の記名押印	弁護士　赤坂　四郎　㊞ ＊ 住所等は別紙（省略）申立人手続代理人等目録のとおり		
添付書類	（審理のために必要な場合は，追加書類の提出をお願いすることがあります。） ■ 戸籍謄本（全部事項証明書）（内縁関係に関する申立ての場合は不要） □ □（年金分割の申立てが含まれている場合）年金分割のための情報通知書		準 口 頭	

申 立 人	本　籍 （国籍）	（内縁関係に関する申立ての場合は，記入する必要はありません。） 神奈川　都道 　　　　　府県　横浜市〇〇区××〇丁目〇番地	
	住　所	〒〇〇〇-〇〇〇〇 東京都〇〇区××〇丁目〇番〇号　〇〇レジデンス〇〇号 （　　　　　　方）	
	フリガナ 氏　名	シンジュク　　　タロウ 新宿　太郎	大正 <u>昭和</u> 44 年 5 月 5 日生 平成　（　　47　　歳）
相 手 方	本　籍 （国籍）	（内縁関係に関する申立ての場合は，記入する必要はありません。） 神奈川　都道 　　　　　府県　横浜市××〇丁目〇番地	
	住　所	〒〇〇〇-〇〇〇〇 東京都〇△区×△〇丁目〇-〇 （　　　　　　方）	
	フリガナ 氏　名	シンジュク　　　ハナコ 新宿　花子	大正 <u>昭和</u> 47 年 3 月 3 日生 平成　（　　44　　歳）
未 成 年 の 子	住　所	□申立人と同居　／　□相手方と同居 □その他（　　　　　　　）	平成　　年　　月　　日生 （　　　歳）
	フリガナ 氏　名		
	住　所	□申立人と同居　／　□相手方と同居 □その他（　　　　　　　）	平成　　年　　月　　日生 （　　　歳）
	フリガナ 氏　名		
	住　所	□申立人と同居　／　□相手方と同居 □その他（　　　　　　　）	平成　　年　　月　　日生 （　　　歳）
	フリガナ 氏　名		

（注）太枠の中だけ記入してください。未成年の子は，付随申立ての(1)，(2)又は(3)を選択したときのみ記入してください。□の部分は，該当するものにチェックしてください。

夫婦(1/2)

Scene 2

<u>この申立書の写しは，法律の定めるところにより，申立ての内容を知らせるため，相手方に送付されます。</u>
<u>この申立書とともに相手方送付用のコピーを提出してください。</u>

※ 申立ての趣旨は，当てはまる番号（1又は2，付随申立てについては(1)～(7)）を○で囲んでください。
　□の部分は，該当するものにチェックしてください。
☆ 付随申立ての(6)を選択したときは，年金分割のための情報通知書の写しをとり，別紙として添付してください（その写しも相手方に送付されます。）。

申　立　て　の　趣　旨	
円　満　調　整	関　係　解　消
※ 1　申立人と相手方間の婚姻関係を円満に調整する。 2　申立人と相手方間の内縁関係を円満に調整する。	※ ①　申立人と相手方は離婚する。 2　申立人と相手方は内縁関係を解消する。 (付随申立て) (1)　未成年の子の親権者を次のように定める。 　　………………………………………については父。 　　………………………………………については母。 (2)　(□申立人／□相手方) と未成年の子が面会交流する時期，方法などにつき定める。 (3)　(□申立人／□相手方) は，未成年の子の養育費として，1人当たり毎月 (□金………円／□相当額) を支払う。 ④　相手方は，申立人に財産分与として， 　　(□金………円／■相当額)　を支払う。 (5)　相手方は，申立人に慰謝料として， 　　(□金………円／□相当額)　を支払う。 (6)　申立人と相手方との間の別紙年金分割のための情報通知書 (☆) 記載の情報に係る年金分割についての請求すべき按分割合を， 　　(□0．5／□(……………))　と定める。 (7)

申　立　て　の　理　由
同居・別居の時期
同居を始めた日……　昭和／<u>平成</u>　6 年　8 月　8 日　　別居をした日……　昭和／<u>平成</u>　27 年　3 月　20 日
申　立　て　の　動　機
※ 当てはまる番号を○で囲み，そのうち最も重要と思うものに◎を付けてください。 ①　性格があわない　　2　異性関係　　3　暴力をふるう　　4　酒を飲みすぎる 5　性的不調和　　⑥　浪費する　　7　病気 ⑧　精神的に虐待する　　9　家族をすててかえりみない　　10　家族と折合いが悪い 11　同居に応じない　　12　生活費を渡さない　　13　そ　の　他

Episode 1　婚姻費用及び財産分与等離婚給付をめぐる争い

【書式1-3】事情説明書

平成　　年（家　）第　　　号（期日通知等に書かれた事件番号を書いてください。）

事情説明書（夫婦関係調整）

この書類は、申立ての内容に関する事項を記載していただくものです。あてはまる事項にチェックを付け（複数可）、必要事項を記入の上、申立書とともに提出してください。
なお、この書類は、相手方には送付しませんが、相手方から申請があれば、閲覧やコピーが許可されることがあります。

1　この問題でこれまでに家庭裁判所で調停や審判を受けたことがありますか。	□ ある　平成　年　月頃　家裁　　支部・出張所 　　　申立人の氏名 □ 今も続いている。　事件番号　平成　年（家）第　　号 □ すでに終わった。 ■ ない	
2　調停で対立すると思われることはどんなことですか。（該当するものに、チェックしてください。複数可。）	■ 離婚のこと　　□ 同居または別居のこと ■ 子どものこと（□親権　□養育費　□面会交流　□その他　　） ■ 財産分与の額　■ 慰謝料の額　□ 負債のこと ■ 生活費のこと　　　　　　　□ その他（　　　　　　　）	

3　それぞれの同居している家族について記入してください（申立人・相手方本人を含む。）。 ※申立人と相手方が同居中の場合は申立人欄に記入してください。	申立人（あなた）					相手方			
	氏名	年齢	続柄	職業等	氏名	年齢	続柄	職業等
	新宿 太郎	47	本人	会社役員	新宿 花子	44	妻	主婦
					新宿 一郎	21	長男	大学生
					新宿 苑子	21	長女	大学生

	申立人	相手方
4　それぞれの収入はどのくらいですか。	月収（手取り）約 167 万円 賞与（年 回）　未定 □実家等の援助を受けている。月　　万円 □生活保護等を受けている。月　　万円	月収（手取り）約　　0万円 賞与（年 回）計約　　0万円 □実家等の援助を受けている。月　　万円 □生活保護等を受けている。月　　万円
5　住居の状況について記入してください。	□ 自宅 □ 当事者以外の家族所有 □ 賃貸（賃料月額　　　　円） ■ その他（会社支給）	■ 自宅 □ 当事者以外の家族所有 □ 賃貸（賃料月額　　　　円） □ その他（　　　　　）
6　財産の状況について記入してください。	□ 資産 ■ あり 　■ 土地　■ 建物 　■ 預貯金（約800万円） 　■ その他　※具体的にお書きください。 　（詳細は別紙資産目録記載のとおり） □ なし □ 負債 ■ あり　■住宅ローン（約1000万円） 　　　　□その他（　　　万円） □ なし	□ 資産 ■ あり 　□ 土地　■ 建物 　■ 預貯金（約3550万円） 　■ その他　※具体的にお書きください。 　（詳細は別紙資産目録記載のとおり） □ なし □ 負債 □ あり　□住宅ローン（約　　万円） 　　　　□その他（約　　万円） ■ なし
7　夫婦が不和となったいきさつや調停を申し立てた理由などを記入してください。	結婚後、概ね夫婦関係は円満であったが、平成27年初めころ相手方が申立人の不貞を疑い、関係が悪化し、同年3月、申立人が家を出る形で別居した。 平成28年6月末に代理人に離婚協議を依頼し、同年7月11日には双方の代理人間で協議の機会をもったが、相手方は不貞について謝罪するまで協議に応じないという態度であったため協議はまとまらなかった。申立人としては不貞の事実はなく謝罪の必要はないと考えているが、話合いによる円満な解決を希望する。 その他詳細については、調停期日で説明するほか、必要に応じ書面を提出する。	

平成28年7月26日　　　　　　申立人代理人　赤坂　四郎　㊞

II　裁判所における申立書等の審査
　──受付から期日指定まで

1　申立書等の審査

　家庭裁判所の書記官は，申立書が提出されると，管轄の有無（家事245条），申立書の記載事項，添付資料及び手数料の納付の有無等を中心に申立ての適法性を審査する。その上で，不備等があれば適宜，補正を促す（家事255条2項・4項・49条4項，家事規127条・37条）。

　管轄がない場合には，移送（家事9条1項本文）または自庁処理（同項ただし書）について裁判官と検討する。自庁処理の裁判に対しては即時抗告ができないため，同裁判をする際には意見を聴取する必要がある（家事規8条1項）。他方，管轄のある裁判所への移送については規則上当事者への意見聴取は必要とされていないが，移送によって，相手が居場所を推知し，トラブルが生じるおそれがある事案もあるため，当事者に移送についての意向を聴取することもある。

　その他，申立書の写しを相手方に送付する（家事256条1項）ことによって，手続の円滑な進行を妨げるおそれがあるかを点検し，問題があれば裁判官に相談する。

　神保かすみ書記官は，申立書その他の必要資料がすべて提出されていること，定型の申立書が使用され，記載内容について特に補正を促す事項はないことなどを確認した。

　銀座イチロー裁判官は，記録を読み，不貞の有無が問題になると，離婚すること自体や慰謝料の争いになるだろうし，財産分与も問題になりそうだと考えた。

Episode 1　婚姻費用及び財産分与等離婚給付をめぐる争い

家事調停における申立書等の書面の記載事項と提出のあり方

1　申立書の写しの送付

　家事調停では、原則として申立書の写しが相手方に送付される（家事256条1項）。これは、充実した手続進行と早期解決を目指す趣旨であるが、送付によって当事者間に無用な混乱を招いたり、紛争を激化させたりするなど、調停の円滑な進行を妨げるおそれがあると認められる場合には、例外的に申立書の写しの送付に代えて、適宜の方法で調停の申立てがあったことを通知することになる（同項ただし書）。
　定型の申立書は、必要的記載事項を過不足なく簡潔に記載するとともに、相手方に送付した上で円滑に調停手続を進行させることを念頭に置いて作成されている。
　したがって、定型の書式に所定の事項を記載した申立書であれば、ほかに特段の問題がなければ、速やかに期日指定がされ、相手方に期日通知書とともに、申立書の写しが送付されることになる。
　なお、申立書に、「別紙」が引用されている場合には、別紙も申立書と一体のものになるため、申立書と同様に相手方送付用の写しを提出する必要がある。

2　申立書以外の書面の送付

　申立書とともに提出された「事情説明書」や「証拠」資料は、原則として、期日前に裁判所から相手方に送付しない扱いである。ただし、たとえば、相手方交付用の源泉徴収票などが提出され、婚姻費用や養育費の検討に資すると判断された場合には、申立書の写しとともに、これらの「証拠」資料を事前に送付することもある。

3　申立書への住所の記載

　申立書には、当事者を特定するために住所を記載する必要があるが（家事規1条1号）、夫婦間の暴力などの問題から、相手方に別居後の住所を知られたくないという事案もある。そのような場合には、申立書には相手方に知られてもよい住所（たとえば同居中の住所など）を記載することが考えられる。また、年金分割のための情報通知書は、相手に知られたくない住所が記載されない形で発行を求める必要がある。仮に相手に知られたくない住所が記載されている場合には、住所部分にマスキング処理（黒塗り）をして提出する。
　また、調停事件記録は、他の当事者等から閲覧謄写される可能性もある（家事254条3項）ことから、裁判所に書面（手続代理委任状を含む）を提出する際には、住所や住所を特定するような情報が記載されていないか十分点検する必要がある。なお、住所の非開示希望の有無にかかわらず、裁判所が当事者に連絡するための居所や電話番号などは、「連絡先等の届出書」に記載することになっている。この連絡先等の非開

示を希望する場合には,「非開示希望の申出書」を添付して提出する必要があるので注意する。いずれの書式も家庭裁判所のウェブサイトにより入手することができる。

4 「主張」書面,「証拠」資料の提出のあり方

期日において対立点を整理して円滑に話合いを進めるためには,予め話し合うテーマや重要な資料を双方が共有しておくことが有益である。調停手続では,申立書の写しは相手方に送付されるほか,当事者が提出した「主張」書面や「証拠」資料は,記録の一部になり,他の当事者等からの閲覧謄写請求がされると相当と認める場合に許可される(家事254条3項)。もっとも,閲覧謄写によらず当事者双方が「主張」書面や「証拠」資料を相互に交換して調停委員会とともに情報を共有する運用も,いわゆる経済事件(婚姻費用,養育費,財産分与,扶養,遺産分割,遺留分等)を中心に進められている。他方,「主張」書面や「証拠」資料が他の当事者に開示された場合,その内容によっては,相手の感情を過度に刺激して対立関係を先鋭化させてしまったり,相手の期日への出席意欲を削いでしまうなど,円滑な調停進行に支障が生じるおそれもある。

したがって,申立書はもちろん,「主張」書面や「証拠」資料を提出する際には,他の当事者に知られる可能性があることを前提に,調停の目的である話合いによる解決を促進させる内容になっているか,いたずらに相手を非難して対立を激化させる内容になっていないかを検討し,記載事項を適切に選別した上で,分かりやすく簡潔に整理して提出する必要がある。

5 「主張」書面,「証拠」資料の提出方法

記録の整理や後日の検索の便宜のために,「主張」書面は訴訟における準備書面と同じように通し番号を付け,「証拠」資料は申立人提出分には「甲号証」,相手方提出分には「乙号証」の符号と通し番号を付けて提出する。他の当事者や調停委員会に,「証拠」資料の趣旨を的確に伝えるために,重要な部分にマーカーを引いたり,資料説明書(訴訟で提出する証拠説明書と同様の要領で作成する)を提出するのが望ましい。

その他,夫婦関係調整と婚姻費用分担など,関連事件が併行して進んでいる場合には,それぞれの事件ごとに「主張」書面,「証拠」資料を提出する必要がある。特に,別表第二事件の場合には,審判手続に移行する際に別表第二調停事件において提出された書面等について事実の調査がされるのが一般であるため,注意が必要である。

 個人番号(マイナンバー)の記載は不要

行政手続における特定の個人を識別するための番号の利用等に関する法律(以下「番号法」という)の施行により,住民票,源泉徴収票,社会保障や税に関す

Episode 1　婚姻費用及び財産分与等離婚給付をめぐる争い

　　る各種申告書の控えなどに個人番号（通称「マイナンバー」。以下「マイナンバー」という）が記載されることがある。マイナンバーは行政の効率化等の観点から導入されたものであり，非常に大切な個人情報であるが，家事調停，家事審判や人事訴訟等の裁判所の手続において，マイナンバーが必要とされることは原則としてない。マイナンバーが裁判所の記録に表れないようにするため，裁判所に提出する書類（住民票の写し，源泉徴収票，確定申告書等の控え）にはマイナンバーが記載されていないもの，またはマイナンバー部分をマスキング（黒塗り）処理したものを原本として提出する必要がある。マイナンバーが記載される書類（またはその可能性が高い書類）を提出する際にはマイナンバーの記載の有無，マスキング漏れの有無を確認することが求められる。番号法施行時においては，社会保障（年金，労働，福祉，医療等），税，災害対策の分野で作成，提出される多くの書類にマイナンバーが記載されており，今後も，利用範囲の拡大が予定されている。これまで記載されていない書類であっても，今後，記載される可能性があることに留意して，提出書類の記載を点検しよう。
　　また，裁判所においては，記録上表れることになったマイナンバーが流失しないよう，適切に記録を保管することが求められる。

2　手続選別（インテーク）の実際

　家庭裁判所調査官（以下「調査官」という）は，行動科学等に関する専門的知見を有しており，たとえば，未成年の子がいる夫婦関係調整調停事件において，夫婦間の対立が深刻で子が紛争に巻き込まれていることがうかがえる事案など，子の監護状況等について，事実の調査が必要になることが見込まれる場合には，調停期日に立ち会って，調停委員会が，子に関する状況を的確に把握するための助言をしたり，調停委員会に調査命令の要否についての意見を述べることがある。
　そこで家事調停事件については，第1回調停期日を指定する前に，調査官が記録を閲読し，期日に調査官が立ち会った方がよいか，期日前に調査官による調査を実施した方がよいか，その他進行上留意すべき事項があるか等についての意見を裁判官に提出するのが一般的である。これを手続選別（イ

ンテーク)といい，裁判官及び書記官は，調査官の意見を参考に，事件の進行方針を決める。

京橋梅子調査官は，紛争性は高いが，双方とも代理人を付けて事前交渉を行っており，進行上の問題はうかがえないこと，また，子は2人とも大学生で成人しており，別居後も自宅で花子と暮らしているようであるから，現時点で子の状況を早期に把握しなければならない特別の問題もなさそうであると考え，期日立会いや事前調査は不要であるとの意見を銀座裁判官に提出した。

銀座裁判官は調査官の意見を参考に調停期日を指定することとしてその旨を神保書記官に連絡した。

神保書記官は，進行照会回答書に，事前交渉時に花子の代理人として淡路弁護士が選任されていた旨が記載されていたため，赤坂弁護士に淡路弁護士との期日調整を依頼した。

Ⅲ 花子(妻)の方針
―― 離婚及び婚姻費用分担調停の準備

1 離婚調停についての方針と準備

花子は，裁判所から届いた離婚調停の申立書の写しや期日通知書等の書類を持って，淡路弁護士の事務所へ赴いた。

淡路弁護士は，申立書等に記載された事情のほか，太郎が述べるであろう主張を予測し，花子としてどのように対応するかを検討するため，花子に再度事実関係などを確認し，進行方針を打ち合わせた。

淡路弁護士は，花子と相談の上，申立書に対する花子の意見として，有責配偶者である太郎からの離婚請求は認められないこと，太郎が真摯に謝罪しない限り話合いに応じるつもりはないことを答弁書に記載して提出することとした。

Episode 1　婚姻費用及び財産分与等離婚給付をめぐる争い

2　婚姻費用分担調停の申立ての準備

淡路弁護士：別居後の生活費はどうなってますか？　別居期間中の生活費については，「婚姻費用」として支払を求めることができます。双方の収入が分かれば，比較的簡易に金額を試算することができます。

花子：私は，太郎が経営している会社の取締役として，別居後も，月額30万円の役員報酬をもらっています。ただ，これは役員報酬なので，生活費として婚姻費用を別途請求したいです。長男は私立大学の理系で年間150万円，長女は私立大学の文系で年間約100万円の学費がかかります。長男は大学院進学，長女は留学を希望しているので，この費用も太郎に出してほしいです。

淡路弁護士：それでは，すぐに申立てをしましょう。婚姻費用は，原則として請求した時以降の分が認められるのが一般ですから。

　その後，淡路弁護士は，婚姻費用や養育費の算定について家庭裁判所の実務で一般に利用されている，いわゆる養育費・婚姻費用算定表（以下「算定表」という。後述 27 頁参照）の説明をした。

　淡路弁護士は，花子と相談の上，子供 2 名は，成人しているが大学在学中なので，「未成熟子」として扶養の対象となるとして，14〜19 歳の子供と同様の扱いをするよう求めることとした。

花子：太郎の年収は，おそらく 2000 万円くらいだと思います。

淡路弁護士：太郎さんの年収が 2000 万円，花子さんの年収が 360 万円として算定表を当てはめると，月額約 36 万〜38 万円になります。この金額には私立大学の学費分が含まれていないので，その分を加算すると，太郎さんに請求する婚姻費用の額としては，月額 50 万円程度となります（計算方法は以下のとおり）。

【婚姻費用分担額の計算方法】
　夫婦が扶養すべき 15 歳以上の子が 2 人いる場合には，算定表の表 15（右頁の表）を

用いる。

　義務者である太郎の年収2000万円を縦軸，権利者である花子の年収360万円を横軸に当てはめて交差した部分の金額帯36万〜38万円が，基本となる金額（月額）である。

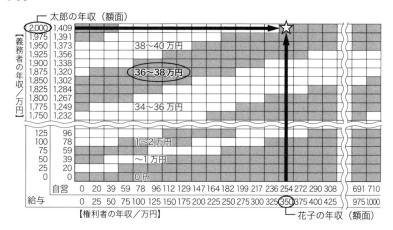

　この36万円〜38万円には，標準的な教育費（公立学校の学費等）は含まれているが，それを超える私立学校の学費は考慮されていない。学費を考慮するか，考慮する場合にはどのように算出するかについては，後記31頁のとおりであるが，本エピソードでは，太郎が学費を負担することに合意しているため，学費を考慮することとし，加算額の目安を把握するため，簡便な算出方法（後記31頁7の①の方法）を採用して算出すると以下のとおりとなる（なお，標準的な教育費は，便宜上公立高校の学費相当額を用いる）。

　　150万円（長男）＋100万円（長女）－{33万円（標準的な教育費）×2}＝184万円
　　基礎収入　太郎　2000万円×0.34（生活費指数）＝680万円（A）
　　　　　　　花子　360万円×0.36 ＝ 136万8000円（B）
　　学費加算額　184万円×(A／A＋B)≒153万円
　　太郎が負担すべき婚姻費用　38万円＋(153万円÷12か月)≒50万円

淡路弁護士：役員報酬が月額30万円ということですが，これは，手取りですか，額面ですか。

花子：太郎から渡される額が30万円なので，額面はよく分かりません。

淡路弁護士：えっ。会社からではなく，太郎さんから支払われるのですか？

花子：はい。

Episode 1　婚姻費用及び財産分与等離婚給付をめぐる争い

淡路弁護士：この 30 万円以外に，生活費をもらっていたということはありますか。

花子：子供の学費とか，家のリフォームとか，大きな出費があるときは別にもらっていましたが，30 万円以外に毎月決まった生活費をもらっていたことはありません。

淡路弁護士：取締役としてはどのようなお仕事をされていましたか。

花子：定期的に会社に出勤したことはありません。必要なときに，パーティーや食事会に行って，取引先の方と会合をもっていました。

淡路弁護士：そうですか。支払の状況や勤務実態などからすると，30 万円は取締役報酬ではなく，生活費であると言われる可能性はありますね。一応，婚姻費用分担の申立てに当たっては，30 万円は取締役報酬という前提で主張しましょう。収入を証明する資料が必要なので，源泉徴収票がなければ，課税証明書を区役所で発行してもらってください。マイナンバーが記載されていないものが必要です。

　それから，花子さんが住んでいる自宅の住宅ローンを太郎さんが負担している場合，その分を婚姻費用分担額から減額するように求められる可能性があります。

　この点は太郎さんの意見を聴いてから検討することにしましょう。

婚姻費用分担調停・審判の実務——算定表の考え方

1　婚姻費用の基礎知識

　夫婦が婚姻生活を維持するために必要な費用のことを婚姻費用といい，夫婦は相互にこれを分担する義務がある（民752条）。夫婦間の扶養義務は，自分の生活を保持するのと同程度に相手の生活を保持させる義務，いわゆる生活保持義務であるとされ，夫婦各自の資産，収入その他一切の事情を考慮して分担することになる（民760条）。この生活保持義務の考え方は，家庭裁判所の実務における婚姻費用算定の基本的な出発点であり，算定表も，これに基づいて作成されている。なお，親族一般の扶養義務は，原則として自分の生活を犠牲にしない限度で被扶養者の最低限の生活の扶助

28

を行うべき義務，いわゆる生活扶助義務であると解されている。

そして，一般的な夫婦では，双方の仕事による収入から生活費が支出されていることに照らし，「資産」ではなく，「収入」を婚姻費用の算定の基本的な指標としているのが，現在の実務である。

婚姻費用の分担については，夫婦間で協議して定めるのが原則とされ，協議が調わないとき，または，協議をすることができないときは，調停または審判の申立てをすることができ，調停の申立てをして調停が成立しなかったときには，審判手続に移行する（家事272条4項）。

2 婚姻費用の支払開始時期

婚姻費用の支払は，請求時を始期とするのが一般的である。婚姻費用分担請求調停や審判の申立日，または内容証明郵便等で請求した場合は請求日が明らかであればその請求日からとなる。

3 婚姻費用の請求額

婚姻費用の申立書には，希望する婚姻費用の額を具体的に記載することが望ましい。これまでの婚姻費用分担額や別居後の家計の状況等の実情を踏まえ，後記4の算定表による試算額やそれを修正すべき特段の事情があるかどうかを考慮して決めるのが一般的である。もっとも，特定できない事情がある場合には，「相当額」と記載することもやむを得ない。

4 算定表の考え方

養育費・婚姻費用の算定については，審理の長期化，複雑化等の問題点を解消し，簡易迅速に養育費等を算定することを目指して，平成15年，東京家裁・大阪家裁の裁判官，家庭裁判所調査官による養育費・婚姻費用算定表（算定表）が作成された（東京・大阪養育費等研究会・提案285頁）。その後，広く家裁の実務で採用され，定着しており，今日は，算定表の活用により早期の解決が図られている（算定表は，東京家庭裁判所等のウェブサイトに掲載されている）。

婚姻費用を算定するには，まず，権利者及び義務者の収入額から，婚姻費用に充てられるべき基礎となる収入（総収入〔税込収入〕から生活にかかる諸経費等〔公租公課，職業費及び特別経費〕を控除したもの。基礎収入）を算出する必要がある。算定表は，実際にかかった諸経費等の額を控除するのではなく，簡易かつ迅速な算定のために「税法等で理論的に算出された標準的な割合」と「統計資料に基づいて推計された標準的な割合」で推計するという考え方に基づいて作成されている。

具体的には，給与所得者の場合，源泉徴収票の「支払金額」が総収入に当たり，基礎収入は総収入の42〜34％の範囲となる。自営業者の場合，確定申告書の「課税される所得金額」が総収入に当たり，基礎収入は総収入の52〜37％（高額所得者の方が割合が小さい）の範囲となっている。

Episode 1　婚姻費用及び財産分与等離婚給付をめぐる争い

　このようにして双方の基礎収入を算出した上，双方及び子のそれぞれの年齢等に応じた標準的な生活費の割合（生活費指数）に応じて，支払うべき婚姻費用を算出することになる。算定表では生活費指数を，親，15歳から19歳までの子，0歳から14歳までの子という3区分に単純化し，簡易迅速に目安となる金額を知ることができるように工夫されている（後記5）。

　もっとも，この算定表は，生活保護基準や家計調査年表の数字を基礎として，一般的な家庭における相当な婚姻費用の目安となる金額を示しており，事案によっては，修正が必要となる。たとえば，別居した夫が，夫自身の自宅の家賃を負担しながら，妻子が居住する居宅の住宅ローンを負担しているなどの場合（後記8参照）などが挙げられる。

　算定表について詳しくは，松本・婚姻費用分担事件の審理1頁，岡・諸問題4頁，東京家事事件研究会・実務77頁〔松谷佳樹〕参照。

5　算定表による婚姻費用の基本的な計算式

　婚姻費用は，生活保持義務の考え方に基づき，①夫婦と子が同居していることを仮定して，世帯全体の基礎収入を算定する，②夫婦及び子の生活費指数（親を「100」，15歳から19歳の子を「90」，0歳から14歳の子を「55」）を考慮して各世帯に配分する，③権利者の配分額から権利者の基礎収入を控除した不足額を義務者に負担させる，という計算方法で算出される。

　算定表は，上記の計算方法によって算出された結果を，縦軸に義務者の収入等（総収入額），横軸に権利者の収入等（総収入額）として，子の人数や年齢ごとに図表にまとめたものである。子が4人以上いる場合や義務者も子と同居している場合など，対応する算定表が存在しない事案については，上記の計算方法に当てはめて個別に算出することになる（東京家事事件研究会・実務79頁〔松谷佳樹〕）。

6　総収入額の認定

　算定表を利用する場合はもちろん利用できない場合でも，婚姻費用を算出するためには，双方の総収入額（年収）を把握する必要がある。

　通常は，源泉徴収票，確定申告書，課税証明書などの客観的な資料から，総収入額を把握する。給与所得者は源泉徴収票の「支払金額」，自営業者は確定申告書等の「課税される所得金額」が総収入額となる。転職などで最新の源泉徴収票等が現在の収入額を裏付ける資料にならない場合には，直近の給与明細書等から推計することになるが，この場合，賞与等を雇用契約書等から確認する必要がある。

　また，専業主婦の場合，就労が可能な状況であれば，実際に稼働していなくても，潜在的稼働能力としてパート収入程度の収入（年120万円程度）があるとして算出される場合もある。その他，失業中などの場合でも，就労が可能な状況であれば，学歴や，これまでの稼働実績，賃金センサス等を考慮して総収入額を推計することも多いだろう。

7　特別事情Ⅰ　私立学校の学費が発生する場合

算定表では，標準的な教育費を考慮して子の生活費指数を定めているため，公立学校の学費や通常の学用品費，通学費用の標準的な費用は，算定表から算出される婚姻費用に含まれることになる。問題となるのは，これに含まれない私立学校の学費である。この点については，義務者が私立学校への通学に同意しているか，双方の学歴，職業，資産，収入，居住地域の進学状況等に照らして私立学校への進学が相当であると認められるケースでは，適切な金額を加算する必要がある。

学費の考慮については，①私立学校の学費から算定表で考慮されている公立学校の教育費の額を控除し，双方の基礎収入（総収入額から生活にかかる諸経費等を控除した額。諸経費等が占める割合については，松本・婚姻費用分担額事件の審理56頁参照）で按分した額を加算する方法，②算定表から導かれる分担額に子の生活費指数のうち教育費に占める割合（15歳以上の子の場合には生活費指数90に対して32となる）を乗じた額を算定表で考慮済みの額として，義務者に負担させるべき学費からこれらを差し引いた額を加算額の目安とする方法などがある（岡・諸問題11頁）。

なお，算定表で考慮されている年間の学費は，小学校の場合約6万円，中学校の場合約13万円，高校の場合約33万円となっている（東京・大阪養育費等研究会・提案295頁）。

8　特別事情Ⅱ　義務者が権利者の居住する住宅のローンを支払っている場合

義務者が，権利者の居住する住宅の住宅ローンを支払っている場合には，資産形成という側面のほか，住居費の負担という側面があるため，後者の側面について適切に控除する必要がある。もっとも，前者の側面（ローン減少による寄与）については，後に財産分与の際に考慮されるはずであるから，ローン負担額全額を控除することは相当とはいえない。この場合の算定例についてはいくつかあり，大きく分けて，①住宅ローンの支払額を特別経費として控除する方法（基礎収入の算定の際に考慮する），②算定結果から一定額を控除する方法などがある（岡・諸問題9頁，松本・婚姻費用分担事件の審理61～73頁）。

9　成人に達した子の取扱い

算定表は，19歳までの未成年の子の扶養を前提にしているが，成人に達していても，心身の障害などにより稼働できない者，就学中で稼働できない者など，自己の資産または労力で生活する能力がない未成熟子については，婚姻費用・養育費の算定の際に考慮することが考えられる。もっとも，自活能力がない本人は，成人後であれば，直接，両親等に対して扶養料の支払を求めることができるため，年齢等によっては，婚姻費用や養育費の問題として取り扱うことが相当でない事案もある。

成人後の大学等の学費については，一般的に義務者が進学を承諾している場合や両親の学歴，職業，経済状況などに照らして大学進学が相当と認められる場合には，学

Episode 1　婚姻費用及び財産分与等離婚給付をめぐる争い

費の負担を拒否することは難しいように思われる。他方，日本の通常の大学の通学期間である4年を超える部分の学費や海外留学に伴う学費については，義務者の承諾（推定的承諾も含む）があるか，義務者の収入が特別に高額であって社会生活上，その費用負担を受け入れるのが通常といえる場合に限って認められることになろう（菱山泰男＝太田寅彦「婚姻費用の算定を巡る実務上の諸問題」判タ1208号26頁）。

また，大学生などを，未成熟子として扱う場合には，日常の生活費を未成年の子と全く同等に扱うのは妥当ではなく，生活費指数を調整する方法，生活費指数は90とした上で，アルバイト収入等の稼働能力を考慮して，相当額を控除する方法などが考えられる。

3　婚姻費用分担調停の申立て──申立書の記載例等

淡路弁護士は，婚姻費用分担請求申立書，事情説明書，進行照会回答書及び連絡先等の届出書を作成して，収入資料等や離婚調停の答弁書等とともに裁判所に提出した。また，離婚調停事件と婚姻費用分担請求申立事件は別事件であるため，それぞれの事件について手続代理委任状を添付した。

IV　裁判所の調停期日前の準備
　　──離婚調停と婚姻費用分担調停の進め方

【第1回調停期日前に当事者双方から提出された書面】

【夫婦関係調整（離婚）調停事件】
申立人（太郎）：夫婦関係調整（離婚）調停の申立書，事情説明書，進行照会回答書，連絡先等の届出書，手続代理委任状，夫婦の戸籍謄本（全部事項証明書），不動産登記事項証明書（建物），固定資産税評価証明書（建物），甲号証の資料説明書
相手方（花子）：夫婦関係調整調停の答弁書，進行照会回答書，連絡先等の届出書，手続代理委任状
【婚姻費用分担事件】
申立人（花子）：婚姻費用分担調停の申立書，事情説明書，進行照会回答書，連絡先等の届出書，手続代理委任状，課税証明書，○○大学授業料のお知らせ，甲号証の資料説明書
相手方（太郎）：婚姻費用分担調停の答弁書，進行照会回答書，連絡先等の届出書，手続代理委任状，源泉徴収票，乙号証の資料説明書

Scene 2

　銀座裁判官は神保書記官と打合せの上，夫婦関係調整事件と婚姻費用分担事件を同期日に併行して進行させることにして，婚姻費用分担事件の期日を夫婦関係調整事件と同一の期日に指定した。また，調停委員も同一の調停委員を指定した。

　銀座裁判官は，神保書記官に，第１回調停期日を充実させるために，婚姻費用分担請求の申立書（写し）とともに，甲号証（写し）を送付するよう指示した。

　神保書記官は，赤坂弁護士に電話し，婚姻費用分担の調停が申し立てられたこと，夫婦関係調整事件と同一の期日で進めること，受任するのであれば手続代理委任状と期日請書を提出してほしいこと，その上で，赤坂弁護士宛に婚姻費用分担調停の申立書（写し）等を交付したいことなどを伝えた。

　銀座裁判官は，記録を閲読し，青山二郎調停委員，乃木坂まい調停委員に対し，書面で，本件については双方立会手続説明（後記36頁）を実施すること，花子から離婚の方向性が出なければ（出ない可能性が濃厚），婚姻費用の調整を先行させる方がよいと思われることなどを連絡した。

　調停委員は，期日の１週間前に記録を閲読し，裁判官からの連絡事項を含め，期日の進行方針等を検討した。

 評議について

　　裁判官と調停委員の評議は，書面による方法，対面で行う方法，書面と対面を併用する方法があり，事案，進行段階，評議の内容等に応じていずれかの方法を選択している。また，実施時期に応じて，期日前に当該期日の進行等を協議する事前評議，期日中に問題点等を協議する中間評議，期日後に当該期日で生じた問題点等やそれに対する対応策等を協議する事後評議とがあり，裁判官と調停委員がそれぞれ必要に応じて申し入れて実施している。

　　評議は，重要な進行方針を検討する場合，主要な対立点について事実認定や法的判断を検討する場合，調査官等の関与を検討する場合，調査嘱託や鑑定等を検討する場合，調停委員会案を検討・提示する場合，手続の終了を検討する場合など，調停進行上の重要な局面では必ず行っているが，その他にも，事案に応じて，

Episode 1　婚姻費用及び財産分与等離婚給付をめぐる争い

提出された「証拠」資料の見方，当事者への聴取事項，働き掛けの方法等を打ち合わせたり，また，調停委員会の構成員全員の認識を共有するために実施することも少なくない。

　充実した評議を行うためには，記録の閲読，調停委員相互間の意見交換，裁判官への適時かつ十分な報告などによって，裁判官と調停委員が事案について共通の認識をもつことが前提となる。また，評議の場では，調停委員がそれぞれの知識や経験等に基づき積極的に意見を述べ，自由に意見交換をすることが大切である。もちろん，調査官が関与している事案では，調査官を対面での評議の場に参加させて，その意見を参考にすることも有益である。

V　太郎(夫)と赤坂弁護士との期日前の打合せ
―― 婚姻費用は払っています

赤坂弁護士：花子さんから婚姻費用分担請求の申立てがされました。
太郎：花子には毎月30万円の生活費を振り込んでいます。花子はこれを役員報酬と言っているのかもしれませんが，実際には取締役としての仕事はしていません。子供の学費などは今までどおり支払ってもよいですが，30万円とは別に50万円も婚姻費用を払うのは納得いきません。
赤坂弁護士：子供2人が大学生なので未成熟子として扱うと，太郎さんの収入が2000万円，花子さんの収入が120万円（潜在的稼働能力を評価してパート程度の収入を想定）とすると，算定表からは月額40万円程度になります。私立の学費を考慮すると，もう少し増額されます。
太郎：ほかにも，花子や子供たちが住んでいる自宅の住宅ローンで毎月20万円を支払っているのですが……。
赤坂弁護士：住宅ローンの支払は住居費の負担という面のほか自分の財産の形成という面もありますので，全額を婚姻費用の支払と見ることは，難しいと考えます。

　赤坂弁護士は，この婚姻費用分担調停を受任した場合の弁護士報酬につい

て説明した上で，太郎の委任意思を確認し，手続代理委任状を裁判所に提出した。その後，太郎と相談の上，速やかに答弁書，太郎のマイナンバーの記載のない源泉徴収票の写し，資料説明書（以上，裁判所と花子交付用として各2通），進行照会回答書，連絡先等の届出書を準備し，期日までに裁判所に提出した。

Episode 1　婚姻費用及び財産分与等離婚給付をめぐる争い

Scene 3　第1回調停期日
——婚姻費用分担の調整から

I　調停期日前の評議——調停委員会の方針

　青山・乃木坂調停委員は，平成28年8月31日の第1回調停期日では，双方からこれまでの経緯を聴取して，紛争の実情を把握することを目標とした。また，裁判官からの連絡事項に沿って，早期に離婚と離婚条件が合意できる見込みがなければ，当事者の意向を確認した上で，婚姻費用の調整を先行させることとした。そして，夫婦間暴力等の問題はうかがえず，進行照会回答書にも何ら記載はないので，裁判官の指示どおり，双方立会手続説明を実施する方針を立てた。

　双方立会手続説明とは

　　家事調停については家事事件手続法の施行（平成25年1月1日）を契機として，家事調停の手続を公正（家事2条）に行い，当事者双方が主体的に手続の進行に関わって，調停委員会とも重要な情報を共有しながら合意形成に向けて必要な準備等を行うことができるよう，個々の期日の開始時と終了時に，当事者双方が同時に調停室に入室して，調停委員会において，開始時には期日の進行予定の確認を，終了時には当該期日の振り返りと次回期日までの課題や次回期日の予定などを簡潔に説明するという，双方立会手続説明が実施されている。もちろん，夫婦間の暴力等の問題から，当事者双方を立ち会わせることに具体的な支障がある事案については実施せず，個別に手続の説明をしている。なお，これは，当事者双方が同席して意見交換や話合いを行うといういわゆる同席調停ではなく，調停委員会から，当事者双方に手続に関する説明を行うために立会いを求める趣旨のものである（東京家事事件研究会・実務41頁〔本多智子〕。詳細につき同41頁注8掲記の文献参照）。

Scene 3

II 調停期日の経過
　　──分かりやすい手続を目指して

1　開始時の双方立会手続説明

青山調停委員：（冒頭で当事者双方の本人及び手続代理人の確認，調停委員の自己紹介を済ませた。）

　双方とも代理人から手続の説明を受けていることと思いますが，今日は初めての調停の日ですし，これから円滑に話合いを進めるために，調停委員会から，調停制度や一般的な調停の進め方等について説明します。

　調停とは，おふたりが話し合って合意によって紛争を解決する制度です。裁判官とわれわれ2名の調停委員は調停委員会として，公正，中立の立場で，進行役を務めます。われわれは，おふたりから聴いた内容のうち，話合いを進めるために必要な事項を，双方にお伝えします。おふたりには，相手の意見を踏まえて，自分の意見を再検討して，話合いを進めるためにどうしたらいいかを考えていただきます。もちろん，調停委員会からも，必要な助言をさせていただきますので，一緒に話合いによる解決を目指していきましょう。この場には裁判官はいませんが，おふたりから提出された書面等を読んだ上で，適宜，進行方針などを打ち合わせています。

　調停は，非公開の手続です。調停室でのやりとりを正当な理由なく外部に漏らすことは認められていません。裁判官や調停委員には守秘義務がありますので，おふたりから聴いた内容をおふたり以外の外部に伝えることはありません。おふたりとも，この場で見聞きした内容を，外部に漏らさないようご留意ください。

　合意ができた場合，できなかった場合の手続や調書の効力などについては……（手続代理人から説明を受けていると答えたため省略した）。

　次に夫婦関係調整調停の進め方についてご説明します。まず，おふたりから，今回の申立てに至った実情及び申立ての内容についてのご意見等を聴かせていただきます。申立書，答弁書等に記載がされていますが，調停

Episode 1　婚姻費用及び財産分与等離婚給付をめぐる争い

　委員会が十分に理解するため，重複しても構いませんのでお話しください。だいたいのお話をお聴かせいただいたら，次に，意見が一致していない項目を整理します。たとえば，離婚するか否かについて一致していない，あるいは，離婚については一致しているが財産分与の金額について一致していない，などが考えられます。一致していない事項について，その理由を意見交換して，疑問点などについて裏付けになる「証拠」資料があれば提出していただいて，疑問等をできるだけ解消できるようしていきます。調停委員会から「証拠」の見方や評価を説明したり，助言することもあります。裏付け資料等に基づく説明を受けても，対立点が解消されない場合には，おふたりに合意を目指すためにどのような提案ができるかを検討して意見を出していただきます。調停委員会から，対立点について法的な枠組みを説明することもありますし，解決策を提案することもあります。最後に，対立点が解消し，話合いの方向性が一致した場面では，それに沿って具体的な合意事項，条項の表現などを話し合います。

　解決までに必要な期間は，対立点の有無やその内容，おふたりの意見の内容などによって異なります。おふたりが解決に向かってご努力されるのであればできるだけ早く解決できるよう，調停委員会も一緒に頑張りたいと思います。

乃木坂調停委員：次に，婚姻費用の調停の進め方について説明します。代理人からもお聴きになっていることと思いますので簡潔にご説明します。このチャート図を見てください（次頁の【**進め方チャート図**】に基づく説明を行う）。まず，実情をお伺いします。特に，婚姻費用の分担に関する取決めがあったかどうか，婚姻費用の支払状況等についてお話しください。婚姻費用は，夫婦が相互に扶助義務を負うことから，夫婦の収入等に応じた通常の婚姻生活や社会生活を維持するために必要な費用を相互に分担するというものですから，双方の収入額を資料，たとえば源泉徴収票や確定申告書などに基づいて確認していきます。その上で，算定表を利用して分担額を試算しながら，試算された額を参考にして，たとえば，おふたりの場合には私立学校の学費や住宅ローンの負担など，修正すべき事情があれば，増減を検討します。もちろん，算定表を利用しなくても，合理的な金額で

Scene 3

【進め方チャート図】

婚姻費用分担調停の進め方

①　実情をお聴きします。

実情（身分関係，双方の生活状況，婚姻費用の分担に関する取決めの有無，婚姻費用の支払状況など）について，話してください。

②　婚姻費用の分担について理解しましょう。

夫婦は，相互に扶助義務があります（民752条）から，夫婦の資産，収入等に応じた通常の婚姻生活や社会生活を維持するために必要な費用を相互に分担することとなります。また，夫婦間に未成年の子がいれば，その養育に要する費用も婚姻費用に含まれます。通常，収入の多い一方が少ない他方に金銭を支払う方法で行われます。

③　資料に基づいて双方の収入額を確認していきます。

源泉徴収票，確定申告書，課税証明書，給与明細書等に基づき，双方の年間収入額を確認します。
（注）給与明細書は，直近の3か月分を提出するとともに，賞与，一時金等の額が分かる資料を提出してください。

④　算定表を利用して婚姻費用の分担額を試算しましょう。

算定表は，婚姻費用の額を簡易，迅速に算定し，適正な分担額を調整するために活用されています。税金や生活費は実額ではなく，法律または統計によって推計された額を用います。夫婦だけの場合，扶養すべき未成年の子がいる場合には，その人数，年齢に応じて，それぞれ個別の算定表が作成されていますので，③で確認した双方の収入額を，相応する算定表に当てはめて，試算します。

⑤　④の額を修正すべき特別の事情について話し合います。

④の試算額について，加算，減額すべき特別な事情（高額な医療費の負担など）があるかどうかを検討します。算定表は，既に，通常生じるであろう事情を考慮して作成されていますので，通常予測できない特別の事情がない限り，試算額の幅の範囲内で具体的な金額を話し合うことになります。

合意

Episode 1　婚姻費用及び財産分与等離婚給付をめぐる争い

おふたりが納得できるのであれば，その方が望ましいでしょう。意見が一致しない場合には，調停委員会から，算定表による試算額に修正要素を考慮した金額を提案させていただくこともあります。一般的には，このようなステップで進みますので，早期解決に向けてご理解とご協力をお願いします。

　また，今回は，夫婦関係調整と婚姻費用分担の2つの申立てがあります。調停委員会としては，双方のご意見をお聴かせいただいた上で，特段の事情がなければ，当面の生活費の問題である婚姻費用の話合いを先行させたいと考えています。ここまでのところでご質問はありますか。

太郎・花子：ありません。よく分かりました。

乃木坂調停委員：それでは今日の進行について説明します。まず，太郎さん側から，その後に花子さん側から，交代でお話を聴かせていただきます。それぞれだいたい20分の予定ですが，前後する場合もございます。その後，再び交替で双方に入っていただき，調停委員が，お聴かせいただいた話のうち話合いを進めるために必要な事項を相互にお伝えして，その点についてのご意見をお伺いします。最後に，今のように同時に調停室に入っていただき，調停委員会から，今日の期日で行ったこと，次回までの課題や次回の予定等を説明します。今日の調停は，午前12時までですので，どうぞご協力をよろしくお願いします。

2　太郎(夫)の「主張」の要旨

【離婚について】

　花子とは恋愛結婚である。大学時代からの付き合いで，花子が大学を卒業した平成6年8月に結婚した。太郎は，大学卒業後商社に就職したが，平成14年3月退社し，同年5月ころ，アパレル関係の輸入を扱う株式会社ステラを設立した。海外出張なども多く忙しかったので，家や子供のことは花子に任せていたところもある。些細な喧嘩はしたが，毎年家族旅行をしたり，それなりにうまくやっていたと思う。ただ，花子は，お嬢様育ちで，金に困ったら実父に頼ればよいという考えで，浪費癖があり，太郎の収入の中でやりくりするように言っても，真面目に取り合おうとせず，金銭感覚には不安を

もっていた。平成27年ころから，花子が，太郎と女性従業員との仲を疑って，太郎の行動に逐一文句を言うようになった。何もないと説明しても聞き入れず，子供たちを味方につけて，太郎を無視するようになった。家にいても自分の居場所がないと感じ，精神的に追いつめられていたところ，海外の会社との合併の話で忙しくなったこともあり，職場の近くにマンションを借りることにして，平成27年3月ころ別居した。別居生活も1年半ほどになっており，この間の花子の態度を見ても，不信感ばかりで，もう一度やり直す気持ちにはなれない。離婚したい。

【婚姻費用について】

同居時と同様，婚姻費用として1か月30万円を支払っているし，毎月20万円弱の住宅ローンも支払っているので，これ以上に支払う必要はない。離婚しても子供たちが大学を卒業するまでは役員報酬の形で生活費相当分を支払ってもよい。

【進行について】

別居前から険悪な雰囲気で，財産をすべて置いて出て行けと言われていた。別居期間中も関係を修復したいという話はない。子供たちも成人しているし，花子も修復の意思はないだろうから，離婚を前提に財産分与の話をしたい。

3　花子(妻)の「主張」の要旨

【離婚について】

結婚した翌年に双子を出産し，しばらくは子育てに専念していた。常勤ではなかったが，取締役として，取引先の接待などのパーティーや海外出張に同行して会社の営業活動に貢献した。太郎は，結婚後から，度々，女性問題を起こしたが，子供のために我慢してきた。

平成26年末ころから外泊することが増え，今まで花子が同行していた取引先とのパーティーにも来なくてよいなどと言うようになった。花子は，浮気を疑い，興信所に調査を依頼したところ，若い女性従業員を職場の近くのマンションに住まわせて，太郎が通っていることが分かった。興信所のことは伏せて太郎に問いただしたところ，太郎は，若い人のセンスを取り入れるために採用した社員であり，マンションは打合せに使っているなどと嘘をつ

Episode 1　婚姻費用及び財産分与等離婚給付をめぐる争い

くので，口論になった。3か月くらい会話のない状態が続き，太郎はその間も外泊を繰り返し，平成27年3月ころからは帰ってこないようになった。別居後，太郎にメールで何回か謝罪を求めたが，無視されている。まずは不貞の事実を認めて謝ってもらいたい。離婚の話合いはそれからである。離婚する場合も離婚後の生活保障を考えてほしい。興信所のことは太郎には言わないでほしい。

【婚姻費用について】

　婚姻費用をきちんと支払ってほしい。子供2人の大学の学費だけでも年間250万円になるので役員報酬の年間360万円では生活できない。花子は常勤ではなかったが，取締役としての仕事はしていたので，360万円は役員報酬で，婚姻費用ではない。双方の収入に応じた算定表に基づく金額と学費の負担を求める。

【進行について】

　離婚の話合いに応じる気持ちにはなれないので，婚姻費用を先に決めてもらいたい。

　調停における手続代理人の役割，手続代理人と調停委員会との関係

　調停は本人が出席することが原則であり（家事258条1項・51条2項），事情聴取も本人に対して行われるのが一般である。もっとも，本人が感情的になっていたり，記憶が混乱して事実関係や自己の意見を適切に説明できない場合には，手続代理人として，重要な点を強調したり，複雑な点を要領よくまとめて補足説明をするなどして，限られた時間の中でできる限り，調停委員会に本人の気持ちを伝え，かつ，対立点に関する主張を簡潔に行うように工夫する必要がある。

　また，調停委員会からの説明や指示等が不明確であれば，その趣旨を確認したり，調停委員会から進行方針や解決策等が示された場合には，法律専門家として冷静にこれを受け止め，必要に応じて，調停委員会と意見交換をして，調停委員会と問題点を共有する必要がある。その上で，本人に調停委員会の方針等を説明し，場合によっては説得を試みて，解決に向けた調停進行に資するよう努力すべきである。

代理人としては法的に難しい主張であることを理解していても，感情になっている本人を説得することが難しい場合もある。そのような様子が見られる場合には，調停委員会としては，手続代理人の立場を考慮しながら，本人への働き掛けの方法を検討することになり，本人としても，手続代理人だけでなく，中立的な立場である調停委員会から同様の説明や説得を受けることによって，少しずつ気持ちを整理して，自らが置かれている客観的な状況を理解し，手続代理人の助言を受け入れるようになる事案も少なくないと思われる。調停委員会と手続代理人とが，紛争解決を目指して問題点や進行方針を共有した上で，それぞれの立場で働き掛けを行うことが重要である。

4　双方の意見

(1)　太郎(夫)の意見

乃木坂調停委員：花子さんは，まず不貞について謝罪がなければ離婚の話合いには応じられないとのことです。離婚の条件としては離婚後の生活保障を希望されています。また，婚姻費用については，取締役報酬を花子さんの収入として双方の収入を踏まえた算定表の金額と学費の負担を希望されています。太郎さんの意見はいかがでしょうか。

太郎：不貞の事実はないので，謝る理由はありません。離婚後の生活保障として，相応な財産分与を行う意思はあります。婚姻費用については，花子は年に1，2回程度，取引先のパーティーに同行する程度で，定期的に出社していたわけではなく，報酬額に見合った仕事はしていません。30万円は生活費ですが，算定表の金額に足りない部分は支払います。

青山調停委員：本日，離婚の方向で進めるのは難しい状況ですから婚姻費用の調整を先にします。離婚の話合いを希望されるのであれば，代理人とも相談して，疑われている不貞行為について花子さんの気持ちを和らげるための対応を検討してはいかがでしょうか。また，離婚後の生活保障については，子供らが大学を卒業するまで役員報酬の支払を継続するという提案の他に花子さん自身に対する扶養的なものを具体的に考えることはできませんか。建物以外の夫婦の共有財産の裏付け資料を提出して財産分与の具

体的な内容を提案していくことも 1 つの方法かもしれません。
太郎：分かりました。

(2)　花子(妻)の意見
乃木坂調停委員：太郎さんは不貞の事実はないので謝ることは考えていないが，離婚後の生活保障や財産分与は相当な範囲で行う意思があるとのことです。
花子：不貞の証拠があるので絶対に謝ってもらいたいです。その上でなければ離婚の話合いには応じられません。
青山調停委員：不貞について「証拠」を示すことは考えられませんか。言い分が対立しているので，調停委員会としても，太郎さんに謝罪を強く求めることが難しいです。
花子：太郎は分かっているはずです。「証拠」を出してから謝られても意味がありません。
乃木坂調停委員：それから婚姻費用については，パーティーに同行した程度で，報酬額に見合うような仕事はしていなかったし，会社から直接報酬を支払っているという実態はなく報酬ではないと主張されています。現時点では離婚についての話合いを進めるのは難しそうですので，次回以降，婚姻費用の話合いを先に進めることになります。
花子：婚姻費用を先に進めるのはよいですが，不貞について謝罪するつもりが本当にないのか，もう一度聴いてもらえませんか。

5　調停委員同士の打合せ

　両調停委員は，本期日で合意できた点と合意できなかった点の内容を確認し，次回は婚姻費用の話合いを先行させること，一応，離婚の話合いがされる可能性もあるため，太郎には財産分与の資料の提出を求めることとした。また，花子の収入の認定，離婚調停の進行，特に不貞の「証拠」の提出を促すかについて，次回期日前に裁判官に評議を求めることとした。

6 終了時の双方立会手続説明

青山調停委員：本期日で聴取した内容を確認します。離婚については，不貞についての認識の違いがあり，花子さんは離婚に同意していません。

　また，婚姻費用については，太郎さんから支払われている月30万円を役員報酬と見るべきかの点で一致していません。

　次回は，離婚について双方の主張に変化がなければ，婚姻費用の話を先に進める予定です。

乃木坂調停委員：次回までの準備事項として，花子さんは，役員としての稼働日数や職務内容，同居中に役員報酬以外に生活費を受け取っていたのであればその金額などについての主張と，これを裏付ける資料の提出をお願いします。

　太郎さんは，離婚の話合いを進めるための対応策，また，離婚の話合いが進む場合に備えて，財産分与や離婚後の生活保障についての具体的内容を検討して，財産分与に関しては，財産目録と共有財産に関する客観的な裏付け資料を提出してください。

　婚姻費用と財産分与は，資料を見ながら話合いを進めた方がよいので，裁判所提出用と他の当事者に交付する分の合計2部作成してください。当事者間で直送していただいて構いません。双方，次回期日の1週間前までに提出をお願いします。

青山調停委員：今日は，初めての調停でお疲れのことと思います。円滑な進行にご協力いただき誠にありがとうございます。次回期日は，9月28日午前10時から午前12時までです。

III　双方の調停期日後の打合せ
　　　——不貞疑惑と収入認定

1　太郎(夫)と赤坂弁護士——不貞疑惑を払拭できるか？

　赤坂弁護士は，花子が不貞相手と疑っている女性従業員の住所を把握して

Episode 1　婚姻費用及び財産分与等離婚給付をめぐる争い

いるのであれば，興信所などに調査を依頼しているかもしれないとして心当たりはないか，太郎に再度確認を求めた。不貞の事実があれば，有責配偶者からの離婚請求は原則として認められないから，早急に離婚したいのであれば花子の同意を得る方法を検討することが得策であるなどと説明した。太郎は不貞の事実はないと答えたが，興信所の調査の話については不快な感情をあらわにした。

　また，赤坂弁護士は，花子が離婚後直ちに就職してまとまった収入を得られる可能性は低いため，扶養的な財産分与を検討する必要があることを説明した。赤坂弁護士と太郎は，まずは，清算的な財産分与の額を算定し，その額にどれだけ上積みできるかを考えた上で，次回期日で提示する金額を決めることとした。赤坂弁護士は，太郎に対し，財産目録を作成するため，次回の打合せの際には，金融機関の通帳など財産の裏付け資料（前出8頁参照）を持参するように指示した。

2　花子(妻)と淡路弁護士——役員報酬か生活費か？

　淡路弁護士は，取締役の執務日数や時間数，仕事内容が具体的に分かる資料がないか確認した。花子によると，手元に資料はないし，会社にもないと思うとの話であった。淡路弁護士と花子は，花子の会社に対する貢献を陳述書にまとめて提出することとした。

　また，花子が興信所の報告書を提出することに抵抗感をもっているため，淡路弁護士はその理由を丁寧に聴取して，太郎から謝罪をひき出すための対応策を打ち合わせた。

Scene 4　第2回調停期日
——離婚に向けて話合いを進めるために

I　調停期日前の評議
——婚姻費用分担調停の成立を目指して

　平成28年9月28日の第2回調停期日前に，当事者双方から次の資料が提出された。

> 太郎：財産目録，残高証明書等，太郎名義の預金通帳○通，生命保険証書，証券会社の残高証明書○通，住宅ローン返済計画表，資料説明書
> 花子：陳述書，資料説明書

　銀座裁判官は，前回期日後調停委員が作成した報告メモや期日間に提出された資料等を閲読した上で，調停委員に対し，以下の事項を伝えて，書面による評議を行った。
　【離婚】花子が不貞行為に関する「証拠」資料の提出に応じない理由を確認する。進行についての双方の意見を聴取した上で，中間評議を行う。
　【婚姻費用】月30万円は会社から取締役報酬として支払われた実績がない以上，婚姻費用としての意味合いが強いと思われる。この点を花子に説明して理解を求める必要がある。その上で，太郎の年収を2000万円（給与），花子の稼働能力を120万円（パート程度の収入），子らを未成熟子として扱い，算定表の表15を当てはめると月40万円程度になる。ここから算定表に含まれている住居関係費用分月額3万円，公立学校の学費相当額年66万円（2人分）を控除して，私学分（長男150万円，長女100万円）を加算する（太郎が負担すると言っているのでとりあえず太郎に全額負担させることでよい）と，月額約52万円になる。当事者双方の具体的な希望を聴取した後，中間評議をして，方針を検討したい。双方の意向の程度を把握してほしい。場合

Episode 1　婚姻費用及び財産分与等離婚給付をめぐる争い

によっては調停に代わる審判（家事284条）も考えたい。

II　調停期日の経過
——調停に代わる審判による解決か？

1　開始時の双方立会手続説明

青山調停委員：おはようございます。本日の調停を始めます。今日は，婚姻費用を調整した上で離婚に向けての話合いができるかという点がテーマとなります。まずは，婚姻費用について，花子さんから，取締役としての稼働実績などについてお話を伺いたいと思います。その後，太郎さんに事情をお伺いします。終了時刻は午前12時を予定しています。ご協力をお願いします。

2　双方の「主張」の要旨

(1)　花子(妻)の「主張」

【婚姻費用】　月に2, 3回，年末など多いときは月10回近く食事会やパーティーなどに同行したり，取引先への季節の挨拶など，人脈づくりや営業活動に相当程度貢献してきた。資料はないが，そのことは太郎も知っているはずである。

月額30万円の他に，光熱費などは，太郎の口座から引き落とされている。

調停委員会の意見には従う気持ちはある。しかし，自分から太郎の言い分を認めるような合意は絶対にする気にならない。

【離婚】　謝罪がない限り，離婚の話はできない。太郎の誠意が見たいので調停段階では興信所の報告書は提出しない。離婚について調停で解決する気持ちはある。

(2)　太郎(夫)の「主張」

【婚姻費用】算定表の40万〜42万円から，住宅ローンの2分の1に相応する10万円を控除して，学費を加算すると，月額45万円程度になる。こ

の額から大きく離れないのであれば合意できる。
　【離婚】不貞の事実はないので謝罪するつもりはない。「証拠」があるなら見せてほしい。

3　中間評議

　調停委員は双方の意見を聴取した後，裁判官と評議を行い，以下の進行方針をたてた。
　【婚姻費用】花子の態度からは，任意の歩み寄りはかなり難しい。調停委員会案を示して合意形成を促し，ダメであれば，調停に代わる審判を受け入れるように働き掛ける。
　金額としては，月額52万円を提示する。花子には，取締役報酬であるとは認め難いことを前提に，早期解決，学費の全額負担，住宅ローンの負担の約束など，調停で解決することのメリットを説明して理解を求める。太郎には，算定表の試算額に学費と住宅ローンの考慮要素を踏まえて算出した額であること，離婚の話合いを円滑に進めるという意味もあること，花子の浪費が問題であれば，学費は直接学校に支払うとか，子供の生活費分は子供の口座に振り込むなどの方法も考えられることなど，調停で解決することのメリットを説明して理解を求める。まずは，花子の抵抗感が強そうなので，花子への説明から始める。

4　調停委員会案に対する双方の意見の要旨

(1)　花子(妻)の意見

　代理人としては，課税証明書には支払の実態や稼働実績の裏付けがないので，調停委員会案は理解できるが，花子は納得できない。不貞の謝罪もない中で，積極的に合意するまでの気持ちにはなれないが，調停委員会の意見を尊重する気持ちはある。長引かせたくないので学費と住宅ローンの負担を含めてもらうのであれば，調停に代わる審判を受け入れる方向で考えたい。

(2)　太郎(夫)の意見

　基本的には調停委員会案に応じる。ただ，学費は，直接，学校に支払うこ

Episode 1　婚姻費用及び財産分与等離婚給付をめぐる争い

とにしたい。できれば花子に納得してもらいたいし，離婚の話合いにも応じてもらいたいので，調停委員会案に若干上乗せすることにして，学費と住宅ローンを負担し，これ以外に月額32万円を支払うことを提案したい。

5　調停に代わる審判

青山委員が，花子に太郎の提案を伝えたところ，花子は，積極的に合意することはできないが，その内容で調停に代わる審判が出るのであれば受け入れる，学費や住宅ローンの負担については債務名義とならないことも了解するとの意向を示した。また，離婚の話合いに応じるかどうかは別の問題だが太郎が上乗せした趣旨は分かったと一応の理解を示した。

そこで，銀座裁判官は，調停委員の意見を聴いて，調停に代わる審判を行うこととし，当事者双方に，以下の内容で審判する予定である旨を説明した。

1　太郎は花子に対し，平成28年9月から離婚成立または別居解消まで，婚姻費用の分担として1か月32万円を毎月末日限り，花子名義の○○銀行○○支店（口座番号○○○○○○○）に振り込む方法で支払う。振込手数料は太郎の負担とする。
2　平成28年9月から離婚または別居解消まで，当事者間の長男及び長女にかかる学費（年間合計250万円）は，太郎が直接教育機関に支払う方法で負担する。
3　平成28年9月から離婚または別居解消まで，花子，長男及び長女が居住する自宅の住宅ローンは，太郎が責任をもって支払う。
4　手続費用は各自の負担とする。

なお，双方から異議権放棄の共同申出がされたため，本審判は，告知とともに確定し，早期解決を図ることができた（下記参照）。

調停に代わる審判の積極的活用

1　調停に代わる審判とは
　調停に代わる審判（家事284条）とは，話合いによる解決ができる事項（一般調停事件や別表第二調停事件が対象としている事項）について調停手続で合意に至らない

場合に，直ちに調停事件を終了させてしまうのではなく，当事者の異議申立ての機会を保障しつつ，調停が係属している裁判所が，調停手続の中で収集された資料に基づき，合理的かつ具体的な解決案を示して紛争解決を促す制度である。簡易裁判所の手続の調停に代わる決定（民調17条）と同様の制度であり，平成25年1月1日の家事事件手続法施行に伴い，対象事件の範囲が拡張された（家事審判法下では乙類審判事項については調停に代わる審判をすることができないとされていた〔同法24条2項〕）。

調停に代わる審判は，調停委員会が合意に向けた働き掛けを尽くしても当事者の強い意向や僅かな意見の相違により調停が成立しないような場合や，一方当事者が手続追行の意欲を失っているような場合などに，通常の審判手続に移行する前に，裁判所が，当事者間の衡平を考慮し，調停手続に表れた一切の諸事情を踏まえて，解決案を示すことによって簡易迅速に紛争を解決することができる。家事事件手続法施行以降，その有用性が改めて認識され，別表第二事件はもちろん，離婚や離縁にも積極的に活用されている（矢尾和子＝佐々木公「家事事件における調停に代わる審判の活用について」判タ1416号〔2015年〕5頁）。なお，調停に代わる審判は，公示送達以外の方法で送達する必要がある（家事285条2項）ため，当事者の住居所等が分からない場合には利用することができない。

2　異議権放棄の共同申出

当事者は，調停に代わる審判について不服がある場合には，審判の告知を受けてから2週間以内に，家裁に書面により異議の申立てをすることができる（家事286条1項）。いずれかの当事者から適法な異議の申立てがあった場合，調停に代わる審判は効力を失い，別表第二事件は審判手続に移行する（家事7条）。ただし，当事者双方が，審判の告知前に調停に代わる審判に応じる旨を共同で書面により申し出た場合には，異議の申立てはできなくなり（家事286条8項・9項），2週間の経過を待たずに，告知とともに同審判は確定し，判決または審判と同一の効力をもつ（家事287条）。調停に代わる審判が告知された後は，共同申出を撤回することはできない（家事286条10項）。なお，離婚または離縁の調停事件の場合には，異議権放棄の共同申出をすることはできない（家事286条8項）。

以上のとおり，異議権放棄の共同申出は，迅速な解決に資する一方，異議権の放棄という重要な法的効果が生じるため，特に，手続代理人を選任していない当事者が同申出を行う場合には，その理解の程度を慎重に確認することが望ましい。

6　離婚調停の進行

(1)　淡路弁護士（妻側）からの提案

淡路弁護士から，花子が不貞の「証拠」を太郎に示すことに強い抵抗感をもっており，説得も難しい状況にあるとして，不貞について，調停委員会の

Episode 1　婚姻費用及び財産分与等離婚給付をめぐる争い

みに，興信所の報告書を示すので，調停委員会から，その内容を踏まえて，太郎に謝罪を求めてもらいたいとの意見が述べられた。

　銀座裁判官は，当事者の納得や手続の透明性の観点から，調停委員会だけが，重要な「証拠」を見ることは控えたいと考えているが，離婚の話合いを進めるための方法として，太郎の了解が得られれば検討したいと答えた。

　太郎は，報告書を見たいと不満を述べたが，赤坂弁護士から，訴訟で争うより，調停での解決を目指すのであれば調停委員会に任せることも一案であるとの助言を受け，淡路弁護士の提案に応じる旨の意向を示した。

(2)　調停委員会による一応の事実認定

　調停委員会は，興信所の報告書を閲読し，花子が不貞を疑うこともやむを得ないとの心証をもった。

　銀座裁判官は，太郎に対し，報告書の内容を簡単に説明し，通常の上司と部下の関係とは思えず不貞を疑うのもやむを得ないという印象を受けたこと，離婚の話合いを進めたいのであれば，誠実な対応を検討した方がよいと思われること，花子自身も調停での解決を望んでおり，その心情を酌んで円満に話合いを進めるのがよいと思うことなどを伝えた。

　太郎と赤坂弁護士は，早急に対応を検討することを約束した。

　調停委員会による一応の事実認定

　家事調停は，当事者が話合いにより自主的な解決を目指す手続であり，当事者双方の言い分を逐一取り上げて，どちらが正しいと軍配をあげるものではない。離婚自体に合意していれば，離婚に至る経過に争いがあったとしても，あえて事実認定を行う必要はない。しかし，中には，本エピソードのように，不貞の有無が争われ，この事実の存否に一応の見通しを立てない限り，調停の目的である話合いが進展しない事案が少なからずある。そのような事案において，調停は，訴訟とは異なり，事実を確定する手続ではなく十分な判断ができないとして，事実認定に関する説明や働き掛けを行わないで，当事者双方に譲歩を求めるのみでは，法的紛争解決制度として家事調停を主宰する調停委員会としての役割を十分に果

たしたとはいえない。家事事件手続法は，家事調停の手続についても，事実の調査及び証拠調べに関する規定（家事258条・261条等）を置いており，このような一応の事実認定を踏まえた働き掛けは当然に予定されているといえる（東京家事事件研究会・実務63頁）。

7　終了時の双方立会手続説明

　調停委員は，本期日で婚姻費用の問題が解決したこと，次回は，太郎の検討結果によって離婚に向けた話合いが進められるかが決まること，その場合には財産分与等離婚条件の調整を行うこと，進められない場合には調停不成立になる可能性があることなどを説明し，太郎と赤坂弁護士に，方針が決まり次第，裁判所と花子に連絡するように伝えた。また，花子と淡路弁護士に，離婚の話合いが進められるようであれば，期日の1週間前までに，財産分与や離婚後の生活保障についての具体的な意見と資産の裏付け資料を提出するよう求めた。

III　双方の調停期日後の打合せ
――離婚の合意に向けて

1　太郎(夫)と赤坂弁護士――花子の心情に配慮して

赤坂弁護士：あの裁判官の口ぶりであれば，相当具体的な記載があることは間違いないですね。最近の興信所の報告書は写真だけでなく動画も添付されていたりして，かなり詳細なものがあります。相手の女性の自宅に行っているとすると，たとえばそれが深夜であったり，回数が多かったり，日をまたいでいたり，などの事情があれば不貞行為が認定される可能性が高まります。これまでの花子さんの態度を考えると，訴訟で不貞行為が認定された場合には任意に離婚に応じない可能性も高いでしょう。社内の問題もあるかと思いますが，いかがですか。

太郎：実は……，仕事が遅くなった後，彼女の家に何度か行ったことがある

Episode 1　婚姻費用及び財産分与等離婚給付をめぐる争い

のは事実です。夫婦仲がうまくいかないことを愚痴っていて，彼女も交際している男性とのことで悩んでいて，ゆっくり話をするために行きました。しかし，不貞と言われるようなことはありません。彼女は優秀な秘書ですし，今後もわが社で活躍してもらいたいと思っていましたので，一線は越えてません。彼女にも，誤解されることはやめようと話をして，今は全く仕事上の付き合いだけの関係です。仮に今回離婚が成立しても，彼女と再婚することは絶対にありません。

赤坂弁護士：分かりました。しかし，報告書を見た花子さんは裏切られたという気持ちをもったでしょうね。ここは，不貞はないから謝罪はしないと突っぱねるのではなく，率直にすべてをお話しいただく方がよいでしょう。その上で誤解を招くような行動をとってしまったことについては，次回までに，真摯な謝罪をして，誠意を示す手紙を書いてみてはいかがでしょうか。花子さんに対して，会社を大きくするまでの協力，家事や子育てに対する感謝の気持ちはあると仰っていましたね，そのような気持ちを伝えることもよいと思います。

太郎：……考えてみます。

2　花子(妻)と淡路弁護士──離婚条件の検討

　花子は，淡路弁護士に対し，太郎から手紙が来てそれなりに太郎の気持ちを感じることができたため，条件次第で離婚に応じてもよいという考えであることを伝えた。

　そこで，淡路弁護士と花子は，太郎が提出した財産目録と資料の内容を検討して，認識が異なる点を整理した。また，花子名義の財産について，財産目録を作成して，裏付け資料を準備した。

Scene 5 第3回調停期日
――財産分与の調整

I　調停期日前の評議

　当事者双方から平成28年11月2日の第3回調停期日前に次の資料が提出された。

太郎：花子への手紙，資料説明書
花子：財産目録，花子名義の預金通帳，花子名義の生命保険証書とその解約返戻金の額を示す書面，資料説明書

　銀座裁判官は，調停委員の報告メモと期日間に提出された書面を閲読して，調停委員に対し，おそらく離婚方向で財産分与についての対立点を整理することになると思うが，異なる場合には中間評議を行う旨を書面で連絡した。

II　調停期日の経過
――会社の株式の帰属をめぐる争い

1　開始時の双方立会手続説明

　調停委員が，本期日の進め方について説明した際，花子から，太郎からの手紙はそれなりに気持ちを感じることができたので条件次第で離婚に応じることにしたいとの意向が述べられた。そこで，調停委員は，主に花子の離婚後の生活保障も含めた財産分与についての話合いを進めたいと伝え，双方の了解を得た。

Episode 1　婚姻費用及び財産分与等離婚給付をめぐる争い

2　財産分与等に関する双方の「主張」の要旨

　調停委員が聴取した双方の主張の概要は以下のとおりである。

	財産【名義】	太郎の主張	花子の主張
①	自宅建物 共有持分3分の2［太郎］ 　　　　3分の1［花子］ 現在の評価額　　1800万円 別居時ローン残　1000万円 購入価格　　　　6000万円 　頭金　　　　　2000万円 　ローン　　　　4000万円	頭金800万円を太郎実父，1200万円を花子実父が負担。太郎特有部分は13%，花子の特有部分は20%である。	頭金すべてを花子実父が負担。花子の特有部分は33%である。 名義は全部花子とし，住宅ローンは太郎負担としてほしい。
②	預貯金【太郎】 　　　　　　　　800万円	共有財産	共有財産 銀行口座の開示を求める。
③	生命保険【太郎】 　　　　　　　　1000万円	共有財産	共有財産
④	証券会社口座【太郎】	太郎実父からの贈与。特有財産。	名義変更手続の裏付け資料の開示を求める。 資本金全額を花子実父が負担した。
⑤	ステラ株・20万株【太郎】 　　　　　10万株【花子】 　　　　　　　　3000万円	全部共有財産。ただし，太郎の寄与は8割。 評価は一株100円。	全部特有財産 評価の裏付け資料の提出を求める。
⑥	預貯金【花子】 南北銀行普通預金　150万円	共有財産	共有財産
⑦	預貯金【花子】 南北銀行定期預金　400万円	共有財産	花子実父からの贈与。特有財産。
⑧	預貯金【花子】 横島銀行定期預金3000万円	口座の開示を求める。	花子実父からの贈与，祖母からの相続。特有財産。
⑨	生命保険【花子】 　　　　　　　　500万円	共有財産	共有財産
⑩	離婚後の扶養（学費・扶養的財産分与）	学費は検討する。 扶養的財産分与の必要はないが，早期の調停成立が見込めるのであれば検討する。	学費の負担及び扶養的財産分与を求める。
⑪	慰謝料	争う。	500万円

Scene 5

〔ステラ株に関する双方の主張の要旨〕

太郎：会社設立時に，花子の父に1500万円出してもらい，これを資本金に充てた（額面50円，30万株）。太郎，花子，義父の名義で10万株ずつ発行した。その後，義父名義の株式10万株は，何回かに分けて太郎に贈与され，現在は太郎の名義である。株式の価値は，修正簿価純資産法によれば，現在1株100円である。価値が倍増したのは，太郎の寄与が大きく，8割は分与してほしい。

花子：実父が資本金1500万円を全額援助しているので，花子の特有財産である。

全部または一部が共有財産であったとしても，花子は，取締役として取引先との接待等に尽力してきたし，実父の人脈を利用して取引先を紹介することもあった。また，事業資金の借入れの際には，花子の実父が保証人になっている。太郎のみの才覚によって業績を伸ばしたわけではない。太郎の貢献度が8割という主張は認められない。

なお，株式の処理については，太郎名義の株式を花子名義に変更するか，太郎に花子名義の株式を相当額で取得してもらうか検討中である。太郎の意見を聴いた上で実父とも相談することになっている。

3　終了時の双方立会手続説明

調停委員は，双方に対し，本期日で合意した事項と検討事項を以下のとおり整理して説明した上で，次回までの準備事項を確認した。

【合意事項】

- 財産分与の基準日を別居日とすること
- 太郎名義の預貯金（56頁表②），花子名義の預貯金（同表⑥）の一部及び双方名義の生命保険（同表③，⑨）を共有財産とすること
- 自宅建物（同表①）の評価額を1800万円とすること

【検討事項】

A：自宅建物（56頁表①）の特有部分
B：太郎名義の銀行口座（同表②）開示

Episode 1　婚姻費用及び財産分与等離婚給付をめぐる争い

> C：太郎名義の証券口座（同表④）の特有財産性
> D：ステラ株の特有財産性・共有財産であるとした場合の寄与度・評価（同表⑤）
> E：花子名義の南北銀行定期預金（同表⑦）の特有財産性
> F：花子名義の横島銀行定期預金口座（同表⑧）の開示，特有財産性
> G：学費，扶養的財産分与（同表⑩）
> H：慰謝料（同表⑪）

【次回までの準備事項】

検討事項	太郎の準備事項	花子の準備事項
A	頭金800万円を太郎実父が援助したことの裏付け資料	頭金2000万円を花子実父が援助したことの裏付け資料
B	銀行口座の開示	
C	証券の名義変更手続の裏付け資料	
D	株価の裏付け資料と分与方法	株価を争うのであればその裏付け資料と分与方法
E		特有財産であることの裏付け資料
F		口座（別居時残高）の開示，特有財産であることの裏付け資料
G	学費等の負担額及びその方法，扶養的財産分与の具体的内容	学費等の裏付け資料，扶養的財産分与の具体的内容

　なお，検討事項Fについては，太郎から調査嘱託の申立てを検討中との話が出たため，調停委員は，花子から開示されない場合には，速やかに期日間に申し立てるよう指示した。花子には，調査嘱託を採用することもあり得る旨を説明して開示に協力するよう理解を求めた。

財産分与調停・審判の実務

1　財産分与の概要
　離婚した者の一方は，他方に対して財産の分与を請求することができ（民768条1項），その際には協議によることが前提とされている（同条2項本文）。当事者間に協議が調わないとき，または協議ができないときには離婚後2年以内であれば，家庭裁

判所に財産分与の調停または審判を申し立てることができる（同条2項，家事39条・別表第二の4）。また，本事案のように夫婦関係調整調停（離婚）事件において，離婚に附帯して財産分与を求めることができる。この場合，合意が成立しないときには調停手続は不成立で終了し，人事訴訟において解決されることになる。

　財産分与請求権は，協議または審判等によって具体的内容が形成される（最判昭和55・7・11民集34巻4号628頁）。この財産分与請求権には，婚姻中に形成した財産（夫婦共有財産）の清算（清算的財産分与），離婚後の扶養（扶養的財産分与），離婚に伴う慰謝料（慰謝料的財産分与）が含まれると解されている。そのうち，主に問題になるのが，清算的財産分与であるが，調停においては，扶養的な要素や慰謝料的な要素をも併せて，分与額を合意することも少なくない。

2　清算的財産分与の基準時

　清算的財産分与を考える際には，財産分与の基準時，財産分与の対象となる財産の確定，基準時に存在した財産の評価の基準時，財産形成に対する寄与・貢献が問題となる。

　このうち，財産分与の基準時については，夫婦の協力関係は別居により終了すると考えられることから，実務では，原則として別居時（正確には経済的な協力関係の終了時であり，通常の単身赴任などは含まれない）を，財産分与の対象となる財産を確定する時点として考える立場が一般的である。なお，当事者間で，別居時以外の時点を基準時として合意することもある。

3　清算的財産分与の対象となる財産

　清算的財産分与の対象となる財産とは，名義の如何を問わず，婚姻中に夫婦の協力によって取得または維持した財産である。夫婦が合意で共有として共有名義で取得した財産や婚姻中に取得した共同生活に必要な家財，家具等の財産（いわゆる共有財産）だけでなく，夫婦の一方の名義になっている婚姻中に取得した自宅等の不動産，自動車や共同生活の基金となっている預貯金等（実質的共有財産）も対象財産に含まれる。他方，各自が婚姻前から所有していた財産や婚姻中に一方が相続や贈与によって取得した財産等は特有財産と言われ，原則として財産分与の対象とはならない。

　特有財産かどうかが不明な場合には，財産分与対象財産として扱うのが一般的である（民762条2項参照）。

4　清算的財産分与における財産の評価の基準時

　分与対象財産のうち，不動産や有価証券等のように，資産価値が変動する財産については，一般的に，判断（審判であれば審理終結時，判決であれば口頭弁論終結時）の直近の時点の評価を基準とするのが公平かつ合理的であると考えられている。なお，当事者間で一定の時期の評価を基準とする旨を合意することもある。

Episode 1　婚姻費用及び財産分与等離婚給付をめぐる争い

5　清算的財産分与における寄与・貢献度

清算的財産分与においては，衡平の原則に基づき，貢献度に応じた寄与割合を評価して算定する方法が相当と解される。共有財産は，原則として，夫婦が協力して形成したものであり，特段の事情がない限り，相互に2分の1の権利を有すると考えられている。これを「2分の1ルール」という。もちろん，2分の1ルールは原則であり，必ず2分の1の割合で分与しなければならないわけではない。当事者間に合意があれば別の割合で分与することも，財産ごとに分与割合を合意することもできる。また，財産の取得について，自己資金を一部支出した場合などには，資産形成への貢献度を考慮して2分の1ルールを修正することもあり得る。

6　財産分与調停の進め方

財産分与が問題になる調停については，以下のとおりの進行がされるのが一般であろう（東京家事事件研究会・実務120頁〔新田和憲〕）。①財産分与の対象となり得る財産及びその評価の確定（基準日の確定を含む）を行い，②そのうち，特有財産の有無を確認して財産分与対象財産を確定する。その上で，③分与対象財産の資産形成に対する双方の貢献・寄与の程度を把握し，2分の1ルールを修正すべき特別の事情があるかどうかを確認して，④具体的な分与方法，分与額の調整を行う。ただし，当事者双方の意向等によっては，①から③までについての詳細な議論を省略して，主だった財産について，④を中心とした調整を行って，実情を踏まえた早期解決を目指すことも少なくない。

 住宅ローン付き不動産の処理Ⅰ

　　夫婦の共有財産である不動産を取得する際に生じた住宅ローンなどの夫婦共有財産の形成に付随する債務は，共有財産（消極財産）として，考慮すべきである。この場合，共有財産への寄与が，夫婦で均等だとすれば，不動産や預貯金等の積極財産の合計額から別居時の残ローン額などの消極財産の額を差し引いた額の2分の1が各自の取得になる。

　　他方，本事案のように，双方または一方が，各自の特有財産から頭金等を支出している場合など，2分の1ルールに従って分与することが相当でない場合もある。様々な考え方はあるが，購入金額に占める各自の特有財産からの支出割合を算出するなどして，2分の1ルールを修正することが考えられる。

Scene 5

〔設例〕

本事案における太郎の主張を例に，建物の購入価格 6000 万円（評価額 1800 万円），うち 800 万円を太郎実父が太郎に贈与，うち 1200 万円を花子実父が花子に贈与，その他，太郎名義で住宅ローン 4000 万円（別居時の残ローン 1000 万円）を組んだ場合の具体的な分与額の算出方法を考えてみよう（便宜上，分与対象財産が自宅建物のみであるとして計算する）。

① 太郎の支出分 800 万円，花子の支出分 1200 万円，共有財産 4000 万円の購入金額に占める割合を乗じて，特有財産部分と共有財産部分を算出すると以下のとおりとなる。

太郎の特有部分：1800 万円×(800 万円÷6000 万円)≒240 万円

花子の特有部分：1800 万円×(1200 万円÷6000 万円)＝360 万円

共有財産：1800 万円×(4000 万円÷6000 万円)≒1200 万円

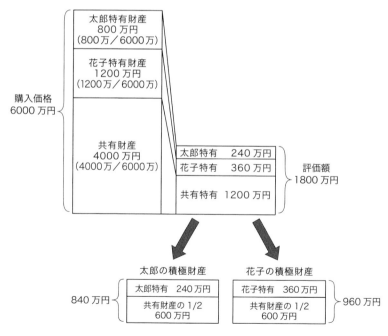

② 次に，別居時の残ローン 1000 万円を 2 分の 1 ルールで分配して①で算出した各自の積極財産から控除して，最終的な分与額を算出すると，以下のとおり

Episode 1　婚姻費用及び財産分与等離婚給付をめぐる争い

となる。

　　太郎：積極財産　840万円（240万円＋600万円）
　　　　　消極財産　▲500万円（1000万円÷2）
　　　　　差し引き　340万円
　　花子：積極財産　960万円（360万円＋600万円）
　　　　　消極財産　▲500万円（1000万円÷2）
　　　　　差し引き　460万円

　住宅ローン付き不動産の処理Ⅱ（オーバーローンの場合など）

　住宅購入時に住宅ローンを組むことは多いが，不動産価格の下落などにより，ローン残高が住宅の評価額を上回ることがある（オーバーローン）。

　分与対象財産がオーバーローンの不動産しかない場合や，オーバーローンではないが，相当額のローンが残存している不動産があり，夫婦の一方が子供の通学等の事情から居住を続けたいとの希望を有している場合は，どのように考えるべきか。訴訟や審判によって，消極財産のみについて財産分与を行うことや残ローンの名義人等を変更することはできないと解する立場が一般的であるため，このような場合には，後に問題を残さないようローンの処理を含め，柔軟かつ現実的な分与方法を合意することが望ましい。

　たとえば，ローン名義人でない方が居住を継続し，ローン名義を変更して返済を行う場合には，債権者（金融機関）との協議が必要となる。債権者が名義人の変更に応じない場合には，当事者間で，ローン負担者を定めておくことが考えられる。また，抵当権等が設定されている不動産の所有名義を変更する場合には，期限の利益を失うなどのおそれもあるため，債権者等との協議が必要となる。

財産分与請求権を被保全権利とする保全処分とその手続

1　財産分与請求権を被保全権利とする保全処分としては，①金銭債権を被保全債権

とする仮差押えと，②金銭債権以外の債権を被保全権利とする処分禁止の仮処分が考えられる。通常，財産分与は金銭給付として命じられるため仮差押えの申立てが想定されるが，債務者に資力がないなどの事情から，自宅不動産に居住する者に不動産の現物給付が命じられる蓋然性が高い事案については，当該不動産の処分禁止の仮処分を得ておくことも考えられる。ただし，保全手続をとったことにより，相手を過度に刺激し，相手が態度を硬化させて，円満な話合いが困難になる場合も少なくないので，申立てに当たっては，慎重にその必要性等を吟味すべきである。

　2　手続については①離婚成立前と②離婚成立後とで異なるので注意が必要である。①の離婚成立前については，離婚訴訟の附帯処分（人訴32条1項）として財産分与請求を行うことになる（財産分与調停・審判の申立てはできない）から，離婚訴訟を本案事件とする民事保全法上の保全処分の手続をとる必要がある（人訴30条）。②の離婚成立後については，財産分与調停・審判の手続により財産分与請求を行うことになるから，財産分与調停・審判事件を本案とする家事事件手続法上の保全処分の手続（家事105条）をとる必要がある。

	本案	保全処分申立書の提出先
①離婚成立前	離婚訴訟の附帯処分としての財産分与請求	本案を管轄すべき家庭裁判所の人訴担当係
②離婚成立後	財産分与調停・審判	本案を管轄すべき家庭裁判所の調停・審判担当係

Ⅲ　調査嘱託申立て──任意の提出を促したが

　赤坂弁護士は，期日間に，淡路弁護士から花子名義の横島銀行口座（56頁表⑧）の取引履歴は開示しないとの連絡を受けた。

　赤坂弁護士は，調査嘱託申立て準備のため，太郎から支店名を聴取した上で，同支店の照会窓口に，裁判所からの調査嘱託に応じるか否か，調査事項の特定に必要な事項及び調査嘱託の連絡先（住所，電話番号，担当部署名）を問い合わせた。

　赤坂弁護士と太郎は，花子が別居前に現金を引き出している可能性も否定できないことから，別居の半年前からの取引履歴の開示を求めることとした。赤坂弁護士は，以下の調査嘱託の申立書を作成して，裁判所に提出するとともに，申立書の副本を淡路弁護士に送付した。

Episode 1　婚姻費用及び財産分与等離婚給付をめぐる争い

【書式 1-4】調査嘱託申立書

平成 28 年（家イ）第○○○○○○号　夫婦関係調整調停事件

申立人　新　宿　　太　郎

相手方　新　宿　　花　子

調査嘱託申立書

平成 28 年 11 月 15 日

東京家庭裁判所家事第○部○係　御中

　　　　　　　　　　　　　　申立人手続代理人　弁護士　赤　坂　四　郎　㊞

第 1　申立ての趣旨

　　　申立人は次のとおり調査嘱託を申し立てる。

第 2　証明すべき事実

　　　相手方名義の財産に共有財産が存すること

第 3　嘱託先及び調査事項

　1　嘱託先

　　　株式会社横島銀行　六本木支店

　　　宛先　　〒1＊＊－＊＊＊＊　　東京都港区六本木＊－＊＊－＊

　　　○○－○○○○－○○○○

　2　調査事項

　　　新宿花子（昭和47年3月3日生，東京都○△区×△○丁目○番○号）名義の普通預金口座（口座番号○○○○○○○）について，平成26年9月15日から平成27年3月20日（又は解約日）までの取引履歴すべて

以上

　淡路弁護士から，共有財産でないことは明らかであり調査嘱託には異議がある旨の意見書が提出されたが，神保書記官宛に花子を説得したいので判断は次回期日まで待ってほしい，赤坂弁護士の了解は得られている旨の連絡があった。調停委員会は，次回期日まで判断を留保することにした。

Scene 5

調停手続における調査嘱託の利用

1　財産分与における調査嘱託の概要

　財産分与の対象財産の範囲に争いがある場合には，客観的な資料によって確定する必要がある。たとえば，預貯金であれば基準時（通常は別居時）当時の残額が分かる取引明細，通帳の写しや残高証明，保険であれば保険証書や基準時（別居時）における解約返戻金の額が分かる資料，株式であれば基準時（別居時）に保有していた銘柄，株式数が記載された取引明細等の資料が提出されるのが一般である。しかし，不信感が強い場合など，一方または双方が，財産の開示や裏付け資料の提出を拒むことも少なくない。その場合には，弁護士会照会（弁護23条の2）や金融機関等に対する調査の嘱託（家事258条・62条）によって，財産の状況を調査することが考えられる。ただ，話合いによる解決を目指すためには，調停委員会において，開示の必要性を説明して任意の開示，提出を促すとともに，調査嘱託を採用する際にも調査結果を踏まえて話合いを進めることについての了解を得ることが重要であろう。

2　調査事項の特定

　金融機関の取引履歴の調査を求める場合には，金融機関名と支店名，口座名義人の住所，氏名などを明らかにして調査事項を特定する必要がある。金融機関に登録されている住所と申立書の住所が異なる場合は同一性が確認できないとして，回答されないこともあるため，必要に応じて過去の住所等を記載するのが望ましい。
　また，漠然と何か他にも財産があるはずであるとして，調査嘱託の申立てがされることもあるが，調査嘱託の申立てに当たっては，上記のとおり調査事項を特定する必要があるほか，当該財産が存在すると考えられる具体的事情や根拠を示して，調査嘱託の必要性を明らかにする必要がある。

Episode 1　婚姻費用及び財産分与等離婚給付をめぐる争い

Scene 6　第4回調停期日
——離婚後の生活保障，慰謝料等の調整

I　調停期日前の評議——特有財産に関する心証

　当事者双方から平成28年12月7日の第4回調停期日前に次の資料が提出された。

> 太郎：検討事項（前記57頁）に対する回答を記載した「主張」書面，財産目録改訂版，銀行口座の取引履歴，資料説明書，調査嘱託申立書
> 花子：検討事項に対する回答を記載した「主張」書面，調査嘱託に対する意見書

　銀座裁判官は，調停委員の報告メモと期日間に提出された書面を閲読した上で，調停委員と対面で評議を行い，以下のとおり，本期日の進め方や検討事項についての考え方等を打ち合わせた。

【検討事項についての考え方】

> A：自宅建物，頭金2000万円のうち，太郎の実父が800万円を負担し花子の実父の負担は1200万円であったと考える。
> B：太郎名義銀行口座は共有財産として争いなし。
> C：太郎名義の証券口座は実父からの贈与であり特有財産と考える。
> D：ステラ株は共有財産として$\frac{1}{2}$ずつ分配する。評価額について対立する場合には，鑑定をするか等，双方の意見を聴いて中間評議が必要。
> E：花子名義の南北銀行の定期預金400万円は実父からの贈与。特有財産と考える。
> F：横島銀行の口座が開示されなかった場合には，調査嘱託を採用。中間評議を行う。
> G：双方の検討結果に応じ見通しを立てる。

【進め方】

> 「主張」や「証拠」を整理するため，双方の意見を確認の上，双方同席で双方の説明や意見を聴き，意見交換することも考えられる。

Scene 6

II　調停期日の経過——株式の分け方

1　双方の意見の要旨（同席で事情聴取）

　調停委員は，当事者双方に対し，開始時の双方立会手続説明を行った後，当事者双方の了解を得た上で，いわゆる同席調停を実施した。双方から，「主張」書面と「証拠」資料に基づき，各検討事項について以下の意見が提出された。また，花子は，淡路弁護士の説得により，横島銀行の定期預金口座の通帳の写しを開示した。

検討事項	56頁表番号	太郎の意見	花子の意見
A：自宅建物の特有部分	①	太郎特有部分（240万円），花子特有部分（360万円）である。	太郎の特有部分は認める。
B：太郎名義の銀行口座	②	認める。	共有財産である。
C：太郎名義の証券口座の特有財産性	④	生前贈与である。	認める。
D：ステラ株式の特有財産性，寄与度，評価	⑤	共有財産である。花子の実父の会社もステラ社との取引で利益を受けており，資本金の援助分は回収できている。	実父が恩を仇で返されたと憤慨して，株式の贈与を忘恩行為を理由として取り消す，花子に取締役解任の株主提案を行えと息巻いている。
		2分の1で分与し，花子名義の株式を取得したい。	
		評価方法は花子から裏付け資料が提出されれば，その中間値を採用することでもよい。	中小企業の株式評価については純資産法が一般的であり，かつ，妥当であるが，鑑定まではしない。
E：花子名義の南北銀行定期預金の特有財産性（南北銀行400万円）	⑦	認める。	生前贈与である。

Episode 1　婚姻費用及び財産分与等離婚給付をめぐる争い

F：花子名義の横島銀行口座の特有財産性	⑧	3000万円すべてが特有財産とは限らない。		祖母からの遺贈と実父からの贈与。役員報酬だけで貯蓄できるはずがない。
G：学費・扶養的財産分与	⑩	大学の学費は負担する。早期解決のためある程度は考えたいが，花子の要求は過大である。		大学の学費，長男の大学院の学費，長女の留学費用，婚姻費用相当額を5年分求める。
H：慰謝料	⑪	不貞はないので支払義務はない。ただし早期解決のために，Gを含めてある程度の解決金は考える。		不貞及び離婚慰謝料として1000万円。

2　中間評議

(1)　調停委員会の心証

　調停委員は，双方から聴取した事項を裁判官に報告した。調停委員会は，対立点について，双方に検討を促すために，現時点で提出されている資料等に基づき，共有財産か特有財産かについての心証と清算的財産分与の試算を，以下のとおり整理した。

56頁表番号	財産【名義】	共有・特有の別等	争い	試算額
①	建物【太郎3分の2，花子3分の1】 評価1800万円 残ローン1000万円（①′）	共有：1200万円，太郎特有：240万円，花子特有：360万円 花子が取得，居住継続／残ローンは太郎負担	無	太郎：840万円 花子：960万円※
②	預貯金【太郎】 800万円	共有財産（2分の1）	無	太郎：400万円 花子：400万円
③	生命保険【太郎】 1000万円	共有財産（2分の1）	無	太郎：500万円 花子：500万円
⑤	ステラ株【太郎20万株，花子10万株】 評価3000万円	共有財産（2分の1） 太郎が全て取得する。	有	太郎：1500万円 花子：1500万円

⑥	南北銀行普通預金【花子】150万円	共有財産（2分の1）	無	太郎：75万円 花子：75万円
⑧	横島銀行定期預金【花子】3000万円	立証の問題が残るが，特有財産として扱うことを検討。	有	
⑨	生命保険【花子】500万円	共有財産（2分の1）	無	太郎：250万円 花子：250万円
①'	別居時の残ローン【太郎】▲1000万円	消極共有財産（2分の1）	無	太郎：▲500万円 花子：▲500万円

※特有部分と共有部分を考慮した建物の分与額の算出方法については60頁以下のコラム参照

(2) 基本方針の樹立と検討事項

調停委員会は，解決のための基本方針を以下のとおりとし，これをベースに調整を進めることとして，双方への検討事項を打ち合わせた。

① 清算的財産分与について
　i 分与対象財産の評価額（負債含む）＝合計5650万円
　　算式：①1200万円（特有部分を除く建物）＋②800万円（太郎の預貯金）＋③1000万円（太郎の生命保険）＋⑤3000万円（ステラ株）＋⑥150万円（花子の預金）＋⑨500万円（花子の生命保険）－①'1000万円（残ローン）
　ii 各自の計算上の分与額＝各2825万円（A）
　　算式：5650万円×1/2
　iii 各自が取得する財産の評価額
　　・太郎が取得する財産＝合計3800万円（B）
　　算式：②800万円（預貯金）＋③1000万円（生命保険），⑤3000万円（ステラ株30万株）－①'1000万円（残ローン）
　　・花子が取得する財産＝合計1850万円
　　算式：①1200万円（建物共有部分のみ）＋⑥150万円（預金）＋⑨500万円（生命保険）
　iv 太郎が花子に支払うべき代償金＝735万円
　　算式：3800万円（B）－2825万円（A）－240万円（①建物の特有部分による代物弁済）

② 学費・扶養的財産分与

大学・大学院の学費，留学費用は太郎が全額負担する。

扶養的財産分与は，婚姻費用月額32万円を一定期間負担する。1年分か子供が大学卒業まで程度か？

③ 慰謝料

不貞・離婚慰謝料に相応する金額を解決金名目で支払う。300万円程度か？

　ア　太郎への検討事項
　i　義父の心情に配慮し，ステラ株の円滑な取得を優先させるため，取得額を評価額から増額し，横島銀行定期預金を分与対象財産から外す。
　ii　大学，大学院，留学費用全額を負担する。
　iii　扶養的財産分与として婚姻費用相当額を一定期間負担する。
　iv　解決金名目でよいが，早期離婚成立のため不貞・離婚慰謝料に相当する金額（300万円程度）を支払う。

　イ　花子への検討事項
　i　横島銀行定期預金を特有財産とすることについては，立証の問題が残ることを前提に，ステラ株を共有財産として，花子取得分の2分の1を評価額ベースの金額で太郎に分与する。
　ii　留学費用の負担は具体的な金額が決まった段階で，太郎と長女が協議の上，太郎が負担する旨の協議条項とする。
　iii　扶養的財産分与について，5年分の婚姻費用は過大すぎるので，学費等を全額負担させることを優先させて減額する。
　iv　慰謝料は解決金名目とする。不貞・離婚慰謝料を前提にしても1000万円は過大すぎるので，300万円に減額する。
　v　自宅建物の名義を花子名義にすることが可能かどうかローン債権者（金融機関）に確認する。

Scene 6

3　基本方針等に対する双方の意見

(1)　太郎(夫)の意見

　乃木坂委員は，太郎に中間評議の結果として，解決のための基本方針と検討事項を説明した。

　太郎は，早期の離婚成立とステラ株の取得を円滑に進めることを，優先させたいので，基本方針に沿って検討したいと述べた。

(2)　花子(妻)の意見

　青山委員は，花子に中間評議の結果として，解決のための基本方針と検討事項を説明した。

　花子は，父は太郎の商才を評価しているので，会社経営を混乱させるようなことは本意でないと思うし，横島銀行の定期預金（56頁表⑧）が守られるのであれば，基本方針自体は受け入れられる気がする，慰謝料は解決金名目でよいが，300万円という数字には抵抗感があると述べたものの，次回までに検討事項について前向きに考えてみるとの意向を示した。また，子供たちが太郎に進路のことで相談したいと言っているので，伝えてほしいと述べた。

4　終了時の双方立会手続説明

　調停委員は，当事者双方に対し，調停委員会が提案した解決のための基本方針と双方の検討事項を簡単に説明し，検討結果を以下の手順で提出するよう指示した。

太郎：次回期日の２週間前までに，検討事項を検討した上で，財産分与を含むすべての調停条項案を裁判所と淡路弁護士に提出する。

花子：太郎作成の調停条項案を検討して，期日間に代理人同士で調整できるところはして，調整できなかった部分については，期日前に対案を提出する。

　調停委員は，次回期日には合意成立を目指したいとして，相互に双方が納得できるよう相手の意見を踏まえた建設的な提案を準備するよう求めた。

Episode 1　婚姻費用及び財産分与等離婚給付をめぐる争い

Ⅲ　双方の調停期日後の打合せ
　　──相手の納得を得るために

1　太郎(夫)と赤坂弁護士──優先順位を考えて

　赤坂弁護士は，太郎に対し，ステラ株に関して，花子の義父が主張しているような忘恩行為を認めた裁判例はほとんどないが（認めた数少ない例として，新潟地判昭和46・11・12下民集22巻11＝12号1121頁），解約権を留保する趣旨であった（東京高判昭和61・1・28判時1185号109頁），負担付贈与であった（最判昭和53・2・17判タ360号143頁）として，解約権の行使や贈与の撤回を認めた事案があることを説明した。そして，義父の意向次第では，訴訟が提起される可能性が皆無ではないと指摘した。

　太郎は，夫婦間の紛争が会社の問題にまで発展するような事態を避け，早期の円満解決を目指すためにも，ステラ株の取得を最優先事項として，取得金額の増額と解決金の支払額を考えたいと述べた。

2　花子(妻)と淡路弁護士──解決することを考えて

　花子は，ステラ社の経営は太郎が続けるのが現実的なので花子名義の株式を太郎に売ることはよいが1500万円では安すぎるし，扶養的な財産分与も考えてほしいと述べた。

　淡路弁護士は，学費や解決金である程度の金額が出てくれば，ステラ株の取得価額を譲歩するのは一案だと思うと伝えた。また，解決金については，不貞慰謝料という名目だと不貞を認めていない太郎としては応じにくいだろうという点を考慮した調停委員会の提案であり，名目はともかく金額の問題として考えればよいだろうと説明した。不貞慰謝料は，一般的に高くても300万円程度であり，調停委員会から，早期解決のために建設的な提案をという話があったので，太郎の立場も考慮した上で，解決することを第一に考えて納得できる具体的な金額を検討することを提案した（離婚慰謝料については，神野泰一「離婚訴訟における離婚慰謝料の動向」ケース研究322号〔2015年〕26頁を参照）。

Scene 7　第5回調停期日
──離婚成立

I　調停期日前の評議──調停成立に向けて

　当事者双方から，平成29年1月18日の第5回調停期日前に次の書面が提出された。

太郎：太郎作成の調停条項案
花子：年金分割のための情報通知書，花子作成の調停条項案

　銀座裁判官と調停委員は，対面による評議を行い，双方から提出された調停条項案について協議し，検討事項の確認とこれらに関する考え方及び本期日の進行方針を打ち合わせた。
　進行について，双方の意向を確認した上で，検討事項についての調停委員会の意見を示して合意形成を働き掛け，難航する場合には，応じられない理由を具体的に聴取した上で中間評議を行うこと，本期日での成立を目指すことを確認した。

II　調停期日の経過
──良好な親子関係の再構築を目指して

1　開始時の双方立会手続説明

　調停委員は，開始時の双方立会手続説明において，本期日の進行予定と双方の条項案における対立点を確認したところ，赤坂弁護士から，子の費用との関係もあるが，ステラ株の取得額については上乗せを考えたいと考えているので，太郎から話を聴いてもらいたいとの申出がされた。淡路弁護士は，

Episode 1　婚姻費用及び財産分与等離婚給付をめぐる争い

上乗せの提案があれば花子側の歩み寄りも可能であると述べ，太郎の申出を了承する旨を述べた。

2　双方の意見の要旨

(1)　太郎(夫)の意見

　これ以上，紛争状態を長引かせたくないし，義父との関係がこじれて会社の経営に支障が生じることは絶対に避けたいので，花子分のステラ株を1800万円で取得することにして，横島銀行の定期預金は争わない。子供と話をした結果，長男の大学院の学費として200万円程度を負担し，長女は，具体的な留学先が決まった段階で，長女と直接話し合いたい。解決金は，100万円としたい。年金分割は0.5でよい。訴訟は避けたいと思っている。

(2)　花子(妻)の意見

　横島銀行の定期預金を特有財産として，離婚後の生活保障を考えてくれるのであれば，ステラ株は1500万円で分与することでよい。離婚後の生活保障として，花子名義の南北銀行口座と生命保険を分与対象から外し，長女の留学費用を負担することを約束してほしい。慰謝料は解決金の名目でよいが，太郎の不貞行為により20年以上もの結婚生活を壊されたという思いが強く，証拠もあるので1000万円は譲れない。

　ただ，これ以上争いを続けたくないし，調停で解決したいと思っているので，太郎の意見を踏まえて，別室で淡路弁護士と相談したい。

3　中間評議

　乃木坂委員は，銀座裁判官に双方の意見を伝えた。青山委員は1000万円の解決金を求める花子の態度に難しさを感じていた。銀座裁判官は，太郎が花子名義の横島銀行の定期預金を特有財産とすることを了解したこと，花子が1500万円でステラ株の分与に応じる意向を示したことはかなり前進しているし，双方が調停での解決に意欲を示している限り，調停委員会としてできる限り努力したいと考えた。

　そこで，調停委員会としては，解決金を784万円（内訳：太郎主張の100

万円に，ステラ株の取得額の上乗せ分300万円及び離婚後の生活保障として婚姻費用1年分384万円を加算した額）を提案することとした。

　花子には，解決金1000万円は不貞慰謝料としても高額すぎるし，太郎が子供たちの学費等を負担することは離婚後の生活保障としてそれなりの意味があるといえること，むしろ，何かあったときに援助をお願いできるような関係を作っておくことが大切であることなどを伝えて検討を促すこととした。また，太郎には，訴訟になれば婚姻費用の支払が続くし，離婚が認められない可能性もあることを，離婚後の生活保障のための増額を検討するよう求めることとした。

　そして，まずは調停委員から提案内容を説明して検討を促し，抵抗感が強いようであれば，裁判官が再度，働き掛けることにした。また花子から先に説明することにした。

4　調停委員会案に対する双方の意見の要旨

(1)　花子(妻)の意見

　青山委員は，中間評議の結果として調停委員会の提案を説明し検討を促した。

　花子は，解決金については，当初から離婚後の生活保障は考えると言っていたはずで，最低でも，3年分の婚姻費用相当額として1000万円を支払ってもらいたい。早期解決のメリットが大きいのは太郎の方なので，1000万円から譲る気はない，と強い口調で述べて，これ以上調停委員の話は聞きたくないとの態度を示した。

　乃木坂委員は，離婚後の生活保障としては，まず太郎に子供たちの大学院の学費や留学費用を継続的かつ確実に支払ってもらうことが大切ではないか，大学卒業前に解決することが子供たちのためにもなると思うと伝えて，再検討を促した。

　淡路弁護士は，花子の気持ちが高ぶっている様子だったので少し時間が欲しいと述べて，退室した。

(2)　太郎(夫)の意見

　乃木坂委員は，中間評議の結果として調停委員会の提案を説明した上で，

Episode 1　婚姻費用及び財産分与等離婚給付をめぐる争い

それに対する花子の意見を伝えた。

太郎は，1000万円から減額しないという花子の強い態度に，困惑した様子を示した。調停委員会の提案については，ステラ株の取得金額の加算は，取得をスムーズに進める目的だったので義父が1500万円で了解するのであれば300万円を解決金に上乗せすることでよい。長女の留学費用は，いくらになるか分からない段階で全額負担を約束することはできないが，基本的には応じるつもりであり，長女と協議するという条項であれば受け入れると述べた。

赤坂弁護士は，花子からの婚姻費用3年分という話は，過大だと思うが，何とかお互いに納得できる金額を考えたいので，調停委員会からの1年分の提案もあわせて別室で太郎と相談したいと述べた。

5　双方の最終提案

(1)　太郎(夫)の提案──大詰めの最終提案

調停委員は，裁判官への報告は，双方の最終意見を聴いた後にすることとした。

太郎と赤坂弁護士は，これが最終の提案であるとして，離婚後の生活保障及び解決金について以下の提案を行った。

子供たちの生活費として大学を卒業する平成30年3月まで，1人につき毎月8万円ずつ支払う。1か月16万円の27か月分なので432万円になる。長男の大学院の学費は出す，長女の留学費用は，基本的には支払う方向で，協議条項とする。解決金として400万円を支払う。子供の生活費432万円と解決金400万円を合わせると832万円になり，花子のこだわっていた1000万円にはかなり近づくのではないか。

乃木坂委員は，太郎に対し，解決金400万円は一括払いでよいか，生活費は月々の支払にすることでよいか確認を求めた。太郎はいずれも了解する旨を述べた。

(2)　花子(妻)の提案──そして調停成立へ

乃木坂委員は，花子に対し，太郎の最終提案を説明した。花子が不安そう

な様子を見せたため，青山委員は，調停委員から見て，太郎が子供たちの将来を心配していることは感じることができると伝えた。また，乃木坂委員は，夫婦としての関係が終わっても親子の関係は続くから，人間関係を断絶することにつながりかねない訴訟による解決よりも，合意による円満な解決を目指すことには子供たちにとって重要な意味があるように思うと伝え，太郎の提案を前向きに受け容れ，これからも子供たちの支えになってもらえるような関係を作っていくことを考えてはどうかと促した。

花子は，金額的には不満だが，子供たちは，花子に気を遣っていたのか太郎のことを悪く言っていた時期もあったが，進路について太郎と相談できたことでとても安心した様子だったし，良好な親子関係を維持することを中心に考えることにしたいと述べた。これからのことが不安で取り乱してしまったが，淡路弁護士のアドバイスもあり，就職のことも考えられるようになったし，紛争を解決して，新しい生活をスタートさせたいと思うので，太郎の提案を受け入れるとの意向を示した。

6　調停成立

調停委員は，太郎に対し，花子の意向を伝えた上で，双方に対し，財産分与等の支払時期，振込先口座などを聴取して調整し，合意事項と調停条項案の内容を確認した。

その上で，中間評議を行い，銀座裁判官に合意内容等を報告した上で，神保書記官を交えて，調停条項案の内容を点検した。

調停委員会は，調停室において，当事者双方に対し，以下の調停条項の内容を説明して確認を求めたところ，当事者双方は，間違いない旨を述べた。

【調停条項】
1　申立人と相手方は，相手方の申出により，本日，調停離婚する。
2　申立人は，相手方に対し，離婚に伴う財産分与として735万円の支払義務があることを認め，これを平成29年1月末日限り，相手方名義の南北銀行○○支店普通預金口座（口座番号○○○○○○○）に振り込む方法により支払う。振込手数料は，申立人の負担とする。
3　申立人は，相手方に対し，離婚に伴う財産分与として，別紙物件目録（省略）記載

Episode 1　婚姻費用及び財産分与等離婚給付をめぐる争い

> の不動産の3分の2の共有持分の全部を分与することとし，本日付け財産分与を原因とする申立人の共有持分全部移転登記手続をする。登記手続費用は相手方の負担とする。
> 4　相手方は，申立人に対し，離婚に伴う財産分与として，相手方名義の株式会社ステラの株式10万株を分与することとし，平成29年1月末日限り，別紙動産目録（省略）記載の株券を申立人に引き渡す。相手方は，同株式の名義変更手続に協力する。
> 5(1)　申立人は，相手方に対し，当事者間の長男及び長女の養育費として，1か月16万円を，平成29年1月から平成30年3月まで毎月末日限り，長男名義の口座に振り込む方法で支払う。振込手数料は申立人の負担とする。
> 　(2)　申立人は，相手方に対し，長男及び長女の大学の学費並びに長男の大学院の学費を申立人が直接教育機関に支払うことを約束する。また，申立人は，相手方に対し，長女の留学費用を申立人が負担し，その具体的な金額や支払時期は，申立人と長女が協議して定めることを約束する。
> 6　申立人は，相手方に対し，第3項記載の不動産についての住宅ローンは申立人において責任をもって支払うことを約束する。
> 7　申立人は，相手方に対し，離婚に伴う解決金として金400万円の支払義務があることを認め，これを平成29年1月末日限り，第2項記載の口座に振り込む方法により支払う。振込手数料は，申立人の負担とする。
> 8　当事者間の別紙年金分割のための情報通知書（省略）記載の情報に係る年金分割についての請求すべき按分割合を0.5と定める。
> 9　当事者双方は，本件に関し，本条項に定めるほか，何らの債権債務のないことを相互に確認する。

　赤坂弁護士と淡路弁護士は，それぞれ所定の印紙を納めて調停調書謄本の交付申請を行った。後日，双方代理人は，神保書記官から調停調書が完成した旨の連絡を受け，調停調書謄本を受領した。

　調停条項案作成の留意点

　家事調停事件は，当事者間で合意が成立し，その内容が調停委員会によって相当と認められ，調停条項として調書に記載されたときに，調停が成立して調停は終了する（家事268条）。調停調書の記載内容は，確定判決または別表第二事件の場合は確定審判と同一の効力を有する（家事268条1項）。
　調停条項は，内容によっては，強制執行を行うことができるため，客観的で明確な表現を用いる。例えば金銭の支払の合意については，金額，支払時期，支払

方法（振込先等）を明確にする。不動産の所有権移転等の登記手続をする合意については，登記事項証明書の記載に従って不動産を特定し，履行時期，登記原因（財産分与，贈与，売買など），日付を明らかにする。登記手続費用の負担者を明確にすることも重要である（権利を取得する方が手続費用を負担するのが一般である）。不動産の明渡しの合意については，登記手続と同様に不動産を特定し，明渡時期を明確にする。不明瞭な点は必ず期日で確認して，後日の紛争を防止することも重要である。

III 離婚届の提出，年金分割の請求
―― これからの生活に向けて

1 離婚の届出，氏（戸籍），子供の戸籍について

　淡路弁護士は，花子に対し，調停調書謄本を交付して，調停成立の日から10日以内に離婚と婚氏続称の届出をするよう伝えた。また，一度，婚姻時の氏を継続して使用する旨の届出をすると，婚姻前の氏に戻すためには，家庭裁判所で「氏の変更許可」の審判を受ける必要があるので，慎重に決めるよう助言した。
　そのほか，淡路弁護士は，花子の戸籍に子供たちを入籍させるためには，15歳以上の子の場合，子供自身が住所地を管轄する家庭裁判所に「子の氏の変更許可」の申立てをする必要があることを説明した。花子は，子供たちと相談して決めることとした。

離婚に伴う戸籍に関する諸手続

1　離婚の届出と氏（戸籍）について
　調停離婚は調停成立の日が離婚の日となるが，調停成立の日から10日以内に，夫婦

Episode 1　婚姻費用及び財産分与等離婚給付をめぐる争い

> の本籍地又は届出人の住所地の市区町村等に，調停調書謄本（戸籍記載事項以外の項目が省略されたものでもよい）を添付して離婚届を提出する必要がある。届出義務者は，調停の申立人であり，申立人が届出をしない場合に相手方が届け出ることができる（戸77条1項・63条）。
> 　婚姻によって姓を改めた者は，原則として離婚によって婚姻前の氏（旧姓）に戻り，婚姻前の戸籍に復籍するか，自己を筆頭者とする新戸籍を作ることができる。
> 　婚姻時の氏（姓）を継続して使用する（これを「婚氏続称」という）場合は，その旨を届け出て（戸77条の2），自己を筆頭者とする新戸籍を編製することになる。婚氏続称の届出は調停成立の日から3か月以内にする必要があり，離婚の届出と同時にすることができる。そこで，調停の相手方が，婚氏続称を希望する場合には，離婚と婚氏続称の届出を同時に行うことができるよう，申立人の了解を得た上で，調停条項に「申立人と相手方は，『相手方の申出により』，本日，調停離婚する」との文言を入れることが通例である（昭和43年9月14日民事甲第3041号民事局長回答）。なお，旧姓に戻す場合でも，離婚の届出と同時に新戸籍の編製を行うときには，上記文言を入れる必要がある。
>
> 2　離婚後の子供の戸籍について
> 　子供の戸籍は親権の帰属にかかわらず離婚時の戸籍筆頭者の戸籍に残ることになるため，離婚時の筆頭者でない者が自分の戸籍に子供を入れたい場合には，家庭裁判所に「子の氏の変更許可」の審判を受け，市区町村に「入籍届」を提出する必要がある（民791条1項，戸98条1項）。

2　年金分割のための手続など

　花子は，年金手帳（または基礎年金番号通知書），離婚後の戸籍の全部事項証明，住民票等の必要な書類を用意した上で，「標準報酬改定請求書」に調停調書を添付して，年金事務所に対し年金分割の請求を行った。

　その他，花子は，ステラ株の名義変更や自宅の移転登記手続に必要な書類を淡路弁護士に渡した。淡路弁護士が，手続が完了した旨を報告すると，花子から，感謝の言葉とともに，働き始めたことで社会にも目を向けることができ，子供たちと一緒に充実した日を過ごしているという手紙が届いた。

　太郎もまた，新しい生活をスタートさせた。子供たちと月1回食事をするなどの交流をしながら，目下，ステラ社の上場に向けて，赤坂弁護士と準備を進めている。

離婚時の年金分割制度と家庭裁判所の手続

1 年金分割制度の概要

離婚時の年金分割制度は,「合意分割」と「3号分割」に分かれている。「合意分割」は,平成19年4月1日以降に離婚をした場合に,当事者の合意や裁判手続により分割割合を定めたときに,当事者の一方からの請求によって,婚姻期間中に納めた保険料(掛金)の額に対応する厚生年金,共済年金を当事者間で分割することができるという制度である。原則として,当事者間の協議に基づく合意により分割割合を定めることになるが,合意ができないときは調停または審判によって定めることができる。

「3号分割」とは,平成20年4月1日以降の第3号被保険者期間について,離婚をした場合に,第3号被保険者の請求によって,第2号被保険者の厚生年金(共済年金)を2分の1に分割することができるという制度である。これは,合意分割と異なり,請求手続のみによって,自動的に分割されるため,合意や裁判手続は不要である。

いずれの制度も,婚姻期間中の保険料納付記録等(年金額の算定の基礎となるもの)を分割し,離婚後の当事者は,分割後の記録に基づいて,各自の年金額が算定される。したがって,各自がそれぞれ受給資格要件を満たしている必要がある。

なお,基礎年金(国民年金)や厚生年金基金等による上乗せ給付部分は対象外である。

2 年金分割の請求手続

当事者間で合意した分割割合等について年金分割を請求すること及び合意した分割割合を証明する書類を作成して,当事者双方が,年金事務所で年金分割の手続を行う必要がある。なお,公正証書が作成されている場合などには,当事者の一方のみによる手続が可能である。

また,調停・和解や裁判(審判・訴訟)手続によって分割割合が定められた場合には,当事者の一方が,年金事務所に当該調停・和解調書等の謄本または抄本(審判書や判決書の場合には確定証明書)を提出して年金分割の手続を行う必要がある。

年金分割の請求は,原則として離婚した日の翌日から後2年を経過するとできない。ただし,上記2年を経過して分割割合を定める審判等が確定したなどの場合には,例外的に,確定日の翌日から1か月以内であれば,年金分割の請求を行うことができるとされている(厚生年金保険法施行規則78条の3第2項)ので忘れずに申請する必要がある。

3 年金分割のための情報提供の手続

年金分割の制度を利用するに当たっては,年金分割の対象となる期間や定めることができる分割割合の範囲等の情報を入手する必要がある。当事者は,離婚前または後

Episode 1　婚姻費用及び財産分与等離婚給付をめぐる争い

に，年金事務所に上記の情報提供を請求することができる。情報提供の請求に際しては，請求者の年金手帳，国民年金手帳または基礎年金番号通知書のいずれかに加えて当事者2人の身分関係を明らかにする戸籍全部事項証明書などが必要である。
　そして，この情報は「年金分割のための情報通知書」という文書により通知され，年金分割の調停または審判等の申立て（付帯処分も含む）をする場合には，申立書に添付する必要がある。
　なお，「年金分割のための情報提供通知書」は，当事者双方が共同で請求した場合は各自に，当事者の一方が請求した場合は，離婚前であれば請求者のみに，離婚後であれば双方に，交付される。郵送も可能で，自宅以外を指定することもできる。
　同通知書は発行までに1か月程度かかる場合もあるので，速やかに請求する。特に，調停・和解の場合，調停・和解調書に添付して合意内容を明らかにするのが一般であり，遅くとも成立時までには入手しておく必要がある。

　履行勧告，履行命令

　婚姻費用，養育費などの家事調停または審判で決められた債務の履行については，家庭裁判所の後見的な役割の観点から，民事事件と異なる債務の履行の促進を図るための制度が設けられている。なお，人事訴訟手続においても同様の制度がある（人訴38条1項・4項・39条4項）。
　その1つである履行勧告は，金銭の支払義務などの履行を怠っている義務者に対し，家庭裁判所が権利者の申出に基づいて，必要な調査をした上で，その履行を勧告する制度である（家事289条）。履行勧告の申出は，書面，口頭，電話のいずれの方法でも可能で，申立ての手数料等の費用は不要である。
　履行勧告によっても義務を履行しない場合には，家庭裁判所は，権利者の申立てにより，義務者に対して，相当の期間内にその義務を履行するよう命令することができる（家事290条1項）。この履行命令に正当な理由なく従わない者は，過料に処せられることがある（同条5項）。履行命令の手数料は，500円である。家庭裁判所は，義務者の言い分（陳述）を聴取した上で，判断することになる（同条2項）。
　履行勧告・履行命令は強い効果を有する制度ではないものの，申立てにより，裁判所から履行を促すなどして目的を達することもある。

Episode 2

監護・親権・面会交流をめぐる争い
～親子関係の再構築を目指して～

Episode 2 の主な登場人物

元町　寛		妻に対して子供の引渡しを求めている夫
元町　明子		子供を連れて夫と別居中で離婚を希望している妻
元町　達樹		寛・明子の長男（7歳）
元町　昌樹		寛・明子の二男（5歳）
山下　園子		元町寛の代理人弁護士
川口　鉄夫		元町明子の代理人弁護士
岩泉　聖子		裁判官
宮沢　玲子		裁判所書記官
森尾　和也		家庭裁判所調査官
麦田　昌幸		調停委員
沼内　結子		調停委員

Scene 1 申立前の活動
──一時的な里帰りのはずが

I 弁護士への相談
──子供たちが帰ってきません

　「妻が子供たちを連れて家を出てしまいました。子供たちは，前の家に戻りたいと言っているのに，妻は戻ってきませんし，子供たちを渡しません。先生，何とかしてください。」

　平成28年1月末，元町寛は，知人から紹介された山下園子弁護士の事務所で，こみ上げてくる怒りを抑えながら，事の顛末を説明し始めた。

　山下弁護士は，まずは，前提となる家族関係と基本的な時系列の経過を聴取しながら寛の思いを語ってもらい，事実関係を整理した。

【家族関係図】

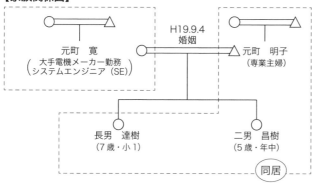

【時系列表】

平成19年9月4日	婚姻
平成20年10月15日	長男達樹誕生
平成21年ころ	寛，仕事が忙しくなる
平成22年8月22日	二男昌樹誕生

Episode 2　監護・親権・面会交流をめぐる争い

平成 23 年 1 月	新居完成
平成 26 年夏ころ	夫婦喧嘩が増え会話も少ない状態
平成 27 年 5 月 20 日	明子：離婚調停申立て，親権で対立
平成 27 年 11 月	明子：調停取下げ
平成 27 年 12 月 19 日	明子：子供たちを連れて実家へ（両親と同居）
平成 28 年 1 月 5 日	寛：自宅を出る
平成 28 年 1 月 10 日	明子：子供たちと自宅に戻る
平成 28 年 1 月 12 日	明子：子供たちを連れて実家へ，住民票異動，子供たちの転校等の手続をとる
平成 28 年 1 月 24 日	寛：子供たちと面会交流（月1回の約束）

【弁護士の聴取メモ】

【不仲になった経緯】
　システムエンジニア（SE）という仕事柄，帰りが遅くなることが多かったが，平成21年ころにプロジェクトの責任者になったことから，多忙になり，午後10時以降に帰宅することが増え，休日出勤も多くなった。二男が生まれたこともあり，都心から離れた環境のよい場所に一戸建てを構えたいと考え，平成23年1月，念願の家を完成させた。明子とは，家を建てるという共通の目的があったので，一緒にモデルルームを見学したり，会話もあり，円満な関係だった。
　しかし，転居後，通勤時間が長くなり，平成26年ころからは仕事もさらに多忙になり，終電やタクシーで帰ることが増えた。明子から，家事や育児に協力してほしいと不満をぶつけられることが多くなり，せっかくの休みに，子供たちの前で大きな声で喧嘩になることもあった。平成26年夏ころには，休日でも家で顔を合わせないようになり，会話のない状態。
【離婚調停の経緯】
　平成27年5月，明子から離婚調停が申し立てられた。寛は，弁護士に依頼せず自分で対応した。寛としては，子供たちがまだ小さいので，離婚するつもりはなかったが，明子の気持ちが変わらない様子だったので，調停期日では，寛が親権をもつことを条件に離婚に応じることにした。しかし，明子も親権を主張したことから，話合いは平行線で，明子は調停を取り下げた。
【別居に至る経緯】
　明子は平成27年12月19日，子供たちとともに実家に帰った。明子から，冬休みに子供たちを実家に連れて行くと聞いていたので，年末年始の一時的な里帰りだろうと考えていた。しかし，正月を過ぎても明子や子供たちが帰ってくる様子がなかったため，明子に連絡したところ，明子は離婚を考えているので一緒には住めないと言ってきた。
　寛は，子供たちの学校や幼稚園のことが心配になり，自分が家を出るので，明子に

子供たちを連れて自宅に戻ることを提案した。寛は，平成28年1月5日に自宅を出て，明子は，同月10日，子供たちを連れて自宅に戻った。しかし，2日後の同月12日に再び家を出たようである。同日，明子の弁護士から，明子は子供たちを連れて実家に引っ越したとの連絡が入った。明子は，寛に何の相談もなく，明子や子供たちの住民票を移動し，小学校や幼稚園の転校，転園手続を行った。

とりあえず，寛は，子供たちの様子が分からないので，面会させてほしいと明子の弁護士に申し入れ，毎月1回の面会交流を行うこととなり，同月24日に面会した。

II 子の引渡しに関する手続
―― 裁判所の手続を利用するにあたって

1 子の引渡しの手続の説明

寛：明子は子供たちと自宅に戻ると言いながら，結局，荷物をまとめてすぐに出て行きました。だまされました。絶対に許せません。明子の実家は狭くて子供たちを育てるのに良い環境とは思えません。すぐに子供たちを助けたいです。

山下弁護士：確かに，だまし討ちのようなやり方ですね。

今回のように子供を引き取るための家庭裁判所の手続としては，「子の監護者指定」，「子の引渡し」の調停または審判の申立てが考えられます。家庭内の紛争ですし，子に関わる事柄ですから，まずは，双方の話合いによる解決を目指すために調停を申し立てるのが一般です。調停委員会の助言を受けながら，納得のいく解決を図っていくのが望ましいと言えます。それでも話合いがまとまらない場合には，裁判所が判断することになります。また，緊急を要する場合には，審判前の保全処分の申立てといって，最終的な結論を出す前に，仮の引渡し等を求める手続もあります。

いずれにせよ，一般的には，これまでの監護状況（つまり，子供の身の回りの世話，検診や幼稚園・学校等の対応などの状況のことです），現在の監護状況，監護能力，監護環境といった親側の事情，子の年齢や心身の発育状況，父母との親和性，子の意思などといった子供側の事情などを総合的

に比較衡量して，どちらが監護するのが「子の利益」に沿うかを考えることになります。寛さんの場合，お子さんがまだ小さいので，別居前後の監護状況について，特段の問題がなければ，同じ監護親の下で継続して監護した方がよいのではないかという観点から検討されることが多いようです。もちろん，子供の意向も考慮はされると思いますが，年齢の高い子供に比べて，そのウエイトは低いと思います。先ほどの話ですと同居中は，明子さんがお子さんの世話をしていたということでしょうか。

寛：ええ。これまでは自分が忙しいこともあって，育児は主に明子がやっていました。しかし，監護環境という意味では今の状況は最悪です。明子の実家は交通量の多い幹線道路沿いの借家で手狭ですし，明子の父はヘビースモーカーで部屋の中で始終たばこを吸っています。そんなところに子供たちを置いておけません。

　自宅は，子供たちの教育環境を最優先に考えて建てました。幼稚園，小学校はもちろん，中学校も比較的近くにありますし，静かな住宅街にあります。子供部屋は広く作ってあり，成長したら，2つに分けて個室ができるように設計してもらいました。子供たちは，小学校や幼稚園の友達と遊ぶのをとても楽しみにしていたのに，突然離されてしまい，本当にかわいそうです。面会したとき，二男は自宅に戻りたいと大泣きでした。

山下弁護士：そうでしたか。ところで，寛さんもお仕事が忙しいと思いますが，お子さんたちが戻ってきたときに，日中の世話はどうしますか。

寛：私の実家の母が，私と同居して面倒を見てくれると言っているので大丈夫です。

山下弁護士：お子さんたちにとっては，誰が身の回りの世話をするかという日々の生活に関わる重要な事柄ですから，監護態勢については，実現可能性を含めて相当具体的に考える必要があります。

寛：とにかく今回の件ではだまし討ちのように子供たちを連れて行かれていますし，明子の実家の環境は本当に心配なのです。二男も泣いていますし，どうしても引き取りたいです。

山下弁護士：分かりました。そうであれば家庭裁判所の手続を利用しましょう。家庭裁判所には家庭裁判所調査官といって，夫婦や親子の関係などを

Scene 1

科学的に分析する専門的知識を有している専門家がいます。その家裁調査官が，お子さんたちの現在の生活環境等を調査して，報告書を作成することもありますので，お子さんたちの客観的な状況も分かります。お子さんたちが，明子さんの下での新しい環境にある程度慣れてしまった後に，また，もとの環境に戻すということは，お子さんたちの気持ちや生活を混乱させる結果になりかねません。手続をとるのであれば，急いだ方がよいと思います。

寛：是非お願いします。とりあえず，二男が心配ですから早く引き渡してもらいたいです。ただ，明子は頑固で，これまでの経緯からも話合いによる解決は難しいように思います。

山下弁護士：そうであれば，審判前の保全処分と審判の申立てをしましょうか。ただし，先ほど説明したとおり，可能であれば話合いによる解決を目指したいところです。それに，審判の申立てをした場合でも，審理の進行状況等によっては，裁判所から，調停手続に付して話し合うように勧告されることもありますよ。

寛：分かりました。

2　子の引渡しの執行手続の説明

寛：裁判所が「子供を引き渡しなさい」という審判をしても，明子が審判に従わなかったらどうなりますか。

山下弁護士：裁判所を通じて任意に引き渡すよう勧告してもらうという履行勧告の方法をとるか，裁判所に強制執行を申し立てる方法があります。

寛：強制執行によれば，子供を連れてくることができるのですか。

山下弁護士：強制執行には直接強制と間接強制という2つの方法があります（151頁「面会交流と間接強制」参照）。直接強制というのは，裁判所の執行官が相手のところから子供を強制的に連れてくる方法です。もっとも，物ではなく子供が対象ですので，この方法が認められるのはかなり年齢が低い場合に限られます。間接強制というのは，たとえば，子を引き渡すまで1日○○円を支払え，という命令をして心理的に履行を強制する方法です。寛さんの場合，お子さんたちの年齢からして，直接強制の方法によるのは

Episode 2 　監護・親権・面会交流をめぐる争い

事実上難しいように思います。審判が出たとしても，任意に履行されない場合は，間接強制によるしかないでしょう。

子の引渡しを求める手続の概要

1　調停，審判，審判前の保全処分

離婚前後にかかわらず，子の監護者や引渡しについて，当事者間の協議が調わないときまたは協議ができないときには，家庭裁判所に，監護者指定や引渡しの調停または審判を申し立てることができる（民766条1項，家事39条・別表第二の3・154条3項。なお，離婚前については民766条1項が類推適用されると解されている）。

子の引渡しを求める場合には，併せて子の監護者の指定の申立てがされるのが通常であり，その場合には，一般に併合して審理が進められる。

夫婦間の紛争に子を巻き込まないためには，当事者間の協議で定めることが望ましく，民法766条も協議で決めることを原則的な形態としていることから，当事者間の任意の協議が難しい場合であっても，調停による解決を目指すことが望ましいといえる。他方，子の引渡し等は，当事者だけでなく祖父母等の感情的な対立が激しく，調停による解決が著しく困難である事案や，既に子が紛争に巻き込まれており迅速な解決が必要とされる事案も少なくなく，最初から審判の申立てがされる事案も一定数ある。

また，直ちに監護環境を変更しなければ子の心身に重大な危険が生じるおそれがあるなどの緊急性が高い事案については，審判前の保全処分（家事105条・157条1項3号）が併せて申し立てられることも多い。なお，家事事件手続法の施行により，子の監護に関する処分について，審判のみならず調停申立てがあった場合にも，審判前の保全処分を申し立てることができるようになった（家事157条1項3号）。仮の引渡し等による一時的な保全処分を求めながら，可能な限り話合いによって最終的な解決を図りたいとする当事者の一定のニーズに柔軟に対応し得るよう制度設計がされたといえる。

当事者としては，どのような方法による解決を目指すかを十分に検討した上で手続を選択する必要があるし，裁判所（調停委員会）としては，当事者がどのような方法（手続）による解決を希望しているかを進行状況に応じて確認しながら，柔軟に対応していくことが求められる。

2　人身保護請求

子の引渡しについては，人身保護請求（人保1条）との関係が問題とされてきた。

Scene 1

　この点について，最判平成5・10・19民集47巻8号5099頁は，離婚前の夫婦間の子供の引渡しをめぐる紛争について，人身保護規則4条の「拘束の違法性が顕著である」という要件に関して，拘束している親の監護が子の福祉に反することが明白であることを要するという，いわゆる明白性の要件の考え方を示した。この判決の可部恒雄裁判官の補足意見では，家庭裁判所における審判前の保全処分が活用されるべきことが示唆された。さらに，最判平成6・4・26民集48巻3号992頁は，上記明白性の要件について，一方の親の親権の行使が家庭裁判所の仮処分または審判により実質上制限されているのに当該親（拘束者）がこれに従わない場合，拘束者の子に対する処遇が親権行使という観点から見てもこれを容認することができないような例外的な場合を挙げた。上記各判決以降，離婚前の夫婦間における紛争については，上記各判決の趣旨に沿って，家庭裁判所における手続（調停・審判）が保全処分とともに積極的に活用されている。なお，離婚後の夫婦間においては，上記の明白性の要件の趣旨は及ばないものと考えられているが，現在の実務では，離婚前後を問わず，家庭裁判所の調停または審判，保全処分の手続が活用されている。

Episode 2　監護・親権・面会交流をめぐる争い

Scene 2　子の引渡しの保全処分・審判，監護者指定の審判申立て——保全，審判手続の概要

I　保全申立書等の概要——申立書記載例

　山下弁護士は，寛と打合せの上，子の引渡し及び監護者指定の審判とともに，子の仮の引渡しと仮の監護者の指定を求める審判前の保全処分を併せて申し立てることとして，審判と保全の申立書をそれぞれ作成した（保全処分の申立書は以下のとおり）。なお，子の監護者指定等の審判申立書の書式は，簡潔なものが裁判所のウェブサイトに掲載されているが，山下弁護士は，既に相手方に弁護士が付いているため，第1回期日から実質的な審理を進めることができるよう事情を詳しく説明した審判申立書を作成した。

　また，山下弁護士は，寛に，申立書に添付するために，戸籍全部事項証明書，源泉徴収票，住民票を入手するよう依頼し，併せて，監護に関する陳述書（後出96頁）及び自宅の間取り図の作成を求めた。

【書式2-1】保全処分申立書

```
本案審判　平成28年（家）第○○○○○号　子の監護者指定審判申立事件
　　　　　平成28年（家）第○○○○○号　子の引渡審判申立事件

　　　　審判前の保全処分（監護者指定，子の引渡し）申立書

                                         平成28年1月28日

　○○家庭裁判所　御中

                       申立人手続代理人弁護士　山下園子　㊞

　　　当事者の表示　別紙（省略）当事者目録記載のとおり
```

Scene 2

第1 求める保全処分
 1 申立人を，本案審判確定までの間，未成年者元町達樹及び未成年者元町昌樹の監護者に仮に指定する
 2 相手方は，申立人に対し，本案審判確定までの間，未成年者元町達樹及び未成年者元町昌樹を仮に引き渡せ
との審判を求める。

第2 保全処分を求める理由
 1 当事者
　申立人と相手方は，平成19年9月4日に婚姻の届出をした夫婦であり，両者の間には，長男未成年者元町達樹（平成20年10月15日生），二男未成年者元町昌樹（平成22年8月22日生）がいる。
　申立人は○○株式会社に勤務して，システムエンジニアとして稼働している。相手方は専業主婦である。
 2 別居に至る経緯
　相手方は，平成27年5月，△△家庭裁判所平成27年（家）第○○号夫婦関係調整（離婚）調停を申し立てた。申立人と相手方は，離婚に関する話合いを続けたが，いずれも親権を譲らず平行線のまま，同年11月同調停は取り下げられた。
　その後も当事者双方と未成年者は同居生活を続けていたところ，相手方は，申立人に，冬休みの間の里帰りであると言って，同年12月19日，未成年者らを連れて実家へ帰った。
　しかし，相手方は，平成28年1月4日ころ，申立人に，申立人と一緒に暮らすことはできないので別居したいと伝えてきた。申立人は，未成年者らの新学期が始まるまでに戻るよう申し入れたが，相手方が応じなかったため，申立人は，未成年者らが小学校や幼稚園に通うことができるよう，申立人が一時的に自宅を出て相手方と未成年者らが自宅に戻ることを提案した。相手方が，この提案に応じたため，申立人は，同月5日，自宅を出て，当面の間，実家で生活することにした。
　相手方は未成年者らとともに，同月10日，自宅に戻ったが，再び約束を違えてわずか2日後の同月12日，未成年者らを連れて自宅を出て実家へ帰ってしまった。
　相手方は，その後，相手方代理人弁護士を通じて，実家へ引っ越した旨を伝えてきた。また，親権者である申立人の承諾を得ないまま，未成年者らの住所を相手方の実家とする転出届を提出した上で，未成年者らの転校・転園の手続を行った。
 3 相手方の違法な連れ去り
　未成年者らは，自宅近くの小学校及び幼稚園に通い，多くの友人に恵まれ，安定した良好な環境で健やかに成長していた。しかし，相手方は，一時的な里帰りという名目で申立人をだまし，実家に未成年者らを連れ去った上，さらに，小学校や幼稚園に通わせるために自宅に戻るとの約束も反故にして，わずか2日間荷物をまとめるために戻っただけで，再び，申立人をだまし，一方的に未成年者らを実家に連

Episode 2　監護・親権・面会交流をめぐる争い

れ去り，転居を通告してきた。
　その後，申立人は，相手方に未成年者らの引渡しを求めたが，一切これに応じない。相手方は，申立人との約束を2度にわたって反故にして未成年者らを連れ去っており，その違法性は高い。
4　本案審判の申立て
　申立人は，本日，本件保全処分の申立てとともに，子の監護に関する処分（監護者指定・子の引渡し）を求める審判を申し立てた。
5　本案審判認容の蓋然性
　(1)　相手方の実家は借家で，相手方の両親と同居である。5人で生活するには狭すぎるし，交通量の多い幹線道路沿いにあり未成年者らが安心して生活できる環境ではない。また，相手方の実父はヘビースモーカーで，未成年者らの健康面に多大な悪影響を及ぼす。
　相手方は無職であり，精神的に不安定で，カウンセリングに通院している。
　相手方の実父も定年退職後無職である。相手方の実母はパート勤務をしているが，雇用及び経済状況も不安定である。
　申立人は，別居後，婚姻費用として，現金で毎月7万円を支払うとともに，申立人名義のクレジットカードを渡して，不足分を賄うように伝えている。
　(2)　これに対して，申立人の自宅は，閑静な住宅街にある一戸建ての4LDKで，未成年者らは安心して生活することができ，また十分な広さがある。未成年者らは自宅から徒歩で小学校，幼稚園に通って，先生や友人とも楽しく過ごしていた。同じ小学校，幼稚園に通わせる方が未成年者らの教育環境としてよいことは明らかである。
　また，申立人には，安定した収入があり，住宅ローンの他には借金もなく，経済的にも優れている。
　申立人の両親は，子育て援助のために，自宅に同居することを約束しており，会社も在宅勤務体制をとってくれると言っているので，申立人自身が，申立人の両親を監護補助者として未成年者らの養育を行うことは十分に可能である。
　(3)　申立人が平成28年1月24日に未成年者らと面会した際，二男は，幼稚園に行きたい，申立人と一緒に家に帰りたい，祖母（相手方の実母）が怖いなどと大泣きして訴えていた。未成年者らにとって，現在の監護環境が不適切であり，従前の監護環境が優れていることは明らかである。
　(4)　相手方が違法に未成年者らを連れ去ったことは，前記3のとおりである。
6　保全処分の必要性
　前記5(1)のとおり，相手方の実家は，未成年者らを監護養育するための居住環境として問題が多い。現在，未成年者は，慣れ親しんだ自宅，小学校，幼稚園，友人や地域の人たちなどとの関係によって形成されてきた良好な環境を違法に奪われており，健全な心身の発達に甚大な悪影響を及ぼす可能性がある。保全の必要性は高く，前記5(3)の未成年者らの心情に照らせば，緊急性も認められる。

7 結論
 したがって，未成年者らを申立人の監護の下におく緊急の必要性があるため，本保全処分の申立てに及ぶ次第である。

以上

(以下省略)

審判前の保全処分の申立ての実務

1 審判前の保全処分を求める事由の疎明

申立人は，保全処分を求める事由，すなわち，本案認容の蓋然性及び保全の必要性の両方を疎明しなければならない（家事106条2項）。

子の引渡しの事案においては，心証の程度は疎明で足りるとはいえ，その後に続く本案において異なった判断がされる都度，子の引渡しを行うとなると，強制執行はもとより，任意の引渡しであったとしても，子に与える精神的緊張や苦痛は甚大なものとなり，このこと自体が子の福祉に反することになるとの配慮から，保全処分と本案との結論が実質的に異なることがないように進行させる傾向にある。子に対する虐待やネグレクトなど本案認容の蓋然性が比較的容易に認められる事情があればともかく，本案の結論の見通しを一応立てることができる段階まで，実質的な審理を必要とする場合も少なくない。また，保全の必要性としては，子の急迫の危険を防止するために必要があることが求められ，子の引渡しの事案では，前述の子の福祉の観点からも，必要性の充足性が判断されるべきである（東京高決平成24・10・18判時2164号55頁参照）。

なお，保全の必要性に関して，家裁調査官による子の監護状況の調査を実施することがあるが，ここでの調査はあくまで，保全の必要性，すなわち，子に急迫な危険が生じるおそれがあるかどうかに絞った調査であり，本案における監護状況の調査とは異なる。

以上の運用状況を踏まえ，手続代理人としては，円滑な審理の進行のため，審判前の保全処分の申立書の段階から，可能な限り詳細な主張とその疎明資料の提出を行うことが望ましい。

2 保全処分の申立書及び疎明資料の写し（相手方交付分）の提出について

審判前の保全処分については，申立書の写しの送付を定める規定（家事67条1項）が準用されていない。家事事件手続法108条は，保全処分の密行性の見地から，審判前の保全処分の事件における審判を受ける者となるべき者に対し，当該事件が係属し

Episode 2 監護・親権・面会交流をめぐる争い

> たことを通知し，または保全処分を告知するまでは，相当と認める限り，記録の閲覧謄写を認めることとしている。もっとも，本件のような相手方の陳述聴取を必要的なものとしている事件類型（家事107条本文）については，迅速かつ充実した審理を実現するために，債務者（本案における相手方）に期日通知をする際に，申立書及び疎明資料の各写しを送付するとともに，速やかに答弁書等を提出するよう求めることが一般的である。
>
> なお，本案と保全処分は別個の事件であることから，それぞれに必要な「主張」書面，「証拠」書類（保全の場合は疎明資料）を提出する必要がある。

 監護に関する陳述書

　親権者や監護者の指定が争いとなる場合，双方から，過去及び現在の監護状況，今後の監護方針等の詳細を説明する書面が提出されるのが一般である。この書面は，実務上「監護に関する陳述書」などと称され，「主張」書面とは別に提出されている。家庭裁判所調査官による事実の調査を実施する場合には，調査事項を検討するためにも必要となる資料であり，早期の段階で提出されることが望ましい。

　陳述書の記載事項及び必要な資料は，一般的には，以下のとおりである。

1　申立人または相手方の生活状況

　仕事の内容，勤務時間，休日等，平日及び休日のスケジュール，健康状態，同居家族とその状況（続柄，氏名，年齢，職業，健康状態），住居の広さ，間取り，近隣の様子

〈資料：住宅の間取り図，付近の地図，診断書など〉

2　申立人または相手方の経済状況

　収入，当事者以外で家計の収入を担う者の有無とその収入，一か月の平均的な家計（収支）の状況

〈資料：源泉徴収票，確定申告書，（非）課税証明書等収入の有無，収入額が分かる資料（いずれもマイナンバーが記載されていないもの）〉

3　子の状況

　子の生育歴及びこれまでの養育の状況（身の回りの世話，病院や学校等への対応など）。なお，監護親は，より具体的に，同居時・別居後の子のスケジュール（平日及び休日）を記載する。

Scene 2

〈資料：母子健康手帳，幼稚園・保育園の連絡帳，小学校の成績表，診断書など子の心身の状況等が分かる客観的な資料〉

4　親子関係

同居時・別居後の関わり方，

なお，非監護親は，別居後の面会交流（間接的な交流も含む）の有無や実施状況等を具体的に記載する。

5　今後の監護方針

監護方針，監護補助者の有無・住所・子との関係（これまでの交流の実績等も含む）・監護補助の内容，非監護親と子の交流についての意見

6　その他参考になる事項

II　裁判所における期日前の準備
――保全・審判申立事案の進行

　裁判所書記官宮沢玲子は，保全処分と審判の各申立書及び添付資料の審査を行った。

　家庭裁判所調査官森尾和也は，子をめぐる紛争性が大きいとして，審判事件については，調停手続に付さないで手続を進め，保全処分の申立てもあることから速やかに期日を指定するのが相当であり，いずれの期日にも調査官の立会いが必要であるとの手続選別意見を提出した。

　宮沢書記官と岩泉聖子裁判官は，打合せの上，第1回期日は保全事件と審判事件を併行して進めること，調査官の立会いを求めること，明子にはできるだけ早期に答弁書と裏付け資料の提出を求めることとした。

　宮沢書記官は，山下弁護士に連絡を取り，概ね10日以内に期日を入れることとして，相手方代理人との期日調整を依頼した。

　保全事件及び審判事件の期日が，平成28年2月8日午前10時に指定されたことから，宮沢書記官は，明子宛に，期日通知書，申立書及び疎明資料の写しを送付するとともに，期日前に答弁書や子の監護に関する陳述書等の裏付け資料を提出するよう連絡した。

Episode 2　監護・親権・面会交流をめぐる争い

Ⅲ　相手方（母・妻）の準備——答弁書記載例

　明子は，裁判所から送付された書類を持って川口鉄夫弁護士の事務所を訪問した。川口弁護士は，明子と打合せの上，保全事件及び審判事件についての答弁書をそれぞれ作成し，現在のパート先の給料明細書の写し，資料説明書，手続代理委任状等の添付資料とともに裁判所に提出した。なお，答弁書，給与明細書及び資料説明書は，寛交付用の写しを併せて提出した。

　また，川口弁護士は，追って監護に関する陳述書を提出する必要があるため，明子に対し，母子健康手帳，幼稚園・保育園の連絡帳，以前の小学校の通知表，実家の間取り図等の資料を準備するよう促した。

【書式2-2】答弁書

```
平成28年（家ロ）第○○○○○号　審判前の保全処分申立事件
本案審判　平成28年（家）第○○○○○号　子の引渡審判申立事件

                  答　　弁　　書

                                            平成28年2月4日

  ○○家庭裁判所　御中

                        相手方手続代理人弁護士　川口　鉄夫　㊞

  （送達場所の記載は省略）

  第1　求める保全処分に対する答弁
        債権者の申立てをいずれも却下する
        との審判を求める。

  第2　保全処分を求める理由に対する認否・反論
  1　同1について，相手方が専業主婦であるとする点を否認し，その余は認める。
      相手方は，現在近所のスーパーでパートとして勤務している。
  2　同2について
    (1)　第一段落は認める。
```

(2) その後，家族4人で同居していたこと，相手方が未成年者らを連れて実家に帰ったこと，相手方が申立人に一緒に暮らすことはできないので別居したいと伝えたこと，申立人が戻るように申し入れたのに対し，相手方が応じなかったこと，申立人が自宅を出て申立人の実家に住み始めたこと，相手方が未成年者らと2日間自宅に戻った後に再び実家に帰ったこと，未成年者らの転出届を提出して，転校・転園手続をとったことは認めるが，申立人に冬休みの間の里帰りであると言ったこと，再度自宅に戻ることを約束したことは否認する。
3 同3について
　(1) 認否
　　未成年者らの従前の監護環境，相手方が未成年者らを連れて実家に帰ったこと，申立人が未成年者らの引渡しを求め，相手方がこれを拒否していることは認めるが，一時的な里帰りとの名目で申立人をだましたこと，小学校や幼稚園に通わせるために自宅に戻るとの約束をしたことは否認する。相手方が未成年者らを実家に連れて行ったことの違法性が高いとの主張は争う。
　(2) 反論
　　申立人と相手方の婚姻関係は既に破綻しており，前回の調停では申立人も離婚には応じるとの態度を示していた。ただ，親権について協議がまとまらなかったため，調停の最後の期日では，冬休みに別居してお互い冷静になった上で話合いを再開することを合意した。別居期間は特に合意しなかった。
　　別居後，一度自宅に戻ったのは，相手方と未成年者らの荷物を取りに行くためであり，申立人に顔を合わせないですむようにしてほしいと頼んだところ，申立人はしばらく実家にいるので心配しないでよいと言った経緯がある。荷物を片付けて1日で戻るつもりだったが，思いのほか荷物が多くて整理に時間がかかったのと，未成年者らが自宅のおもちゃで遊びたい様子だったので，2日間滞在した。
4 同4は認める。
5 同5について
　本案審判が認容される蓋然性があるとの主張は争う。
　(1) 相手方の実家の居住環境について
　　相手方宅が，借家で，幹線道路沿いにあること，相手方両親を含む5人で同居していること，祖父が喫煙者であることは認めるが，狭すぎること，安心して生活できる環境にないこと，健康面に多大な影響を及ぼすことは否認する。
　　未成年者らは5歳と7歳であって，当面狭すぎるということはない。近所には大きなアスレチック施設と動物とふれあえる公園があり，未成年者らを育てるのに適した環境である。
　　祖父は，換気扇の下で喫煙しており，未成年者らの前で喫煙することはない。なお，申立人も部屋の中で喫煙していた。
　(2) 経済状況について
　　相手方は，別居後，近所のスーパーでパートを始めた。未成年者らの生活が安

Episode 2　監護・親権・面会交流をめぐる争い

定してきたら，パートを増やす予定である。相手方の父には年金収入があり，母もパート勤務を継続している。婚姻費用については認める。
(3)　相手方の監護態勢について
　相手方が同居時に心療内科に通院してカウンセリングを受けていたことは認める。育児について申立人の協力を全く得られず，相談しても，「育児のことは専業主婦のお前がしっかりやれ」などと心無い言葉をかけられ，1人で苦しみを抱えていたからである。
　別居後は，育児についても家族の理解と協力が得られて，精神的に落ち着いている。現在は通院していない。
　相手方の母は，未成年者らが食事中の行儀作法などを注意することもあるが，それは教育的なものであって，未成年者らは相手方の母によく懐いている。
　これまで未成年者らが安定した監護環境の下で，多くの友人関係を作ってきたのは，相手方が役員を務めて熱心に保護者会の活動をしたり，未成年者らを地域の活動に参加させていたためである。相手方は，今後も同様に活動する予定であり，未成年者ら自身も，その成長に応じて同様の友人関係を作っていくことができる。既に，親しい友人ができ，放課後や休日には公園で楽しく遊んでいる。また，相手方の両親が住んでいるので，地域の活動には参加しやすく，近所の人も未成年者らを可愛がってくれている。
(4)　申立人の監護態勢について
　申立人は仕事が忙しく，同居時には土日もほとんど家にいない状況で，たまの休みも，朝から競馬やゲームセンターに行って，育児にはほとんど関わっていない。
　また，育児に対する興味もなく，相手方の相談にも全く冷淡な対応であった。
　申立人とその両親との関係は希薄である。これまで申立人の両親が自宅に訪ねて来たことや，未成年者らと交流したことはほとんどなく，申立人の両親による監護は期待できない。
6　保全処分の必要性について
　争う。
　未成年者らは，新たな環境の下で学校や保育園の先生，友人等との人間関係を築き始めたところである。これまで未成年者らを監護してきた相手方が継続して監護することが未成年者らの健全な成長に資することは明らかである。未成年者らの成育過程をほとんど知らず，監護意思も能力もない申立人が監護することは未成年者らを混乱させるだけであり，保全の必要性，緊急性は全く認められない。
7　結論
　したがって，本件申立ては速やかに却下されるべきである。

以上

添付資料　1　手続代理委任状　1通
　　　　　2　連絡先等の届出書　1通

3　進行照会回答書　1通
4　乙第1号証　給与明細書写し　2通
5　資料説明書　2通

Episode 2　監護・親権・面会交流をめぐる争い

Scene 3　第1回期日
——双方の意見と進行方針の検討

I　双方の「主張」の要旨——二男が不安定に

　裁判所は，森尾調査官を立ち会わせて，保全と審判の期日を開いた。
　期日には，寛と山下弁護士，明子と川口弁護士がそれぞれ出席し，それぞれ以下のとおりの意見を述べた。
　また岩泉裁判官は，当事者双方に対し，第1回期日までに当事者が提出した「主張」書面，「証拠」資料について，事実の調査を行った旨の通知をした（審判につき家事70条，保全につき家事63条）。

1　寛（父・夫）の「主張」

　面会時に，二男が，公園で遊びたいと言ったので，近くの公園に連れて行った。ちょうど，友達が来ていて30分くらい一緒に遊んでいた。楽しそうな様子だったが，別れ際，何で幼稚園に来なくなっちゃったの，などと言われて寂しそうにしていた。二男が，幼稚園に行けるかなと聞いてきたので，ママがよいと言ったらね，と答えたが，二男は，ママはダメだって，おうちに戻りたい，と泣きわめき，しばらく帰ろうとしなかった。長男も，二男が最近，夜泣いていることがあると言っていた。一刻も早く子供たちを戻してほしい。
　山下弁護士は，二男の様子が心配なのでこの点だけでも速やかに調査官調査を進めてほしい，と述べた。

2　明子（母・妻）の「主張」

　二男は寛と面会した後不安定になった。かなりいらだった様子でいままで使ったことがないような暴言を吐いていた。翌日は，保育園に行くのを嫌がったが，多少強引に保育園に連れて行ったところ，保育園から，同じクラスの男児に人形を投げて騒ぎになったとの連絡があり，相手方の母が迎えにい

った。男児にけがはなく，男児の保護者は，逆に二男の様子を心配してくれたようだが，その日以来，二男は，明子が話しかけても答えず，相手方の両親にべったり甘えている。朝になると，お腹が痛いなどと言って，保育園に行くことができない状態が続いている。保育士と相談して心療内科に連れて行こうかと思っている。受診結果が出たら報告したい。

長男は，元気に小学校に通っているが，二男のことを心配している。

川口弁護士は，調査官調査をする場合には全面的に協力すると述べた。

審判事件と保全事件における当事者の陳述聴取等の実際

1 審判事件について

家事事件手続法68条は，別表第二審判事件では当事者の陳述を聴取する必要があり，当事者の申出があるときは，審問の期日で聴取しなければならない旨を規定している。子の監護者指定・引渡し審判事件においては，通常，当事者の申出を待たず，審問の期日で当事者双方を立ち会わせた上で，双方の「主張」「立証」がされている。

また，家事事件手続法69条は，他の当事者の審問立会権を定めているが，監護者指定等の事案では，同居中の夫婦間暴力等を理由に，他の当事者の立会いを拒否する場合も少なくない。単に，相手に対する嫌悪感だけが理由である場合は別として，現実に，事実の調査に支障が生じるおそれがあると認められる場合には，当該当事者本人の立会いを認めないことや遮へいの措置を講ずるなどの対処も考えられる。ただし，当該当事者に手続代理人が選任されているときは，代理人のみを期日に立ち会わせることは可能であり，そのような措置をとることも多い。

2 保全事件について

家事事件手続法107条は，保全処分の目的を達することができない事情があるときなどを除き，債務者（審判における相手方，以下同じ）の陳述を聴取しなければならない旨を規定しているが，前述の審判手続（家事68条）と異なり，聴取の方法は限定されておらず，事案に応じて書面等によることもできる。

本件のような，子の監護者指定や引渡しの保全処分は，審判とともに申し立てられることが多く，当事者双方に十分な「主張」「立証」を尽くさせるという観点から，債務者が立ち会うことができる期日を指定し，これと併せて本案の期日を指定して併行して審理を進めることが一般的である。

Episode 2　監護・親権・面会交流をめぐる争い

II　調査命令（関係機関調査）
   ──保全の必要性に関する調査へ

　岩泉裁判官は，森尾調査官と打合せの上，二男が不安定な状況にあることから，とりあえず保全の必要性の判断のために，未成年者らの現在の客観的な状況を把握することを目的として，現在の小学校及び保育園に対する調査を行うとの方針を立て，当事者双方に同方針について意見を聴取した。

　当事者双方がこれを了承したため，岩泉裁判官は，子の状況を調査するための調査命令（家事58条1項）を発した上で，2月18日までに，当事者双方に対し，以下のとおり調査のための資料の提出を求め，双方に直送を指示した。

　　明子：監護に関する陳述書，未成年者らの母子健康手帳，同居時の小学校の通知表・幼稚園の連絡帳，別居後の小学校の在学証明書・保育園の連絡帳，心療内科を受診した場合にはその診断書等

　　当事者双方：面会の実施状況についての報告書

　裁判所と当事者双方は，次回期日は，調査官調査の結果について，双方の意見を聴取し，今後の進行を検討することとした。

　期日終了後，森尾調査官は，当事者双方及び手続代理人と調査の予定等について打合せをした。

　家裁調査官の関与

　　子の監護に関する処分等の審判事件では，裁判官は，当事者から提出された資料等を前提に，期日において，子の監護状況等を聴取して，必要に応じて対立点を整理し，今後の審理方針を念頭に置きながら，調査官による事実の調査の要否や調査の具体的な内容を明確にする。調査官による事実の調査が想定される事案（子の監護者指定・引渡事件は，調査官による事実の調査が実施されることが多いと思われる）では，調査官を審判の期日に立ち会わせて，調査官に当事者が提出した資料等や期日における当事者の陳述内容等を踏まえて，事実の調査の要否や

調査命令の内容（調査事項）等に関する意見を求めることが多い（命令補佐，家事59条1項・2項）。

　また，調査官による事実の調査は，当事者双方，関係機関，子などの関係者と面接して事情聴取を行うのが一般であるが，記憶が曖昧だったり，認識に齟齬がある事項などもあることから，調査前に，当事者等から客観的な「証拠」資料（母子健康手帳，保育園等の連絡帳，小学校の通知表等）を提出させて，できる限り客観的な事実関係等を把握した上で，調査を実施することが望ましい。

Episode 2 監護・親権・面会交流をめぐる争い

Scene 4　家裁調査官による調査 I
── 小学校，保育園での子供たちの様子は？

I　調査前の双方の準備
　　── 円滑な調査官調査に向けて

1　寛（父・夫）と山下弁護士との打合せ

寛：今度の面会のときは，子供たちの様子を録画しておいた方がよいでしょうか。

山下弁護士：その必要はないです。面会は，お子さんたちに愛情を伝えるために，自然なかたちで，楽しく過ごすことが大切です。お子さんたちの様子は，調査官が調査することになっていますので，調査結果を待ちましょう。寛さんは，お子さんたちが楽しいな，また遊びたいなと思える時間を作ることに集中してください。それから，お子さんたちの気持ちを混乱させないように，面会場所については，明子さんや川口弁護士と打合せをして決めましょう。

　山下弁護士は，面会交流の実施状況を簡潔にまとめた報告書を裁判所及び川口弁護士に送付した。

2　明子（母・妻）と川口弁護士との打合せ

川口弁護士：保育園と小学校には，調査官の調査が行われることを伝えておいた方がよいのですが，明子さん，お願いできますか。

明子：調査官調査ってどのようなことをするのでしょうか？

川口弁護士：先日，調査官から説明を受けたとおり，今回は，森尾調査官が，小学校と保育園を訪問して，小学校については校長と担任教諭，保育園については園長と担当保育士から，お子さんたちの様子を聴取します。心身

の状況，通学・通園の状況，教師等や友人との関係，成績，健康面の問題点，保護者の対応などを具体的に聴き取って，その結果を踏まえて調査官の意見が提出されます。
明子：分かりました。別居中で離婚を考えていることは伝えたのですが，実際に裁判所で話合いをしていることまでは言っていませんでしたので，明日，小学校と保育園の先生に話してきます。

　川口弁護士は，監護に関する陳述書，小学校の在学証明書の写し，保育園の連絡帳の写し及び面会交流前後の未成年者らの様子を簡潔にまとめた報告書を裁判所及び山下弁護士に送付した。

II　裁判官と家裁調査官の打合せ
　　──調査の趣旨・目的等の確認

　岩泉裁判官と森尾調査官は，双方から提出された資料を閲読した上で，当初の予定どおり，未成年者らの現在の客観的な状況を把握することを目的として，関係機関（小学校及び保育園）に対する調査を行うことを確認した。なお，調査官による未成年者らの面接調査については，関係機関調査の結果を踏まえて打ち合わせることとした。また森尾調査官と宮沢書記官は，調査の日程や調査報告書の提出予定日などを打ち合わせた。

III　家裁調査官による関係機関調査とその結果
　　──調査報告書の提出

　森尾調査官は，長男の小学校の校長，担任教諭，二男の保育園の園長，担当保育士と，それぞれ面接して，事情聴取を行い，その結果を簡単に岩泉裁判官に報告した上で，調査報告書を作成して，提出した。

Episode 2　監護・親権・面会交流をめぐる争い

1　調査とその結果

【書式2-3】調査報告書

裁判長(官)	主任調査官等
㊞	㊞

調 査 報 告 書

裁判官　岩泉聖子殿

　　　　　　　　　　　　　　　　　平成28年3月18日
　　　　　　　　　　　　　　○○家庭裁判所
　　　　　　　　　　　　　　家庭裁判所調査官　　森尾　和也　㊞

事件の表示：①平成28年（家ロ）第○○号　審判前の保全処分（子の監護）
②　平成28年（家）第○○号　子の監護者の指定事件（②事件に平成28年（家）第○○号～○○号事件を併合）

当事者等の表示
申立人：元　町　　寛（代理人弁護士山下園子）
相手方：元　町　明　子（代理人弁護士川口鉄夫）
未成年者：元町達樹（以下「長男」という。），元町昌樹（以下「二男」という。）

受命年月日：平成28年2月8日
調査事項：別居後の子の状況（小学校及び保育園）

調査経過　　　　　　年月日：調査対象，調査場所，調査方法等

平成28年2月29日：保育園の園長，担任保育士と保育園で面接
平成28年3月3日：小学校の校長，担任教諭と小学校で面接

関　　係　　者　　一　　覧

省略

小学校に対する調査結果

　以下は，長男が在籍している小学校（乙4）の校長及び担任教諭の陳述要旨である。
1　長男の状況
（1）登校状況等
　　転入日（平成28年1月12日）以降の欠席日は合計4日であり，内訳は以下のとおりである。……（省略）……。
　　相手方から，1月中の欠席は転校に伴う準備であり，2月中の欠席は発熱，風邪による病欠であるとの連絡が事前にあった。遅刻早退はない。

(2)　学校生活の状況

　　　転入当初から友人ができ，休み時間等も楽しく遊んでいる。他の児童とのトラブルもない。朗らかで，落ち着いた性格である。自己主張は強くないが，自分の意見ははっきり言うことができる。

　　　授業態度は良好で質問にもハキハキ答え，理解力は高い。長男によれば，前の小学校より授業が進んでいるとのことだが，頑張って学習している様子である。運動能力が高く，体育の授業では運動の苦手な児童にアドバイスするなどしている。好き嫌いはなく給食は残さず食べている。身の回りの整理整頓，挨拶，忘れ物などについても問題はない。

　(3)　心身の状況

　　ア　健康診断の結果は，以下のとおりである。

　　　　視力検査　……（省略）……
　　　　歯科検診　虫歯が3本あり受診指導をしたが，治療完了の報告は未了。
　　　　身体測定　……（省略）……

　　イ　学校で，あざや傷等を確認したことはない。

2　保護者の状況

　　父である申立人とは別居中であると聞いていたため，学校側は保護者と連絡を取るときは母である相手方に連絡している。相手方の対応（学校との連絡状況，提出物等の準備状況等）も問題はない。保護者会，授業参観には相手方が出席した。申立人が学校行事に参加したことはない。

3　その他

　　長男は，学校で家族や家庭の話をしない。

保育園に対する調査結果

　以下は，二男が在籍している保育園（乙5）の園長及び担任保育士の陳述要旨である。

1　保育園について

　　○○市の認可保育園である。乳児（1歳児，2歳児）○人，幼児（3歳児から5歳児まで）○人が在籍している。保育士は5名で，幼児クラスの担当は3名である。

2　二男の状況

　(1)　平成28年1月13日から，4歳児クラスに在籍している。

　(2)　登園状況

　　ア　月曜日から金曜日までの午前8時30分から午後4時30分まで利用している。送迎は相手方がしているが，1回だけ相手方が風邪をひいたとのことで，母方祖父母が迎えにきたことがあった。

　　イ　早退は，下記(3)イの事情による1月25日のみである。欠席は，下記(3)ウ及びエの事情による1月26日から2月9日までの11日間である。遅刻はない。

　(3)　園での様子

Episode 2　監護・親権・面会交流をめぐる争い

ア　入園当初は情緒的に不安定で，登園時は相手方との分離が難しかった。保育士や他の園児らが話しかけても答えず，一人でいることも多かった。申立人が水族館に連れて行ってくれた話や前の幼稚園の先生や友達と遊んだ話を嬉しそうにしていた。
　　1週間程度が経ち，保育士とも慣れてきて，また友達2，3人と遊ぶようになっていた。

イ　1月25日，二男が同じクラスの男児が遊んでいた人形を横取りして投げつけるという出来事があった。男児が泣いて騒ぎになったが，けがはなく，大事には至らなかった。二男は，泣いている男児の隣で，人形を蹴飛ばし始めたので，保育士は，やめるように言って二男の身体を押さえた。
　　保育士は，なんでこんなことをしたのかと聞いたところ，二男は，「みどり先生（前の幼稚園の先生）に会いたい。ママが悪い。前の幼稚園の友達と遊べない。全部ママのせいだ。」などと言って大声で泣き出した。保育士は，保育園のお友達も二男と仲良くしたいと思っているよ，お友達もびっくりして痛かったと思うから謝ろうね，などと話したが，泣き止まない状態が続いた。しばらくして，相手方に電話で連絡して，事情を説明したところ，母方祖母が迎えにきて，家で様子を見ると言ったため，早退させた。

ウ　翌朝，相手方は，保育園に来て，保育士に二男が腹痛を訴えているので休ませると述べ，人形を投げつけた男児とその保護者に謝罪した。男児もその保護者も，二男を気遣って，男児はまーくんお休みなの？と心配していた。
　　また，相手方は，保育士に，相手方とは口をきかず，母方祖父母にべったり甘えて，食事中も離れない状況にあると話していた。保育士からは，不安な気持ちが続いているようなので，できるだけ一緒にいる時間を確保してはどうかと助言をした。

エ　その後も，体調不良で休ませるという連絡が入って11日間欠席が続いた。相手方によると，二男は相手方の姿が見えなくなると不安がって，家の中でも相手方を探すようになっていたので，相手方は仕事を休んで一緒に過ごしているが，朝になると腹痛を訴えて保育園に行こうとしないとのことだった。相手方が対応に困っている様子だったので，保育士から，カウンセリングを受けてみることも1つの方法かもしれないと提案したところ，相手方は考えてみると答えた。また，2月10日の午後から同じクラスの園児たちのお誕生日会をするので，少しの時間，遊びに来るつもりで登園してはどうかと伝えた。

オ　相手方は，同日，二男を連れて登園した。相手方によると，前日，二男に誕生日会の話をして，遊びに行ってみようかと聞いたところ，二男は，最初は何も答えなかったが，誕生日会って何をするの？と関心を示して保育園に行く様子を見せたという。朝は，自分で保育園の準備をして，腹痛を訴えることもなく，母方祖父に，ぼく保育園に行ってくる，と話していたという。

カ　二男は，最初のうちは相手方の側から離れようとしなかったが，人形を投げ

た相手の男児が登園したため，相手方が，二男に，男児にお話ししたいことがあるんでしょ，と促すと，二男は，男児に，ごめんなさい，と謝っていた。男児は，まーくん，おはようと笑顔で答えて，二男と一緒に遊び始めた。

　しばらく，相手方が園内で様子を見ていたが，二男はたまに相手方の方を見ながら，誕生日会で渡す折り紙のプレゼントを熱心に作っていた。昼食の前に，相手方が，夕方迎えにくるよ，と二男に伝えたところ，二男は，バイバイと言って手を振っていた。相手方が帰った後，しばらくは保育士の側をうろうろとしていたが，昼食時間には，自分の椅子に座って残さず食事を摂っていた。午後からは，誕生日会で歌を歌ったりして遊んだ後，少し疲れた様子を見せていた。夕方，相手方が迎えにくると，笑顔で駆けより自分で作った折り紙をママの分と言って相手方に渡して，保育士に挨拶して帰って行った。

キ　相手方は，保育士から，園内での二男の様子を聞き，少し安心したようだったが，今後も何か気付いたことがあったらすぐに教えてほしいと話していた。カウンセリングに通ったという話はしていなかった。

　その後，二男は，休みなく保育園に通っている。保育士にも相手方や長男と遊んだ話をしたり，申立人にまた水族館に連れて行ってもらいたいと言って，会うことを楽しみにしている様子もある。友達も徐々に増えて，自分から遊びに誘うようになっている。人形をぶつけた男児とは特に仲がよく，昼寝の時間におしゃべりしていたので保育士に２人で怒られたが，二男は，すぐに謝り，自分が話しかけたので男児は悪くないとかばっていた。

ク　体を動かす遊びが好きで，公園等に外出した際には，友達と鬼ごっこをして楽しそうに遊んでいた。

(4) 心身の状況

　ア　健康診断の結果は特に問題はなかった。

　イ　身体測定の結果は以下のとおりであり，標準の範囲内である。
　　○年○月　身長…（省略）…　体重…（省略）…
　　　○月　身長…（省略）…　体重…（省略）…

　ウ　心身の発達状況は年齢相応であり，問題はないと思われる。

　エ　保育園で，二男の身体にあざや傷を確認したことはない。

3　保護者の状況

(1) 緊急連絡先は相手方の携帯電話である。相手方からは申立人である父親とは別居中であると聞いており，第二順位の連絡先は母方祖父である。相手方はパート勤務をしていると聞いているが，相手方への連絡ができなかったことはない。

(2) 連絡帳は毎日記載されており，提出物等の遅れもない。季節に合った服装をしており，身だしなみは清潔に保たれている。

調　査　官　の　意　見

(受命の趣旨)

Episode 2　監護・親権・面会交流をめぐる争い

　別居後の未成年者らの状況，特に二男の言動等に不安定な様子がうかがえたため，関係機関に対する調査により，別居後の未成年者らの客観的な状況を明らかにして，保全の必要性を検討することとなった。
1　長男の状況
　小学校調査の結果，特段の問題は認められない。長男は，新しい学校生活に適応し，前向きに取り組んでいる様子がうかがえる。
2　二男の状況
　現在の保育園に転園当初，不安定になり，他の園児との間で問題を起こして，保育園を欠席した期間があったが，相手方が仕事を休んで二男と一緒にいる時間を確保したことなどから，再び通い始め，順調に適応し始めている。
　二男の相手方に対する否定的な言動については，申立人との別居，転居に伴う生活環境等の変化が理解できないでいる中，別居前の楽しかったころへの懐古の思いや，申立人との別居，前の幼稚園の先生や友達との別れに対する悲しみが募って，情緒的な混乱を来したものと解され，相手方が一緒にいる時間を確保して二男と関わり合うことで登園を再開することができた経緯等に照らせば，二男と相手方との関係は良好であることがうかがえ，二男の真意から出た言動であるとは評価し難い。
　二男の年齢と上記のような相手方との関係性に照らせば，現時点で申立人による監護に変更しないと子の福祉が害される緊急の事情があるとは言い難い。
　なお，二男が不安定になったことは，申立人との面会交流そのものに由来する事情ではないこと，二男が申立人との面会を楽しみにしている様子がうかがえることから，面会交流は実施するのが望ましい。
3　以上のとおり，今回の調査では，別居後の未成年者らの状況について，子の福祉を害する特段の問題はないと考えられる。

2　家裁調査官と裁判官との打合せ

　岩泉裁判官は，調査結果からは未成年者らの現状に問題はうかがえないこと，寛の主張を前提としても，明子が未成年者らを連れて出た態様などから，保全の必要性は認め難いと考えた。
　岩泉裁判官は森尾調査官と相談の上，保全の必要性の審理のために子供たちの面接調査をする必要はないことを確認し，次回期日では，寛と山下弁護士に，調査の結果，保全の必要性は認め難い旨を伝えて，今後の進行を検討するよう求めること，当事者双方に対し，二男が不安定な状況にあることは否定できないため面会交流の際の対応については配慮を求めること，今後の

審理について当事者双方の意見を聴いた上で，監護者の指定や面会交流について話合いによる解決を提案することとした。

Ⅳ 調査報告書の謄写とその検討

1 調査報告書の謄写

宮沢書記官から連絡を受けた双方代理人は，裁判所に調査報告書の謄写を請求し，謄写した報告書をそれぞれ依頼者に郵送して，検討を促した。

 調査報告書の謄写（秘匿情報の取扱い等）

調査報告書は，期日の1週間程度前に提出されるのが一般である。当事者は，調査報告書の内容を検討した上で，期日に出席して，自己の意見等を述べたり，裁判所とともに今後の進行について協議することになる。

調査報告書は，裁判所の判断や進行方針の決定の参考になり得る重要な資料である。したがって，不意打ちを防止し，当事者に反論等の機会を与えるなどの観点から，当事者からの閲覧謄写請求は，許可されるのが一般的であろう（審判事件においては，例外事由が認められない限り原則として許可される〔家事47条3項〕）。他方，夫婦間暴力や子への虐待等がうかがえる事案については，当事者やその子の住居所，保育園や小学校の名称や所在地，勤務先の名称や所在地などの一部の情報に関しては，家事事件手続法47条4項の例外事由に当たるとして，閲覧謄写が許可されない場合もある。調査官は，調査に際しては，調査対象者に対し，調査結果が当事者に知られる可能性があることを告知した上で，事案や対立点の内容，調査命令の趣旨に照らして，調査報告書に記載する情報を必要，十分な範囲に限定し，表現等を工夫するなどして調査報告書を作成する必要がある。やむを得ず，家事事件手続法47条4項の例外事由に該当する可能性がある情報を記載する場合には，情報の適切な管理の観点から，当該情報部分を他の部分と区別して別ページに記載するなどの配慮をすることが重要である。

Episode 2　監護・親権・面会交流をめぐる争い

2　寛（父・夫）と山下弁護士との打合せ

　調査報告書を読んだ寛は，子供たちは相当我慢していると思う，保育園や小学校は，よく子供たちの様子を見ていないのではないか，二男の面会交流時の言動からは，保育園生活を楽しんでいるようには思えないなどと述べた。

　山下弁護士は，調査官は，子供たちが新しい環境に馴染み始めていく状況にあるととらえた上で，緊急に環境を変える状況にはないと考えていること，代理人としても今後保全の必要性を争っていくより，監護者としてどちらがふさわしいかについて，検討していく方がよいように思うことなどを伝えた。

　寛と山下弁護士は，相談の上，次回期日では，保全の必要性を議論することは控え，明子の実家の状況等の監護環境や子供たちが自宅に戻りたいと話していることについて，調査官の調査を求めることにした。

3　明子（母・妻）と川口弁護士との打合せ

　明子は，調査報告書の未成年者らの状況そのものに異論はなかったが，面会交流に関しては，寛が，調査官の意見をたてに二男を前の幼稚園に連れて行こうとするのではないかと不安を感じた。川口弁護士は，調査官の意見は，未成年者らが安心して楽しく遊ぶことができる場所を寛と相談して決めることが大切だろうという趣旨であると伝えた。

　川口弁護士と明子は，次回期日では，寛に対し，今後もこれまでどおり面会交流をする意思はあるが，交流場所については，特に二男の様子を見ながら，寛と話し合って決めていきたいという意見をもっていることを伝えることにした。

　また，明子は，離婚の問題を一緒に解決することはできないだろうか，と相談した。川口弁護士は，明子が親権者となることについて，寛の納得を得られるようにたとえば面会交流を今以上に積極的に認めるなどを提案することが考えられるが……，と明子の意見を求めた。明子は，川口弁護士と相談の上，次回期日では，離婚と併せてであれば，面会交流を積極的に認めることも構わないとの方針を示すこととした。

Scene 5　第2回期日
——保全か本案か？

　裁判所は，平成28年3月28日，森尾調査官を立ち会わせて，審判と保全の2回目の期日を開いた。

　期日には，寛と山下弁護士，明子と川口弁護士がそれぞれ出席した。

I　家裁調査官による調査結果の検討
——夫婦間の争いに子を巻き込まないために

1　事実の調査の通知

　岩泉裁判官は，当事者双方に対し，調査官調査結果について事実の調査を行った旨を伝えた（家事70条・63条）。

2　寛（父・夫）の調査結果に対する意見の要旨

　寛は，調査報告書の内容には納得できない点が多い，現に二男は，面会時には，今の保育園は楽しくないと言っているし，面会終了時には，自宅に帰りたい，パパといたいと泣いている，ママにそのことを伝えるように言うとママには言えないと黙ってしまう，などと述べた。また，面会交流が月に1回では少ないので，もう少し増やすよう求めた。

3　家裁調査官による補足説明

　森尾調査官は，岩泉裁判官の了解を得て，調査結果について以下の説明をした。

　子供は，大人が言ってほしいことを意識して，あるいは無意識のうちに，話したり，態度で示したりすることがあるので，表現したことのすべてが真意であるとは限らない場合もある。二男が，不安定な精神状況にあることは明らかなので，できる限り不安感を解消させるように対応を検討してほしい。

ママに伝えるように，と言われると，二男が，結局，自分の気持ちを受け入れてもらえないと思ってしまうし，二男を夫婦間の紛争に巻き込んでしまう結果になる。そのような話になったら，二男の気持ちは分かった，パパとママとが話し合って子供たちにとって一番よい方法を決めていきたいと思っているよ，などと対応して，二男の心情に寄り添った対応をとることも考えてほしい。

4 明子（母・妻）の調査結果等に対する意見の要旨

明子は，調査報告書について異議はないが，面会交流に関しては，未成年者らが混乱するので，当面の間，前の幼稚園や自宅に連れて行くのを控えてほしい，寛と話し合って交流場所を決めていきたいと述べた。また，頻度について，川口弁護士は，親権の問題を含めて離婚条件についての話合いをするのであれば，前向きに考えられるとの意見を提出した。

II 今後の進行方針
——離婚に向けての話合いは可能か？

岩泉裁判官は，当事者双方に対し，調査官調査の結果によると現在の未成年者らの監護環境を直ちに変更しなければならない程度の深刻な問題はうかがえないように思えること，他方，監護者の指定等については今後の夫婦関係，親子関係に重大な影響を与える問題であり，未成年者らを紛争に巻き込まないためにも，話合いによる解決が望ましいと考えられるとして，保全事件の結論を出すのではなく，本案事件の審理を中心に進行させることや明子から提案のあった離婚問題を含めて全体的な解決を図ることについての検討を促した。

山下弁護士は，寛と別室で相談した上で，以下の意見を述べた。

寛としては，二男が自宅に戻りたいという言葉を聞いているので，現時点で保全事件の申立てを取り下げることはできないが，検討はする。本案の審理を進めることは構わない。また，現時点で，親権者を明子にすることに応じることはできないが，親権者（監護者）の指定と面会交流を含め，離婚条

件について話し合うことは了解する。ただ，明子の実家の環境と未成年者らの意向に問題があると思っているので，この点について調査官の調査を希望する。

　岩泉裁判官は，調査官による調査は未成年者らとの面接など未成年者らに負担を与えることにもなるので何度も行うことは避けたい，この段階で調査を実施するのであれば，調査結果を尊重して話合いで解決する方向で進めてもらいたい旨を説明し，寛はこれを了解した。

　明子と川口弁護士は，離婚問題を解決するために必要な範囲で調査官による調査を実施することは了解する，ただし，新学期早々は行事等があるので，春休み中か4月中旬以降にしてほしい，調査結果を尊重して話し合いたいとの意見を述べた。また，明子は，未成年者らは面会交流もとても楽しみにしている様子なので，このまま続けてほしいが，長男の小学校の行事が増えてきて，友達とサッカーチームに入りたいと言っているので，2人の予定を合わせるのが難しくなっている状況にあることを理解してほしいと述べた。

III　調査命令（子の監護状況及び心情）
――調査に向けての準備事項

　岩泉裁判官は，別室で森尾調査官と打合せをした上で，次回期日までの間に，明子側の監護状況と子の心情を把握するための調査を実施することにした。また，寛側の監護状況の調査については，明子側の調査結果を踏まえて，次回以降，双方の意見を聴取した上で，その要否を検討することにした。

　岩泉裁判官は，当事者双方に対し，希望する調査項目等があれば1週間以内に書面で裁判所及び他方当事者に提出するよう指示した。また，明子に対し，調査のための資料として，小学校の通知表，保育園の連絡帳（前回提出分以降），当事者双方に対し，面会交流の実施状況についての報告書の提出を求めた。

　そして，当事者双方に対し，次回期日には，調査官による調査結果を踏まえて離婚条件についての話合いを進めることができるよう，事前に調査報告書を読んで，親権及び面会交流などに関する意見を準備しておくよう求めた。

Episode 2　監護・親権・面会交流をめぐる争い

Scene 6　家裁調査官による調査Ⅱ
——過去・現在の監護の状況は？

Ⅰ　子の監護状況及び子の心情調査とその結果
——調査報告書の提出

　森尾調査官は，①寛との面接（裁判所），②明子との面接（裁判所），③長男の小学校の担任教諭及び二男の保育園の園長への電話照会，④明子・明子の父母・未成年者らとの面接及び交流場面観察（明子宅），⑤未成年者らとの面接（裁判所），⑥明子への電話照会を順次実施した。なお，⑤に関しては，子の心情について当事者間に争いがあるため，岩泉裁判官と打合せの上，より中立性を確保するため，裁判所内の児童室で実施することとした。

　そして，適宜，岩泉裁判官や宮沢書記官に対し，調査の進捗状況やその結果を口頭で報告しながら，下記の調査報告書を作成し，裁判所に提出した。

【書式2-4】調査報告書

	裁判長(官)	主任調査官等
調 査 報 告 書	㊞	㊞

裁判官　岩泉聖子殿

　　　　　　　　　　　　　　　　　平成 28 年 5 月 20 日
　　　　　　　　　　　　　　○○家庭裁判所
　　　　　　　　　　　　　　家庭裁判所調査官　森尾　和也　㊞

事件の表示：①平成 28 年（家ロ）第○○号　審判前の保全処分（子の監護）
②　平成 28 年（家）第○○号　子の監護者の指定事件（②事件に平成 28 年（家）第○○号〜○○号事件を併合）

当事者等の表示
　申立人：元　町　　　寛（代理人弁護士山下園子）
　相手方：元　町　明　子（代理人弁護士川口鉄夫）

Scene 6

未成年者：元町達樹（以下「長男」という。），元町昌樹（以下「二男」という。）	
受命年月日：平成 28 年 3 月 28 日 調査事項：子の監護状況及び子の心情	
調査経過	年月日：調査対象，調査場所，調査方法等

平成 28 年 4 月 11 日：申立人と当庁において面接
平成 28 年 4 月 12 日：相手方と当庁において面接
平成 28 年 4 月 15 日：相手方，相手方実父母，長男及び二男と相手方宅において面接
平成 28 年 4 月 20 日：長男が在籍している小学校の担任教諭及び二男が在籍している保育園の園長に電話照会
平成 28 年 5 月 9 日：長男及び二男と当庁において面接
平成 28 年 5 月 11 日：相手方に電話照会（調査面接後の未成年者らの状況等）

関 係 者 一 覧

省略

受命の趣旨

　当事者双方は，離婚条件を協議して離婚を成立させる意向であるが，親権者（監護者），面会交流で対立している。申立人は相手方の監護環境の悪さを指摘するとともに未成年者ら自身が従前居住していた申立人宅で生活することを希望しているなどと主張している。

　他方，相手方は，現在の監護環境に問題はなく，未成年者らは新たな環境に馴染んでいるし，監護の継続性の点から，親権者は相手方とすべきであると主張している。

　申立人は保全及び審判を申し立てているが，期日において，当事者双方が，調査結果を踏まえて話し合う意向を示したため，未成年者らの監護状況及び心情を明らかにした上で，子の福祉に沿った離婚条件を検討することとなった。

夫婦同居時の監護状況

以下は，当事者双方の陳述をまとめたものである（当事者間に争いがない。）。
1　未成年者らは，出生時から平成 27 年 12 月 19 日の別居時まで（平成 23 年 1 月以降は申立人宅で）当事者双方とともに生活していた。いずれも心身の発達，成長に問題はなく，順調に成長した。
2　出生以後，未成年者らの授乳，おむつ替え，食事，入浴，幼稚園や小学校の対応等の身の回りの世話は，ほとんど相手方が担当した。未成年者らは，当事者双方に懐いており，特に二男は，泣き止まないと申立人が添い寝をしてあやすこともあった。
　未成年者らの幼稚園や小学校の運動会や発表会には当事者双方が参加していたが，それ以外の保護者会などの行事には相手方のみが出席した。相手方は，幼稚園の世話役，小学校の PTA 役員を務めていた。
3　申立人は，平成 26 年ころから仕事が忙しくなり，平日はほとんど未成年者らと顔

Episode 2 　監護・親権・面会交流をめぐる争い

を合わせることがなかった。申立人によれば，休日は家族で買い物に出かけることもあったという。
4　平成26年夏ころから，当事者双方が不仲になり，家庭内で会話のない状態になった。平日は相手方が未成年者らと過ごし，休日は申立人が未成年者らとともに外出することが多くなった。

相手方の状況

特に断りのない限り，相手方の陳述によるものである（乙2）。
1　家庭状況
　　相手方の実家（以下「相手方宅」という。）で，相手方の実父母（以下「母方祖父」，「母方祖母」，「母方祖父母」という。）と同居して生活している。相手方宅の間取りは2DKであり，5.5畳の台所と8畳の和室2間がある。母方祖父母と相手方・未成年者らは，それぞれ和室1室ずつを生活スペースとしている。家族5人が生活するにはやや狭い。
　　家庭訪問時，室内は整頓され，清潔であった。相手方と未成年者らの和室には，折りたたみ式のローテーブルが2台，タンス，収納ボックスなどが置かれ，タンスと収納ボックスを使って室内が仕切られており，未成年者らが遊ぶスペースが確保されていた。ローテーブルの1つは，長男の勉強机になっており，適度に片付けられていた。
2　就労状況等
　　相手方は，平成28年2月からスーパーでレジのパートを始めた。勤務時間は，平日週5日の午前8時から午後3時まで，通勤時間は自転車で20分である。月収は約8万円程度である。その他，申立人から婚姻費用として1か月7万円が支払われている。また，申立人名義のクレジットカードで食品等を購入することもある。家賃と光熱費は相手方父母が負担している。
3　心身の状況
　　良好である。同居中，育児ストレスから心療内科に通院して，カウンセリングを受けていたが，別居後は，精神的に落ち着いており，通院は不要と言われた。
4　監護補助者の状況等（母方祖父母の陳述）
(1)　母方祖父は，無職である。月額約20万円程度の年金収入がある。週1回夕方の時間帯に，近所の英語塾で英会話を教えており，1回1万円の謝礼をもらっている。健康状態に問題はない。最近は，未成年者らにも簡単な英語の歌などを教えているほか，長男に将棋を教えたり，宿題を一緒にやったりしている。相手方や母方祖母を休ませるために，休日は，未成年者らを買い物に連れて行くこともある。
　　　二男は申立人に会うのを楽しみにしている様子で，母方祖父としても嬉しく思っている。面会交流は継続してほしい。
　　　未成年者らは可愛いし大切な孫なので今後も子育てには協力したい。
(2)　母方祖母は，平日週5日，食品工場でパート勤務をしている。勤務時間は午前

10時30分から午後7時までで，通勤時間は約1時間である。収入は月額13万円程度で，健康である。相手方と家事を分担している。休日は未成年者らを公園に連れて行くこともある。相手方の教育方針を尊重してなるべく口出ししないようにしているが，箸の使い方や食事のマナーを口頭で注意したことがある。今後も家事や子育てに協力し，金銭的援助も継続する予定である。部屋が狭いので，契約更新時をめどに広い部屋に転居したいと考えている。

別居当初，長男が申立人の話をしないので心配していたが，申立人との面会交流を楽しみにしている様子なので安心した。二男も，保育園を休んでいた時期は心配だったが最近は元気に保育園に行っている。休日には近所の公園で保育園の友達と楽しそうに遊んでいる。

5　監護方針

母方祖父母とともに生活する予定だが，広い部屋に転居したい。学区内で物件を探している。未成年者らが，規則正しい生活を送れるように心掛けている。未成年者らは体を動かすのが好きなようなので，未成年者らの意見を尊重しながら，サッカーや野球などチームで行う競技をやらせたいと思っている。面会交流は継続するつもりであり，できるだけ日程を合わせたいと考えている。未成年者らには会いたいときには言ってほしいと伝えている。ただ，申立人には，前の家に一緒に住もうと誘うのは，未成年者らが混乱するのでやめてほしい。

未成年者らの状況

特に断りのない限り，相手方の陳述によるものである（乙2）。

1　別居後の生活状況（スケジュール等）

午前7時に起床し，相手方が用意した朝食を食べて，長男は午前7時50分に近所の上級生と一緒に登校し，二男は午前8時ころ相手方と一緒に登園する。長男は午後2時30分ころ下校し，宿題をすませた後は，母方祖父と将棋をしたり，本を読んだりして遊んでいる。二男は，午後5時ころ，相手方と一緒に保育園から帰宅して，相手方が家事をしている間，絵を描いたり，長男や母方祖父と遊んでいる。午後6時30分ころ，相手方が用意した夕食を相手方と母方祖父と一緒に食べる。母方祖母は，早めに帰宅できたときは一緒に食卓を囲む。相手方が未成年者らを入浴させた後，30分ゲームをしたり，テレビを見たりして，午後9時ころ一緒に就寝する。

休日も同じ時間に起床・就寝している。相手方と過ごすことが多いが，母方祖父母と一緒に公園や買い物に行くこともある。長男が，小学校のサッカーチームの練習に参加するときは，相手方が付き添っている。二男も一緒に連れて行くことが多いが，母方祖母が公園に連れて行き保育園の友人と遊ぶこともある。

2　健康状況等

長男は，虫歯で歯医者に通院中である（乙8）。その他の健康面の問題はない。二男は，別居後，不安定になり保育園に行くことができない状況が11日間ほど続いたが，その間，相手方がパートを休んで一緒にいる時間を作ったことで，少しずつ落ち

Episode 2　監護・親権・面会交流をめぐる争い

着きを取り戻し，今では毎日通園できている。
　　二男にも虫歯があるが，治療していない。速やかに受診させたい。
3　面会交流の状況等
　　別居後，1か月に1回，面会交流を実施している。未成年者らの日程が合ったときは，1か月に2回，実施することもある。未成年者らは申立人と会えるのを楽しみにしている。相手方によれば，長男は，自分から面会交流の話題を出すことは少ないが，二男が前の幼稚園に戻りたいと言っているなどと話すことがあるとのことである。相手方としては，長男自身が前の自宅に戻りたいと思っているのかもしれないと思う。二男は，面会交流後は，前の家に戻りたい，みどり先生（前の幼稚園の先生）に会いたいと言って泣くことが多い。相手方が声をかけていくうちに泣き止むが，不機嫌になって反抗的な態度をとり始めることもある。ただ，その場合でも翌日は何もなかったように接してくる。相手方としては，二男に別居したことや幼稚園をやめたことを説明していないので，混乱しているのだと思う。
4　別居の際の子らへの説明について
　　相手方は，別居の際，長男に，申立人と相手方が喧嘩してどうしても仲直りができない，相手方は母方祖父母の家に行くので，相手方と一緒に生活すると，転校して今の友達と会えなくなること，申立人と一緒に生活するのであれば転校の必要はなく，申立人の母が面倒を見てくれると思うと説明した。長男は，相手方と一緒に行くと答えた。
　　二男については，まだ幼く相手方が面倒を見る必要があると考えていたため，「これからじっじとばぁばの家に住むから，いい子にしてね。」と言って家を出た。別居の事情は説明していない。別居後，母方祖父に，「どうしてパパは来ないの。」と聞いたことがあったようである。また，面会交流の前日には，保育士に，明日申立人と会うんだと話をしているようであり，別々に生活していること自体は分かっているようである。相手方としては，二男の方が申立人に懐いているので，どのように説明したらいいか悩んでいるという。
5　相手方宅の家庭訪問調査の結果
　(1)　訪問時の状況
　　　相手方宅には，相手方，未成年者ら，母方祖父母が在室していた。調査官は，未成年者らに挨拶をして自己紹介をすると，未成年者らは，はにかんだような仕草を見せながらも笑顔で挨拶を返した。調査官は，未成年者らに，調査官は，当事者双方のことを知っていて，話合いのためのお手伝いをしていること，今日は未成年者らと一緒に遊んだりお話したりして，当事者双方の話合いがよくできるようにしたいと伝え，「今日，調査官が来ることは相手方から聞いていた？」と尋ねた。
　　　長男は，相手方から聞いているから分かっていると堂々と答えたが，二男は，相手方の膝の上に乗ったり，母方祖母の方に近寄ったり，落ち着かない様子で，何も答えなかった。母方祖母が行儀よく座るように話したところ，二男は母方祖

父の側に座った。
(2) 相手方，母方祖父母が同席した場面での未成年者らの状況

　　長男は，物怖じせずハキハキと笑顔で調査官からの質問（学校や遊びのことなど）に答えた。

　　二男は，最初緊張した様子で黙っていたが，長男から好きな英語の歌を聞かせてあげたらと促されると表情を和らげ，母方祖父に習ったと言って，歌い始めた。途中から，長男と母方祖父も一緒に歌っていた。

　　相手方と母方祖母は，にこやかな表情で未成年者らを見ていた。歌が終わって，調査官が拍手をすると，二男は照れた様子で，長男の体の上におぶさり，2人で笑いながらじゃれ合い始めた。

(3) 相手方が同席した場面での未成年者らの状況

　　未成年者らの緊張がほぐれてきたため，調査官は，母方祖父母に退席を指示した。未成年者らは，カードゲームを出して活発に遊び始めた。調査官が小学校や保育園の話を聞かせてと言っても，ゲームを続けていたため，相手方は未成年者らにゲームを片付けて，調査官の話を聞くように注意した。長男は，続きは後にしようと二男に言って，二男と一緒に手早く片付けて，二男とともに調査官の前に座った。

　　長男は，小学校では体育と理科の時間が一番好きであることや最近宿題が多くて大変なこと，サッカーチームの練習が楽しいことなどをにこにこしながら話していた。二男は，保育園でみんなと遊ぶのは好きだけどお昼寝の時間がつまらないと答えた。

　　調査官が，申立人には会うの？と尋ねると，二男は，会うよと大きな声で答え，長男も，今度は自転車に乗る約束しているんだと嬉しそうに話した。二男は，「パパは優しいし，おもしろい話をたくさんするから笑っちゃうんだ。」と自慢げに話した。相手方は穏やかな表情で未成年者らの話を頷きながら聴いていた。

(4) 母方祖父母が戻った場面での未成年者らの状況

　　調査官が，長男に，母方祖父母を呼んできてと頼んだところ，長男は，元気よく隣の部屋に呼びに行った。母方祖母が入室したとたん，二男は母方祖母にジュースが飲みたいとねだった。長男は，調査官に母方祖母が作るバナナジュースが美味しいと説明した。母方祖母が後にしようねと答えたところ，二男は素直に従って，カードゲームを持ってきた。長男は，相手方の方をうかがいながら，二男が持ってきたゲームをみんなでやろうと言った。調査官が，ルールを教えてと言うと，二男が僕も分かるよと言って説明し始めた。長男は，二男がうまく説明できない部分があると補っていた。ゲームが始まると，二男は，カードをめくるたびに，踊ったり走ったりしてはしゃいでいた。長男が，二男の足を蹴るような動きを見せたが，相手方が注意すると素直にやめて，母方祖父の側に甘えるように座った。

(5) 調査官が退室する場面

Episode 2 監護・親権・面会交流をめぐる争い

調査官は，未成年者らに，裁判所にもおもちゃがある部屋があるので，今度，相手方と一緒に遊びに来てほしいと伝えた。長男は，遊べるんだったら行く，と笑顔で答え，二男も頷きながら聴いていた。帰り際，二男が相手方に抱っこを求めると，相手方は笑顔で応じ，長男は，二男のことを甘えん坊だからと調査官に説明した。

6 裁判所（児童室）での面接調査の結果
 (1) 調査の手順
　　長男，二男の順に，別々に，児童室で面接を行った。相手方は，別室で待機した。児童室内には，砂箱と人形や建物等の模型を用意し，ホワイトボードに家と人（大人の男女，年配の男女，子供2人）の絵を貼っておいた。
 (2) 来庁時の未成年者ら及び相手方の様子
　　未成年者らは相手方に付き添われて時間どおりに来庁し，調査官に元気よく挨拶した。調査官が，調査の説明をすると，長男は真剣に聞いていたが，二男は椅子から降りて相手方に寄りかかったり，室内を所在なく動いていた。相手方が，話を聞くように注意して，二男を膝に乗せた。調査官は，未成年者らに，今日は1人ずつお部屋で話を聞くこと，言いたくないことは言わなくてもよいこと，分からないことは分からないと言ってよいこと，話した内容は申立人と相手方に伝わること，2人に伝えてほしくないことがあれば教えてほしいこと，を説明した。未成年者らは真剣な表情で頷きながら聞いていた。
 (3) 長男との面接時のやりとり
　ア　長男は，調査官からの学校生活について問われると，体育で跳び箱の練習をしているのが楽しいこと，休み時間は友達と裏庭で秘密基地を作って遊んでいることを笑顔で説明した。
　イ　調査官が，砂箱の中に，長男の家を作るように求めたところ，長男は興味を示して，家と学校の模型を置いて登校ルートを説明した。そして，調査官から，家族はどこにいるの，と尋ねられると，自分に見立てた男の子の人形を1つだけ置いて，ここは自分が住んでいると説明し，家族の話題を逸らした。調査官が，誰と一緒に住んでいるかと質問したが，何も答えずに，お父さんがいないなとつぶやき，大人の男性の人形の模型を選んで置き，更に会社，病院，樹，橋，電車や線路などの模型を砂箱の中に置いた。
　ウ　調査官が，改めて，一緒に住んでいる人を教えてほしいと質問したところ，5人と答えて，少しためらいながら，今度は，ホワイトボードの大人の女性，年配の男女，子供2人の絵を家の絵の近くに貼った。その後，大人の男性の絵を大人の女性と子供2人の絵の近くに動かして，最初は4人で住んでいたが，申立人がいない間に家を出たと説明した。調査官が，どうして家を出ることになったのかと聞くと，表情を硬くさせて黙りこんだ。
　エ　長男は，落ち着かない様子で児童室内を歩き回っていたが，申立人に会うかと聞くと，表情を和らげ，嬉しそうな表情で最近会った日の出来事を即座に答

えた。また，申立人の好きなところは大声で笑っているところと物知りなところ，相手方の好きなところは優しいところと料理が美味しいところと答えた。
　　オ　調査官が今後の生活や学校の希望を尋ねると首を横に振った。また，両親に直してもらいたいところはないと答え，仲直りはできないのかなとつぶやいた。調査官は，今日聞いた話を当事者双方に伝えてもよいかと尋ねたところ，全部秘密にしてほしいと俯きながら答えた。理由を聞くと分からないと答えたが，やっぱり伝えてもよいです，と調査官の顔を見て話した。調査官は，長男から聴いた話を簡潔にまとめて説明して，再度長男の意思を確認したところ，長男はそれなら（伝えても）大丈夫とはっきりした口調で答えた。
 (4)　二男との面接時のやりとり
　　ア　二男は，児童室内をゆっくり動きまわりながら，調査官からの保育園生活についての質問に答えた。
　　イ　調査官から，ホワイトボードに一緒に住んでいる人を貼るように求められると，家の絵の近くに，子供の絵を1枚貼り，その隣に大人の女性の絵を貼って，ママと説明した。また，二男は，しばらくホワイトボードを眺めた後，大人の男性の絵を子供の隣に貼って，前はパパも一緒に住んでいたと話した。調査官は，いつから申立人とは別に住むことになったかと質問したが，二男は分からないと答えた。みどり先生がいる幼稚園が近くにあって，砂場で友達とお団子を作って遊んだりしたことを楽しそうに話した。
　　ウ　調査官が，最近申立人と会ったことについて尋ねると，公園で遊んで楽しかったと答えた。両親に直してほしいところや今の生活で心配なことはないと答えた。
 (5)　面接終了後の未成年者らの様子
　　　面接終了後，未成年者らは児童室で調査官と家庭訪問時にやったカードゲームの話で盛り上がった。二男は，調査官に児童室内にある玩具を自分も持っていると自慢げに話して，遊び方を説明し，未成年者らがその玩具で遊び始めた。相手方が来室して帰宅を促すと，もう少し遊びたいと答えたが，相手方が夕食の買い物に行こうと誘うと，長男は二男に片付けようと言って遊びをやめた。
　　　未成年者らは，調査官に挨拶して，相手方とともに退庁した。

小学校及び保育園の調査結果

1　小学校（乙4，担任教諭の陳述による。）
 (1)　前回調査から現在まで欠席，早退及び遅刻はない。
 (2)　学習状況は良好で，宿題も忘れずに提出し，どの科目も一生懸命取り組んでいる。担任教諭とは和やかに会話ができ，休み時間には友人らと仲良く遊んでいる様子であり，いずれの関係も良好である。
 (3)　元気に学校生活を送っており，心身の状況に問題はない。発達の状況も年齢相応である。

Episode 2 監護・親権・面会交流をめぐる争い

   (4) 相手方の対応にも問題はない。
 2 保育園（乙5, 園長の陳述による。）
   (1) 前回調査から現在まで欠席、早退及び遅刻はない。登園時の相手方との分離も自然にできるようになっている。
   (2) 昼寝の時間になると、みどり先生（前の幼稚園の先生）がいないと言って泣くこともあるが、徐々に、落ち着いてきたようだ。みどり先生に教えてもらったと言って、恐竜の折り紙を他児や保育士に教えるなど、積極性が出てきて、リーダーになって遊んでいることもある。人形を投げてしまった男児とは一番仲がよく、二男によると休日も近所の公園で遊んでいるという。
   (3) 発達の状況も年齢相応である。
   (4) 相手方は、送迎時に、保育士に二男の園内での様子を確認して、家庭内の出来事を報告するなどしている。二男の虫歯の治療がされていないようなので受診を指示したところ、相手方は長男が通院している歯医者に連れて行く旨を述べていたが、結果は聞いていない。その他、相手方の対応に問題はない。

調査官の意見

1 同居時の監護状況
　未成年者らの出生後から相手方が身の回りの世話をしており、未成年者らは年齢相応の発達を遂げている。
2 相手方の監護状況
　母方祖父母の協力を得ながらも、相手方自身が未成年者らに関わり合って監護している。二男の歯科治療については改善が必要であるが、小学校や保育園からは、保護者としての対応について特に問題は指摘されていない。
　相手方宅は5人で生活するにはやや狭い印象があるが、相手方と未成年者らの生活スペースである和室は、収納や仕切りなどの工夫がされ、7歳と5歳の未成年者らが生活する上で大きな支障はない。相手方の収入のほか、申立人からの婚姻費用、母方祖父母の援助により、家計、経済面での問題は見受けられない。
3 未成年者らの状況、心情
  (1) 長男
　　年齢相応の発達を遂げており、小学校にも適応している。家庭訪問では、相手方宅でのびのびと活発に過ごす様子が確認され、相手方と母方祖父母との関係は良好であることが認められた。また、申立人との面会を楽しみにしていること、特に面接の際には自発的に面会交流の状況を説明しており、申立人との関係も良好であることが認められた。以上から、長男は、申立人との定期的な交流を楽しみながら、相手方の監護の下、安心して小学校を中心とした生活を送っていることが認められる。　他方、面接時、家族の話題を避ける態度を示し、当事者間の紛争を意識する場面では表情が強張る様子がうかがえた。当事者間の紛争が長期化する中で、親和している両親の間で板挟みになっており、紛争を意識したくない

という心情を抱えていることが推察された。
(2) 二男
　年齢相応の発達を遂げており，保育園にも適応し始めている。家庭訪問では，相手方宅でのびのびと活発に過ごす様子が確認され，相手方及び母方祖父母との関係は良好であることが認められた。また，申立人との面会を楽しみにしており，申立人との関係も良好であることが認められた。
　以上から，二男は申立人との定期的な交流を楽しみにしながら，相手方の監護の下，安心して保育園に通い始め，新しい生活環境に適応し始めていることが認められる。
　他方，別居後，保育園でトラブルを起こした経緯があり，当事者双方によれば面会交流時やその後に不安定な言動を示しているという。この点については，突然，申立人と別居することになり，幼稚園に通えなくなったことが理解できず混乱した心理状況にあるところ，別居前の生活を意識する場面に触れることで，別居前の楽しかったころへの懐古の思いや，申立人との別居，前の幼稚園の先生や友達との別れに対する悲しみがこみ上げてくることによるものと推察される。さらに，また突然環境が変わるのではないかという不安感から，両親の愛情を確認したいという心情を抱えている可能性も否定できない。

4　まとめ
　相手方による監護状況に特段不適切な点は認められず，未成年者らは，現在の環境で落ち着いた生活を送り始めている。特に，別居後，二男が登園拒否などの不安定な言動を示したことに対し，相手方が保育士のアドバイスを受けて二男と接する時間を多く持ちながら，登園に向けて丁寧な働き掛けをしていった経緯は，未成年者らの心情に寄り添う姿勢として評価できる。未成年者らと相手方や相手方父母との関係は良好であり，出生以降，相手方が密接に未成年者らに関わってきたこと，未成年者らは，細やかな身の回りの世話を必要とする年齢・発達段階にあることから，現在の監護環境を変更することは未成年者らに過度の負担を与えるおそれが高い。
　他方で，未成年者らは，別居や夫婦間の紛争の影響を少なからず受けており，長男は当事者間の紛争を敏感に察知して双方に気を遣っていること，二男は別居の事情が理解できず混乱した心理状況にあることがうかがえる。当事者双方は，未成年者らの上記心情等に配慮しながら，各自の理解力に応じて離婚に関する説明を行うことを検討するとともに，紛争状態を早期に解消させるように努める必要がある。

行動科学の知見を活用した事実の調査

　子の監護者指定・引渡事件の調査事項としては，「子の監護状況」「子の意向（心

Episode 2　監護・親権・面会交流をめぐる争い

情)」「親子交流場面の観察」などが一般的である（複数の調査事項が組み合わせられることもある)。

「子の監護状況」調査においては，調査官が，監護親（同居親）による子の監護の実情，監護親の下での子の生活状況や心身の状態，監護親と子との関係，非監護親（別居親）と子との関係や交流状況等を調査し，現在の子の監護状況が子の福祉に合致するものかどうか等を評価する。

「子の意向（心情）」調査においては，子の両親の紛争に対する認識や理解，両親に対する心情，今後の生活に対する要望等を子の年齢，発達の程度等に応じた方法で把握することを目的とする。自己の意思を表明できる年齢（10歳程度が一般的である）や発達段階にある子については「意向」，それ以前でも一定の感情を表明することができる子については「心情」として調査事項を区別することもある。それにも満たない子の場合には，「子の状況」調査によって，家庭での子の状況，態度，監護親との関係などから子の意思を推測することもある。いずれにしても，調査官は，その専門的知見を活用して子の言語的表現のみならず，非言語的な表現や子が置かれている状況等について，子の年齢や発達状況という視点を踏まえて分析する。

「親子交流場面の観察」調査では，監護親と子，非監護親と子との交流場面をそれぞれ観察し，親子相互間の態度，接し方等を観察して，それぞれの関係性を分析する。子の年齢が高い事案，親子の交流状況や関係性に特段の問題がうかがえない事案では，実施しないことが多い。

また，調査官は，これらの調査を行うに当たっては，必要に応じて，監護親，非監護親，子との面接調査だけなく，家庭訪問による環境調査，監護補助者（祖父母等）や関係機関（小学校，幼稚園，保育園，児童相談所など）等の周辺関係者の調査を行って，より客観的な情報の収集に努めている。

なお，調査に当たっては，1名の調査官が担当するのが一般的であるが，事案の内容，未成年者の年齢・成長段階・人数及び調査事項や調査の趣旨等に応じて，複数の調査官による共同調査が命じられることもある。

　子の陳述聴取

　家事事件手続法152条2項は，子の監護に関する処分の審判（養育費を除く）の子に与える影響の重要性に鑑み，15歳以上の子の陳述を聴取しなければならない旨を規定している。また，15歳未満の子であっても，適切な方法により子の意思の把握に努め，子の年齢及び発達の程度に応じてその意思を考慮する必要があるとされる（家事65条。家事258条1項で調停に準用）。

　陳述の聴取や意思の把握の具体的な方法は，裁判官による審問のほか，調査官

による調査，書面による陳述書の受領，書面照会等のほか，親の陳述を通じた間接的な把握がある。

「どちらに親権者（監護者）になってほしいか」を直接子供に陳述させたり，親を通じて子の意思を確認させたりすることは，子を紛争に巻き込み，必要以上に心理的な負担を与えるおそれがあるので留意する。子の年齢や事案の性質等に応じ，適切な方法で子の意思を把握することが求められる。

II　家裁調査官による調査結果の検討
——次回期日に向けての準備

1　寛（父・夫）と山下弁護士の打合せ
——面会交流調停の申立てへ

　寛は，調査報告書に納得できないとして，寛宅と比べて明子宅の住環境が劣っていることを山下弁護士に訴えた。山下弁護士は，一般に，別居後に従前と同等あるいはよりよい住環境を整えるのは難しい上に，別居後の住環境は転居により改善される可能性があり，一時点における比較だけで判断される事柄ではないことを説明した。

　また，寛から，寛の母の持病のリウマチが悪化しており，同居して小さい子供の世話をすることが難しい状況になっているとの話が出た。

　山下弁護士は，在宅勤務制度を利用するとしても，日常的な身の回りの世話と仕事を両立させるのは現実的に相当難しいと思われるが，どのように考えるかを尋ねた。

　寛が，親権を相手方にするとしても，面会の機会を増やすこと，子供たちを申立人宅に居住させることを希望したため，山下弁護士は，寛と相談し，保全事件の申立てを取り下げて，面会交流の調停を申し立てて，面会交流の条件について話し合うこと，離婚については，親権を明子とする条件として，子らが寛宅に居住し，寛と自由に面会できるようにすることを提案することとした。

Episode 2　監護・親権・面会交流をめぐる争い

　山下弁護士は，保全事件の取下書を裁判所に提出した。宮沢書記官は，川口弁護士に保全事件の申立ての取下書が提出された旨を連絡した。

2　明子（母・妻）と川口弁護士との打合せ
　　――子供たちの健全な成長のために

　明子は，調査報告書を読んで，別居により子供たちに負担をかけてしまったことを改めて感じたとして，寛宅に戻ることも考えたが，寛から，ローンや家族のために遅くまで働いているのに，育児のことで煩わせるなと怒鳴られて，広いリビングで1人思い悩んだ日が思い出されて，寛宅に戻ることはできないと話した。

　川口弁護士は，明子に対し，寛には，子供たちがのびのびと成長することができるようにと家を建てて頑張ってきたという思いがあり，話合いを進めるためには，寛のそのような気持ちに十分配慮しながら，現在の住環境を具体的に改善する方策を示して，寛の問題意識を解消させていく必要があると伝えた。

　また，川口弁護士は，以前子供たちにあまり関心を示していなかった寛が面会交流の拡充を求めており，調査結果からも子供たちが面会交流を楽しんでいる様子がうかがえることは，子供たちの健全な成長にとってとてもよいことなので，面会交流をより充実させてはどうかと促した。明子は，子供たちのスケジュールを見て検討したいと応じた。

　明子と川口弁護士は，次回期日では，離婚と面会交流に関する申立人の提案を聴いて，できるだけ話合いで解決できるように条件等を検討していくこととした。

III　期日前の裁判所の準備――付調停に向けて

　岩泉裁判官，宮沢書記官及び森尾調査官は，調査結果を協議し，別居前後を通じて明子による監護に問題がないようなので，監護の継続性の点などから，このまま明子が監護することでよいと思われること，寛の方が住環境や経済事情はよいとしても，明子による監護を変更しなければならない程度の

Scene 6

深刻な問題とは考え難いことなどから，寛側の監護態勢を調査する必要はないとの方針を立てた。

　また，宮沢書記官は，期日間に，山下弁護士から，面会交流や居住場所等の条件次第で親権者を明子として離婚することに応じる意向があり，面会交流の調停を申し立てる予定であるとの連絡を受けた。

　岩泉裁判官は，次回期日では，当事者双方の意見を聴いた上で，子の引渡し・監護者の指定の審判を調停に付して，申立予定の面会交流とともに，話合いを進めることとした。また，当事者双方の意見によっては，明子に離婚調停の申立てを促して，離婚条件等の調整をすることもあり得ると考えた。

　岩泉裁判官は，森尾調査官に対し，次回期日については，当事者から，調査結果等についての補足説明が求められる可能性もあるため期日への立会いを求めた。なお，次々回期日については，立会いは不要である旨を伝えた。

 付調停の決定

　家事調停を行うことができる事件については，当事者間の話合いを通じた合意による自主的かつ円満な解決が望ましいことから，訴訟または審判が係属している場合には，裁判所は，いつでも職権で事件を調停に付すことができる（家事274条）。家庭裁判所による付調停の決定は，審判以外の裁判（家事258条1項・81条）であり，この決定に対しては，即時抗告または抗告することはできない。

　付調停にできる時期には制限がなく，手続の開始段階だけでなく，手続がある程度進んだ段階以降であっても，調停に付すことができる。付調停の決定をする際には，原告（申立人）の手続選択権を尊重するとともに，手続がある程度進行している場合には，当該手続による事案の解決に対する被告（相手方）の期待に対する配慮から，当事者の意見を聴かなければならないとされている（家事274条1項）。裁判所は，訴訟（審判）の進行状況，事件の内容，当事者の意向，調停成立の可能性を考慮して，付調停にするかどうかを判断することになる。

　また，調停に付した場合，調停委員会を構成するか，裁判官による単独調停とするかについても，事件の内容，当事者の意向等を考慮して判断することになる。

Episode 2　監護・親権・面会交流をめぐる争い

　一般に，審判事件の期日進行中に，合意形成が可能である場合には，当該期日において，当事者の意見を聴いた上で，事件を調停に付して，同日に調停期日を指定して，裁判官による単独調停により，調停を成立させることが多い。他方で，本件のように合意形成に向けた調整が必要である場合には，調停委員会を構成して，新たに調停期日を指定した上で進行させることが多いと思われる。

　なお本件のように，手続がある程度進行し，かつ，合意形成に向けて調整が必要な事案について付調停を検討する際には，調停に付すことによって最終的な紛争解決が遅れることにもなりかねないことから，当事者の意向はもちろん，事件の内容，調停成立の可能性を慎重に検討して付調停の判断をする必要がある。また，付調停の決定をした後には，調停事件の進行状況を適切に把握して，合意形成が困難である場合には，速やかに審判手続を再開する必要があるかどうかを検討し，進行を指揮していくことが求められる。

Scene 7 第3回期日
──調査結果を踏まえた進行

I 双方の意見の要旨──離婚問題の解決は？

　裁判所は，森尾調査官を立ち会わせて，第3回目の審判の期日を開いた。期日には，寛と山下弁護士，明子と川口弁護士がそれぞれ出席した。

　岩泉裁判官は，当事者双方に対し，第2回期日から第3回期日までに当事者が提出した書面及び調査官調査結果について事実の調査を行った旨を通知した。

　寛の代理人である山下弁護士から，面会交流の調停の申立てを行う予定であり，調査官調査の結果を踏まえて，離婚条件を検討してきたので個別に話を聴いてほしいとの意見が提出された。

　岩泉裁判官は，明子及び川口弁護士の了解を得て，個別に，当事者双方の話を聴くことにした。

1 寛（父・夫）の意向

　寛は，親権者を明子とする条件として，寛宅に居住すること，残ローンを明子が負担するのであれば寛宅を無償で譲渡してもよいこと，面会交流の回数を増やしてほしいことを述べた。山下弁護士は，代理人としては，引越し，転校・転園を繰り返すのは負担になるのではないかとも思っているが，寛の納得が得られていないこと，ただ，寛自身，話合いで解決したいという気持ちはあるので，調停委員会のアドバイスを受けながら進めたいと考えており，この方針は寛も了解していると述べた。

　岩泉裁判官は，明子にローンを負担させて寛宅での居住を求める点は，経済的，感情的に難しい気がするが，調停を通じて，寛が問題に思っている点を明子に理解してもらうことは重要なことだと思うと伝えた。

2　明子（母・妻）の意向

　川口弁護士からは，離婚調停の申立てを準備しており，明子の離婚条件は，親権者母，養育費は算定表の枠の中間値，面会交流は認める，年金分割を求める，共有財産は自宅の土地建物くらいなので財産分与は求めないという方針で考えている，との意見が提出された。

II　期日の経過──話合いによる解決を目指して

　岩泉裁判官は，当事者双方に対し，双方から，離婚条件が提示され話合いによる解決の意向が示されたことから，本件審判手続を調停に付して，追って申立予定の面会交流調停及び離婚調停と併行して進める旨の方針を示した上で，改めて意見を確認した。当事者双方とも同方針に従う意向を示したため，裁判所は，本件を当庁の調停に付す，本審判手続を中止する旨を決定した。

　さらに，寛と山下弁護士が示した離婚条件等を説明し，双方当事者に面会交流調停または離婚調停の申立てを速やかに行うことと，次回の調停期日までに各自次のことを準備するよう求め，双方の了解を得た。

　寛：希望する面会交流の条件と財産分与及び年金分割についての考えを整理すること。

　明子：寛宅の残ローンを負担して寛宅に居住するという寛の提案に対する意見と面会交流の拡充についての考えを整理すること。

Scene 8 離婚及び面会交流調停申立て

I 離婚調停申立て──明子の離婚条件

1 明子（母・妻）と川口弁護士の打合せ

　明子と川口弁護士は，親権者は母である明子，養育費は算定表の中間値，面会交流は認める，年金分割は 0.5，財産分与及び慰謝料は求めないとして，離婚調停の申立書，事情説明書，子についての事情説明書を作成した。また，川口弁護士は，明子に年金分割のための情報通知書を入手するよう求めた（離婚調停の申立書等の詳細は Episode 1 参照）。

2 離婚調停の申立て等

　平成 28 年 6 月 1 日，川口弁護士は，裁判所に，離婚調停の申立書等と進行照会回答書，連絡先等の届出書，手続代理委任状，管轄合意書を提出した。また，年金分割のための情報通知書及び明子の給与明細書（3 か月分）を添付資料として提出した。また，関連事件が係属している係名を伝える事務連絡文書を添付した。

 家事調停事件の管轄，自庁処理の申出について

　　家事調停事件は，相手方の住所地を管轄する家庭裁判所又は当事者が合意で定める家庭裁判所の管轄に属しており（家事 245 条），管轄がない家庭裁判所に申し立てられた場合には，原則として移送されることになる（家事 9 条 1 項本文）。夫婦間の暴力などにより，申立人の住所等を相手方に知られたくないなど，管轄のある家庭裁判所に移送されることが相当でないと考えられる事案については，申立人において，職権発動を促すため，当該家庭裁判所に，事情を説明した上で，

Episode 2　監護・親権・面会交流をめぐる争い

自庁処理の申出をすることが考えられる（家事 9 条 1 項ただし書）。

　また，合意管轄については，調停申立てと同時に，裁判所に対し，管轄合意書を提出する必要がある（家事 245 条 2 項，民訴 11 条 2 項）。なお，相手方手続代理人弁護士名義の管轄合意書を作成する場合には，相手方の手続代理委任状が必要となるため注意する。

II　面会交流調停の申立て
　　——寛（父・夫）と山下弁護士の方針

1　寛（父・夫）と山下弁護士の打合せ
　　——親権と監護を分けることはできますか？

　寛と山下弁護士は，具体的な面会交流の条件を打ち合わせ，面会交流調停の申立書や事情説明書等の書面を作成した。

寛：面会交流というのは月何回くらい認められるのですか？
山下弁護士：親子の関係や住んでいる場所，子供の年齢などによって様々であり，一般にどのくらいという目安はありません。面会交流は親の権利ではなく，離れて暮らしている親の愛情を伝え子供の健全な成長を支えるためのものですから，子供の事情が優先されます。学校や習い事などのスケジュールの問題もありますし，成長に応じても変化していくものです。
寛：子供たちはまだ小さいですし，月 1 回は少ないです。少なくとも月 2 回にして宿泊付きも認めてほしいです。それから，前回期日の発言を翻すようで言いにくいのですが……。
山下弁護士：まず，面会の希望については，申立書に記載しておきましょう。それから，何でしょうか？　遠慮せずに何でも話してください。期日までにきちんと方針を相談しておくことが大切です。
寛：これまでどおり，明子が監護することにして，自分が親権者になるということはできませんか？

山下弁護士：親権と監護権を分けるという方法もないわけではありませんが，親権の所在は様々な手当の受給に影響するほか，進学など，親の同意書を求められる場面では親権者の署名や押印が必要な場合があるなど，監護者が，臨機応変に対応できず，子供の生活に支障が生じる可能性があります。そのため親権と監護権を分属させることはほとんど認められていないのが現実です。以前，親権と監護権を分けて離婚した事案で，子供の修学旅行の手続が円滑に進まず，結局，旅行に参加できなくなってしまったことがありました。お二人がかなり意識をして協力態勢を作らないと，かえって子供の福祉が害されることになります。実際に寛さんの側で監護が難しいということであれば，監護する明子さんの考えを尊重するという意味でも親権者を明子さんにすることがお子さんたちのためになるように思います。お子さんたちが，寛さんに進学や進路等を気軽に相談できる環境を作っていく方が実際的な気がします。

寛：……分かりました。なかなかあきらめられない気持ちがあって……。でも，子供たちのことを優先して考えたいです。

2　面会交流調停申立て

　平成28年6月3日，山下弁護士は，面会交流の調停申立書と事情説明書，進行照会回答書，連絡先等の届出書及び手続代理委任状を裁判所に提出した。その際，既に関連の事件が係属しているため，同事件と同じ係で手続を進めてほしい旨の連絡文書を添付した。

Episode 2　監護・親権・面会交流をめぐる争い

【書式 2−5】申立書

<u>この申立書の写しは，法律の定めるところにより，申立ての内容を知らせるため，相手方に送付されます。</u>

受付印	☑ 調停　　家事　　申立書　　子の監護に関する処分 □ 審判　　　　　　　　　　　　　　（面会交流）
収入印紙　　　　円 予納郵便切手　　円	（この欄に未成年者1人につき収入印紙1,200円分を貼ってください。） （貼った印紙に押印しないでください。）

○○家庭裁判所 　　　御　中 平成28年6月3日	申立人 （又は法定代理人など） の記名押印	申立人手続代理人 弁護士　山下　園子　㊞

添付書類	（審理のために必要な場合は，追加書類の提出をお願いすることがあります。） ☑ 未成年者の戸籍謄本（全部事項証明書） □	準 口 頭

申立人	住　所	〒○○○−○○○○ △△市○○区○○町○−○−○　　　　　　　　（　　　　方）	
	フリガナ 氏　名	モトマチ　ヒロシ 元町　寛	昭和 平成　50年8月3日生 （　40　歳）

相手方	住　所	〒○○○−○○○○ ○○市○○町○−○−○　　　　　　　　　　　（　　　　方）	
	フリガナ 氏　名	モトマチ　アキコ 元町　明子	昭和 平成　55年2月14日生 （　37　歳）

未成年者	住　所	□ 申立人と同居　／　☑ 相手方と同居 □ その他（　　　　　　　　　　）	平成20年10月15日生 （　7　歳）
	フリガナ 氏　名	モトマチ　タツキ 元町　達樹	
	住　所	□ 申立人と同居　／　☑ 相手方と同居 □ その他（　　　　　　　　　　）	平成22年8月22日生 （　5　歳）
	フリガナ 氏　名	モトマチ　マサキ 元町　昌樹	
	住　所	□ 申立人と同居　／　□ 相手方と同居 □ その他（　　　　　　　　　　）	平成　年　月　日生 （　　歳）
	フリガナ 氏　名		
	住　所	□ 申立人と同居　／　□ 相手方と同居 □ その他（　　　　　　　　　　）	平成　年　月　日生 （　　歳）
	フリガナ 氏　名		

（注）太枠の中だけ記入してください。□の部分は，該当するものにチェックしてください。

面会交流（1/2）

Scene 8

この申立書の写しは，法律の定めるところにより，申立ての内容を知らせるため，相手方に送付されます。

(注) □の部分は，該当するものにチェックしてください。

申　立　て　の　趣　旨
(☑申立人　／　□相手方) と未成年者が面会交流する時期，方法などにつき (☑調停　／　□審判) を求めます。　月2回の宿泊付きとしたい。

申　立　て　の　理　由
申立人と相手方の関係
□　離婚した。　　　　　　　　　　　　　その年月日：平成＿＿＿年＿＿＿月＿＿＿日 □　父が未成年者＿＿＿＿＿＿＿＿＿＿を認知した。 ☑　婚姻中→監護者の指定の有無　□あり (□申立人　／　□相手方)　／　☑なし
未成年者の親権者（離婚等により親権者が定められている場合）
□　申立人　／　□　相手方
未　成　年　者　の　監　護　養　育　状　況
□　平成＿＿年＿＿月＿＿日から平成＿＿年＿＿月＿＿日まで 　　　　□申立人　／　□相手方　／　□その他（　　）　のもとで養育 □　平成＿＿年＿＿月＿＿日から平成＿＿年＿＿月＿＿日まで 　　　　□申立人　／　□相手方　／　□その他（　　）　のもとで養育 ☑　平成27年12月19日から現在まで 　　　　□申立人　／　☑相手方　／　□その他（　　）　のもとで養育
面　会　交　流　の　取　決　め　に　つ　い　て
1　当事者間の面会交流に関する取決めの有無 　　☑あり (取り決めた年月日：平成28年1月中旬)　　□なし 2　1で「あり」の場合 　・　取決めの方法 　　　☑口頭　□念書　□公正証書　　） 　　　□調停　□審判　□和解　□判決　→　(＿＿家庭裁判所＿＿(□支部／□出張所) 　　　　　　　　　　　　　　　　　　　　　　平成＿＿年 (家＿＿) 第＿＿号) 　・　取決めの内容 　 (＿＿月1回程度・詳細は協議による。＿＿)
面　会　交　流　の　実　施　状　況
☑実施されている。 □実施されていたが，実施されなくなった。(平成＿＿年＿＿月＿＿日から) □これまで実施されたことはない。
本　申　立　て　を　必　要　と　す　る　理　由
□　相手方が面会交流の協議等に応じないため ☑　相手方と面会交流の協議を行っているがまとまらないため □　相手方が面会交流の取決めのとおり実行しないため □　その他（＿＿＿＿＿＿＿＿＿＿＿＿＿＿＿＿＿）

面会交流 (2/2)

Episode 2　監護・親権・面会交流をめぐる争い

【書式 2-6】事情説明書

事情説明書（面会交流）

　この書類は，申立ての内容に関する事項を記載していただくものです。あてはまる事項にチェックを付け（複数可），必要事項を記入の上，申立書とともに提出してください。
　なお，調停手続では，この書類は相手方には送付しませんが，相手方から申請があれば，閲覧やコピーが許可されることがあります。審判手続では，相手方に送付しますので，審判を申し立てる方は，相手方用のコピーも併せて提出してください。

1	今回あなたがこの申立てをした「きっかけ」，「動機」を書いてください。	面会交流そのものは実施されているが，回数を増やし，宿泊面会の取決めをしたいため。
2	調停・審判ではどんなことで対立すると思われますか。（該当するものにチェックしてください。複数可。）	□ 面会交流を実施するかどうか ☑ 面会交流の回数 ☑ 面会交流の内容 □ その他（　　　　　　　　　　　　　　　　　）
3	申立人と相手方の現在の連絡状況について記入してください。	□ 会っている。 ☑ 会ってはいないが，電話等で連絡をとっている。 □ 連絡をとっていない。 　（最後に連絡をとった時期：平成　　年　　月ころ） 　（連絡をとっていない理由：　　　　　　　　　　　）
4	未成年者に，面会交流について話をしていますか。	☑ 話をしている。 　話をした人　☑ 申立人　☑ 相手方　□ 申立人及び相手方一緒に 　　　　　　　□ その他（　　　　　　　　　　　　　　　） 　未成年者の反応（もっと会いたいと言っている。　　　　） □ 話をしていない。
5	現在未成年者の状況で心配なことはありますか。（該当するものにチェックしてください。複数可。）	□ 特にない。 ☑ ある。 　　□ 健康面（病気が増えた，体重の増減が大きい等） 　　☑ 情緒面，精神面（情緒不安定等） 　　☑ 登園，登校面（登校を渋っている等） 　　□ 交友関係（友人とのトラブル等） 　　□ その他（　　　　　　　　　　　　　　　　　）
6	別居後の申立人と未成年者の交流について，記入してください。	別居後，相手方代理人に申し入れて，とりあえず月 1 回程度の面会交流が実現した。
7	それぞれの同居している家族について記入してください（申立人・相手方本人を含む。）。	下表参照

申立人（あなた）				相　手　方			
氏　名	年齢	続柄	職業等	氏　名	年齢	続柄	職業等
元町　寛	40	本人	会社員	大宮　巌	65	義父	無職
元町　隆	70	父	無職	大宮　光子	59	義母	パート
元町　貴子	65	母	無職	元町　明子	37	妻	パート
				元町　達樹	7	長男	小学生
				元町　昌樹	5	二男	保育園

平成 28 年 6 月 3 日　　　申立人　手続代理人弁護士　山下園子　㊞

Scene 8

面会交流調停・審判の実務

1　面会交流の手続と権利性

　面会交流とは，子と同居していない親（以下「非監護親」という）が，子と直接会うこと並びに手紙，電話，メール，SNS及びインターネットを利用した通話などで連絡を取り合うこと（電話等による交流を「間接交流」ということもある）で，親子の意思疎通を図ることをいう。なお，民法766条1項は離婚後の面会交流を定めているが，離婚前でも同項が類推適用されると解されている（最決平成12・5・1民集54巻5号1607頁）。面会交流は，離婚時（別居時）に夫婦間が協議して定めるのが原則であって（民766条1項），協議が調わないとき，または，協議をすることができないときは，家裁が定めることとなる（766条2項）。面会交流を求める場合には，家裁において調停または審判の申立てをすることができ，調停が成立しなかったときは審判手続に移行する（家事39条・122条・別表第二の三・272条4項）。

　なお，非監護親と子との面会交流については，それが権利として認められるものか，認められるとして親の権利か子の権利か，その法的性質はどのようなものか，議論が分かれており，この点は，平成23年改正民法766条1項によっても明らかにされていない。しかし，面会交流が改正前の民法766条1項の「子の監護について必要な事項」に含まれ，家事審判事項であることを示した最高裁判例（最決昭和59・7・6判時1131号79頁，上記最決平成12・5・1）の趣旨や民法766条の上記構造からすると，面会交流は，協議，調停または審判がされて初めて具体的な権利として形成されるものと解される。

2　面会交流の重要性

　父母が離婚または別居しても，非監護親からの愛情を感じられることは子の健全な成長のために重要であり，面会交流を実現させることで，離婚や別居による子の悲しみや喪失感が軽減されることが期待できるとされている。一方，非監護親が子を虐待するおそれがあるような場合などにおいては，即時に面会交流をすることによって子の福祉が害される結果を招くことも否定できない。

　家庭裁判所の実務においては，子の福祉の観点から，面会交流の実施がかえって子の福祉を害するといえる特段の事情（禁止・制限事由）があるか否かを慎重に検討した上で，そのような事情がない場合には，面会交流の円滑な実施に向けて調整を進めることとしている。

3　面会交流調停の一般的な進め方

　まず，調停委員会において，当事者双方の話を聴いて，紛争の実情を把握する。特

Episode 2　監護・親権・面会交流をめぐる争い

に，子の状況，面会交流に関する取決めの有無，面会交流の実施状況などの把握が中心になる。また，双方に面会交流についての意向を聴きながら，両親の別居または離婚によって子に与えた精神的な影響を少しでも和らげ，子の健全な成長を支える1つの方法として，子と別居親との関わりを継続させることが重要であるという面会交流の意義や目的について理解を促す。裁判所が作成した面会交流のしおりやDVDを利用することもある（DVDの映像は，最高裁判所のウェブサイトで視聴できる）。

　子の連れ去り，虐待のおそれなど，面会交流の実施により子の福祉を害するような特別な事情がないかどうかを慎重に聴取した上で，そのような事情がない場合であれば，実施に向けた調整を行う。他方，特別な事情があると主張し，それが争われる場合には，具体的な主張立証が必要になり，場合によっては，家裁調査官による調査を実施することもある。

　実施に向けた話合いの場面では，実施回数（頻度），実施時間，方法，連絡方法や子の受渡しの方法などについて，双方の意見交換をしながら，父母が協力して，子の健全な成長を支えるために円滑な面会交流が実施できるようなルール作りをする。

　もっとも，監護親と非監護親は，これまでの夫婦関係や離婚をめぐる争いの中で，相互に相手を信頼することが難しく，面会交流そのものに対する不信感や警戒心をもっている場合も少なくない。調停委員会は，当事者双方から細やかに事情を聴き取りながら，当事者双方との信頼関係を構築していくことが必要である。面会交流を実施すべき事案については，監護親の不安を払拭し，監護親・非監護親間の信頼回復や協力関係の構築に向けた働き掛けを粘り強く行い，面会交流の意義と目的について理解を得ることが肝要である。

4　面会交流における家裁調査官の関与

　面会交流の調停では，監護親と非監護親の精神的葛藤などから，当事者間で主体的に協議して面会交流に関する取決めを定めていくことができない状態に陥ることが少なくない。そのような事案では，家裁調査官の行動科学の知見とそれに基づく面接技法を基盤とした専門性を活用して，当事者の解決意欲を促進させ，納得できる解決の実現を目指すことが考えられる。活用方法としては，子の意向の調査，試行的面会交流，期日立会い等がある。

5　試行的面会交流

　家庭裁判所で，家裁調査官の関与の下，非監護親が子と面会交流をすることを「試行的面会交流」いう。双方が面会交流を実施することを合意しているが，長期間交流がされていないなど，当事者間だけで面会交流を始めることが困難であると思われる場合，監護親が子の意向や心身の状況等を理由に面会交流に消極的な態度を示しているときに，調停委員会が実際の子の状況や交流状況等を的確に把握した上で，面会交流の実施の当否や方法を検討するために行う場合などがある。なお，当事者間の対立がさほど深刻でない場合には，当事者双方や手続代理人の協力によって期日間に裁判

所が関与しない方法で，試行的な面会交流が行われる事案も多い。

　家裁調査官が関与する試行的面会交流の実施方法は，家庭裁判所内の柔らかい雰囲気のある部屋で行う。この部屋は，モニターなどで，外から面会状況を観察できるようになっており，必要に応じて，監護親が面会状況を観察することもある。

　家裁調査官は，試行的面会交流を行う前に，子の面接調査を実施して子の緊張をできるだけ和らげるように配慮する。また，当事者双方に対する面接調査を実施して，試行的面会交流の進行を説明するほか，子に過度の負担を与えないようルールを決め，留意点を伝えて，理解を求める。なお，子や当事者双方の面接調査により，試行的面会交流の実施によって子の福祉を害するおそれがあると考えられる事情がうかがえる場合には，試行的面会交流は中止される。

　試行的面会交流当日は，家裁調査官主導の下，監護親と子及び家裁調査官が面会し，子が落ち着いた段階で，監護親と非監護親が入れ替わり，非監護親と子との面会交流を行う。家裁調査官は，親子のやりとりを見守りながら，子に話しかけて親子が自然にふれあうことができるよう配慮する。

　交流実施後は，当事者双方に，交流の実施状況を振り返り，子の状況を把握した上で，今後の交流方法を考えるよう促す。

6　当事者間の面会交流における第三者機関の利用

　夫婦間の暴力の問題などにより，監護親と非監護親が直接対面することができない場合や，非監護親と子の関係に問題がある場合など，面会交流の場面に専門的な第三者の支援を得た方がよい場合がある。このような場合には，当事者間で合意の上，第三者機関を利用することが考えられる。方法としては，第三者機関の担当者が面会に付き添う方法，担当者を介して子を非監護親に預ける方法，担当者を介して面会交流の日程や引渡場所等の連絡調整をする方法などがある。いずれの方法であっても，監護親と非監護親が，それぞれ事前に第三者機関と連絡を取り，面接を行うなど，どのような準備が必要かを確認する必要がある。調停期日においては，第三者機関の利用に必要な事項について協議して，円滑な面会交流の実現を目指すことになる。

　第三者機関としては，公益社団法人　家庭問題情報センター（FPIC：エフピック），東京都ひとり親家庭支援センターはあと，などがあり，その他，民間の機関も存するが，いずれも費用や利用条件等はそれぞれであり，当事者において，ウェブサイト等を検索するなどして利用機関を決めるのが通常である。

III 調停期日前の双方及び裁判所の準備
　　——離婚と面会交流の話合いに向けて

1 双方の準備

(1) 寛（父・夫）と山下弁護士との打合せ

　寛は，山下弁護士と相談して，離婚について，親権者を明子として離婚する条件を以下のとおりとした。特に，面会交流は確実に履行してもらうように強く求めることとし，他方，土地建物は，オーバーローンである（62頁「住宅ローン付き不動産の処理Ⅱ」参照）ことも考え，ローンの半分の負担を求めることで譲歩することとした。
　ア　面会交流は1か月2回。うち2か月に1回は宿泊付きとする。
　イ　明子と子供たちは寛宅に居住する。寛宅の土地建物は明子に無償で財産分与する。ただし，住宅ローンの半分は明子が負担する。
　ウ　養育費は算定表どおり。
　エ　年金分割は0.5でよい。

(2) 明子（母・妻）と川口弁護士の打合せ

　明子と川口弁護士は，面会交流について頻度を増やすことや宿泊付きを検討する必要があるとして，子供たちのスケジュール等を確認した。長男の学校行事やサッカーチームの練習が増えているので，子供2人の日程を合わせるのが難しいことから，取決めは，1か月1回とし，子供たちの予定が合えば，回数を増やすことができるというルールを提案することとした。また，長期の休暇時には，宿泊付きの面会交流を許可する方針を立てた。
　また，明子は，寛宅への転居に応じる意思はない旨を明確に述べた。川口弁護士は，この点については寛の態度を見ながら対案を検討することにした。

2 裁判所の準備

　岩泉裁判官は，宮沢書記官との間で，面会交流の拡充と寛宅への居住が対

立点になること，養育費等の経済条件については期日間に双方代理人同士で協議してもらうことを指示するなどの方針を確認した。

Episode 2　監護・親権・面会交流をめぐる争い

Scene 9　第1回調停期日
——離婚条件の調整

I　調停期日前の評議——調停委員会の進行方針

　岩泉裁判官は，平成28年7月1日，担当の麦田昌幸調停委員と沼内結子調停委員に，調停申立てまでの経緯を説明し，寛が面会交流のあり方などについて調停委員会の助言を求めている旨を伝えた。調停委員会は，調停期日では，親権に関する条件（面会交流の頻度等と子供たちの居住場所）の調整をメインにして，養育費等は，期日間に代理人間で協議してもらうとの進行方針を立てた。本期日では，双方の提案等の内容やその事情を聴取することを第一にして，次回以降，必要なアドバイスを検討することとした。

II　調停期日の経過——離婚後の子供の居住場所，面会交流の頻度をめぐって

1　開始時の双方立会手続説明

　麦田調停委員と沼内調停委員は，当事者双方と手続代理人を立ち会わせて，開始時の双方立会手続説明（詳細はEpisode 1の36頁参照）を行い，事前評議で立てた進行方針を説明し，双方から了解を得た。

2　双方からの事情聴取

(1)　寛（父・夫）の事情聴取

　寛の代理人である山下弁護士から，先に聴いてもらいたいとの意見が出されたため，調停委員は，明子と川口弁護士の了解を得て，寛の事情聴取を始めた。
　寛は，2回も約束を反故にされ，弁護士を通じて申し入れるまで面会ができない時期があったことから，明子への不信感がぬぐえないとして，面会交

流については間接強制が可能な条項を求めると強い口調で述べた。

また，麦田委員が寛宅への居住を求める理由を確認したところ，寛は，明子宅の環境の悪さを強く指摘するとともに，申立人の実家との距離が近く，面会がしやすいことなどを挙げた。

(2) 明子（母・妻）の事情聴取

沼内委員は，寛の提案を伝えたところ，明子は，以下の意見を述べた。

寛宅への居住については，パート収入しかなくローンを半額負担することはできないし，ようやく新しい小学校と保育園に慣れて，新しい友達との関係ができつつある中で，再び環境を変えることは子供たちに負担であるし，自分自身も，育児ノイローゼになった辛い出来事を思い出してしまうので寛宅で生活することは考えられない。

面会交流については，長男がサッカーチームに入っているので，毎週土曜日には練習があるし，保育園の行事も多いので，月2回のスケジュールを確保するのが難しい現状にある。月1回であれば確実に約束できるが，それ以上は，できるだけ実施できるように努力するという条項であれば応じられる。宿泊付きの面会については，検討したい。

麦田委員は，サッカーの練習や保育園の行事等の具体的な予定を確認した。また，寛が指摘している，明子宅の居住環境の問題については，改善策等を検討して寛に理解を求めていく必要があるように思うと伝えた。

(3) 寛（父・夫）の事情聴取

調停委員は，双方の事情聴取の結果を踏まえて，期日の進行方針を協議した上で，寛と山下弁護士を入室させた。

沼内委員は，明子の意見を伝えた上で，調停委員の感想としては，再び居住環境を変えることが子供たちによい影響を及ぼすとは思えないこと，明子の収入では，住宅ローンの半分を負担することは難しいように思えることを伝えた。麦田委員は，明子宅の問題点については，明子に改善を検討する必要があると促しているので，明子の検討結果を聴いて，再考することも考えられると思うと伝えた。

Episode 2　監護・親権・面会交流をめぐる争い

寛は，住宅ローンの負担は減額してもよいので，寛宅に住むことを考えてほしいと述べた。

また，沼内委員は，面会交流については，間接強制はともかく，まずは，子供たちの事情を優先させる必要があるので，具体的な行事等のスケジュールを確認した上で，検討してはどうかと提案した。

寛と山下弁護士は，両委員の考え等を踏まえて，再検討することにした。

(4)　明子（母・妻）の事情聴取

沼内委員は，明子に対し寛宅への居住に応じられないことについて，寛の理解が得られていない旨を伝え，居住環境についての改善策の検討を促した。

麦田委員は，面会交流については，習い事や行事のスケジュールを具体的に示して，寛に理解を求めてはどうかと促した。

明子と川口弁護士は，子供たちのスケジュールは分かる範囲で提出すること，その他は，持ち帰って検討したいと述べた。

3　終了時の双方立会手続説明

調停委員は，終了時の双方立会手続説明を行い，以下の事項を確認し，当事者双方と代理人の了解を得た。

合意事項：離婚，親権者母（ただし条件につき合意未了），面会交流の実施（ただし頻度等につき合意未了），養育費（算定表の範囲内，収入額についても争いなし）。

調整事項：離婚後の住居，面会交流の頻度等。

次回までの宿題：

　寛：子供たちの習い事等のスケジュールなどを踏まえた，面会の頻度等及び条項化する内容の検討（努力条項にすることでよいか，間接強制可能なものとするかなど）。

　明子：子らの最近の生活状況が分かる資料（習い事や学校・保育園行事のスケジュールなど）を期日1週間前に送付（寛には直送），宿泊付きの面会交流のルールについての検討。

　双方代理人：期日間に養育費の調整。

4 調停委員から書記官への報告等

　調停委員両名は，相互に期日を振り返って手控えを作成した上で，宮沢書記官に記録を返還し，手控えを提出した。麦田委員は，宮沢書記官に，簡単に口頭で期日の経過を報告し，家裁調査官の関与は現時点では不要であること，川口弁護士から期日の１週間前に子供たちのスケジュールが分かる書面が提出されることなどを伝えた。

III　調停期日後に生じた問題
──面会交流中に問題が

1　明子（母・妻）と川口弁護士の打合せ

(1)　面会交流時における問題等への対応

　明子は，前回期日後，川口弁護士から依頼された長男のサッカーチームの練習予定表と小学校と保育園の年間行事予定表の写しを持参して，川口弁護士の事務所に赴き，期日間に行った面会交流の際の寛の対応に問題があると述べた。

　明子は，長男が寛に，寛宅に置いてある長男の自転車を現在の家へ届けてほしいと頼んだところ，寛から，寛宅に戻って乗ればよいと言われたと悲しそうに戻ってきた，前回期日で，寛宅に戻る意思がないことを伝えたのに，寛は，寛宅にある自転車，玩具や大きなテレビなどで子供たちの歓心を買おうとしている，もう信頼して話合いを進めることができないと不満をあらわにした。

　川口弁護士は，明子と相談の上，山下弁護士宛に，面会交流時の寛の子供たちへの対応について，寛宅に住むことを誘うような言動を控えてほしいことなどを求める旨の書面を送付し，裁判所にも同じ書面を参考送付した。

(2)　面会交流の日程，離婚後の居住環境の改善策等

　明子と川口弁護士は，子供たちの行事等のスケジュールを検討した。その

上で，定期的な面会は，サッカーの練習試合が入らない第一土曜日を原則として，差支えがあれば，第二，第三，第四土曜日を次順位の候補日にすること，それ以外の日でも子供たちの日程を調整して面会できるよう努力することを提案することとした。

(3) 相手方の監護環境の改善について

明子は，二男が小学校に入学するまでには，親子3人で暮らすための部屋を借りること，長男の転校を避けるため同じ学区内の物件を探すこと，子供部屋を確保することなどの改善策を寛に説明することとした。

2 寛（父・夫）と山下弁護士との打合せ

(1) 面会交流時における問題等への対応

山下弁護士は，川口弁護士から送付された面会交流時の寛の言動等の問題を指摘する書面について，寛に事情を確認した。

面会時，長男は自転車で近くのサイクリングコースを走りたい，二男はみどり先生に会いたいなどと繰り返して，寛宅に戻りたいと言っていた。調停がすべて明子の希望どおりに進んでいるような気がして納得できない，明子はもともと面会させたくないという考えなので，離婚が決まったら会わせない算段だと思うなどと述べて，間接強制の制裁がないと不安であると訴えた。

山下弁護士は，子供たちの言動が気になる気持ちは分かるが，調査官が言っていたとおり，紛争に巻き込まれている子供は，親に受け入れられたい，親の愛情を確認したいという気持ちから，意識的または無意識に親が喜ぶような態度をとることが多いので，子供たちを混乱させないためには，親の責任でどうするのが子供たちのためによりよいかを話し合う必要があり，それが調停の場であることを説明した。

(2) 面会交流の実施条件等の検討

山下弁護士：間接強制が可能な条項とするためには，面会交流の日時や頻度，交流時間の長さ，子の引渡しの方法が具体的に定められ，明子さんがやるべきことが明確に決まっていることが必要です。つまり，毎月第○土曜日

の何時に○○駅の改札口で引き渡し，終了時は同じ場所で○時○分に引き渡す，というように，細かく決める必要があるのです。
　ただし，このように細かな取決めをすると，子供の状況に応じた柔軟な面会交流が実現できないおそれがあります。面会交流は，子供の成長に応じて，内容も変わっていくはずですから，できるだけ柔軟に対応できるルールにしておいた方が，実際の面会交流は行いやすいと思いますよ。
寛：そういうものですか。しかし，明子を信じることができなくて……。
山下弁護士：現在は，時間や日程を柔軟に決めて毎月1回の面会は実現できていますよね。子供たちも寛さんに会うのを楽しみにしていて，調査官調査の際には，明子さんも明子さんの両親も，面会交流を肯定的に受け止めている様子がうかがえるのですが。逆に，どのような提案があれば，明子さんを信用できるのでしょうか。今のままでは，仮に月2回の約束ができたとしても，明子さんを信用できないことには変わりがないように思うのですが……。
寛：……分かりません。突然，連れ去られたショックが思った以上に大きいのかもしれません。

(3) 面会の頻度等について

　寛と山下弁護士は，川口弁護士から送付された子供たちのスケジュールを検討した。寛は，子供たちの予定が合わず月2回が確保できない場合は無理には求めないので，原則的な取決めは月2回とすることを提案したいと述べた。

 面会交流と間接強制

　間接強制とは，強制執行のうち，一定の期間内に一定の行為をしない場合に一定の金銭を支払うことを命ずることによって，相手を心理的に強制して権利の内容を実現する方法である（民執172条）。「債務者（監護親）が債務の履行をしないときには，1日金○○円の割合による金員を支払え」等の主文となる。
　面会交流については，直接強制は認められないと解されるのが一般であったが，

Episode 2　監護・親権・面会交流をめぐる争い

間接強制の可否やその要件は争いがあった。この点につき，平成 25 年 3 月 28 日に最高裁第一小法廷が出した 3 件の決定（民集 67 巻 3 号 864 頁，判時 2191 号 46 頁，48 頁）は，①面会交流の日時または頻度，②各回の面会交流時間の長さ，③子の引渡しの方法の 3 つの要素を挙げ，これらによって監護親がすべき給付の内容が特定されている場合に，間接強制決定ができるとの基準を示した。

　もっとも，各最高裁平成 25 年決定は，間接強制の可否の判断に先立ち，「非監護親と子との面会交流について定める場合，子の利益が最も優先して考慮されるべきであり……面会交流は，柔軟に対応することができる条項に基づき，監護親と非監護親の協力の下で実施されるのが望ましい」としている。面会交流についての最高裁の基本的な考え方が示されているといえよう。

3　裁判所の事前準備

　岩泉裁判官は，期日間に実施された面会交流の状況に問題が生じているとして，森尾調査官と相談の上，同調査官が期日に立ち会って問題状況を把握した上で，期日終了後に面会交流に関する DVD（142 頁）を視聴させて，当事者双方に面会交流の意義や留意点についての理解を促すとの進行方針を立てた。

　宮沢書記官は，調停委員両名に上記の調査官関与の必要性を説明して了解を得た上で，双方代理人に上記の調査官関与の方針を伝えた。双方代理人は，異論はなく，依頼者にも伝えておくと答えた。

Scene 10　第2回調停期日——子供の幸せのための面会交流のあり方を考える

I　調停期日前の評議
　　──面会交流の円滑な実施を目指して

　調停委員会は，面会のルールについての調整を行うこととして以下の方針を立てた。

　期日間の面会交流時に生じた問題状況を事情聴取により把握する。離婚後の居住場所については，子供たちの言動のみに囚われず，双方が責任をもって解決すべきであることについて理解を促す。

　事前に提出されたスケジュールを踏まえて，頻度等に関する双方の意見を聴取した上で調整する。なお，調停委員会は，上記スケジュールからは長男について月2回の交流日を確保することは困難だろうとの心証をもった。

　また，寛に間接強制が可能となる条項を求める具体的な理由を確認した上で，強く希望する場合には，中間評議を行うこととした。

II　調停期日の経過
　　──双方の不信感は未だ解消されず

1　開始時の双方立会手続説明

　調停委員は，開始時の双方立会手続説明において，事前評議で立てた本日の進行方針を説明し，当事者双方及び代理人の了解を得た。また，森尾家裁調査官は，期日終了後，調査官から，改めて面会交流を円滑に行うための留意点などを説明するとともに，面会交流に関するDVDを視聴して，今後の面会交流のあり方について理解を深める機会をもちたいとの説明を行った。

Episode 2　監護・親権・面会交流をめぐる争い

2　双方の事情聴取

(1)　寛（父・夫）の事情聴取

　子供たちが，寛宅に戻りたいと訴えるのを聞いて，狭い家で我慢しているのかと思い不憫で何とかしてやりたいと先走ってしまった。明子と子供たちが寛宅に戻る話はあきらめてもよい。ただ，月2回の面会を取り決めたい。どうしても予定が合わないときは1回でよいと思っている。明子は，離婚が決まって，親権を取得したら，できるだけ会わせないという考えだろう。そのような考えの相手と月1回の約束をしたら，それ以上に会うことは難しいと思う。
　月1回以上面会を実施できるように努力したいという明子の話は信用できないと不信感を示した。
　沼内委員は，相互に不信感を抱いている状況にあるように思うが，これまで面会交流を実施してきた実績を評価することはできないだろうか，と検討を促した。
　麦田委員は，長男のスケジュールからは，月2回，必ず行うとなると負担が大きいように思うと述べ，たとえば，サッカーの練習や練習試合を観にいく子供たちのスケジュールに合わせて交流する機会をもつことにしてはどうかと提案した。
　山下弁護士は，寛に対し，宿泊付きの面会はよいと言っているのだから，子供たちの事情を優先することにして，もう少し考えてみましょうと伝えた。

(2)　明子（母・妻）の事情聴取

　寛は，寛宅にある玩具や自転車などで子供たちの歓心を買って寛宅の方がよいと言わせようとしているので，やめてほしい。寛宅や前の幼稚園に連れて行くこともやめてほしい。
　子供のスケジュールから分かるように，月2回必ず面会交流をするという約束はできない。できるだけ調整できるように努力はしたいが，寛の性格からすると月2回と決めると必ず実施するように要求してくるはずだ。長期休暇中であれば宿泊付きの面会を認めるが，宿泊は寛宅以外の場所にして

ほしいし，費用は寛が負担すること，夜，電話で子供たちと連絡が取れるようにすることが条件である。

監護環境を改善するために，二男が小学校に入学するまでには，子供部屋を確保できる住居に転居する予定である。

沼内委員は，寛宅での交流を拒否する理由を尋ねたところ，明子は，子供たちを交渉の材料に利用しようとする寛の態度が気に食わないと強い口調で述べた。

麦田委員は，相互に不信感を抱いているようだが，子供たちが楽しく安心して遊べる場所として問題があるかという観点から交流場所を考えていくことが大切だと思うと伝えた。

3　終了時の双方立会手続説明

調停委員は，終了時の双方立会手続説明において，当事者双方と代理人を立ち合わせた上で，以下の事項を確認し，その了解を得た。また，次回成立を目指すために，相互の不信感をできるだけ解消するために何ができるか検討してほしいと伝えた。

　合意点：親権者は明子（ただし面会交流が合意できることが条件）。寛宅には居住しない。

　面会交流　長期休暇中に宿泊付き。夏は2泊も可能。

　養育費　20歳まで1人1か月5万円。特別出費条項を入れる（161頁の調停条項4項参照）。

　財産分与　しない。

　年金分割　0.5

　調整事項：面会交流の頻度，条項の表現。

　次回までの検討課題：双方に調整事項を検討してもらい，明子に対しては，長男のサッカーの練習や試合を寛が見学・観戦して交流することの可否について検討してもらう。

　調停条項案の送付：期日間に寛が案を作成し裁判所と明子に送付。明子は寛作成案についての意見を裁判所と寛に送付。

III　DVD「子どものための面会交流に向けて」視聴──面会交流における心構え

　当事者双方は，森尾調査官からの面会交流の意義と実施上の留意点についての説明を受けた上で，DVD を視聴し，感想文を提出した。
　明子は，楽しい思い出が詰まった寛宅での生活を否定されたくないという子供たちの心情に対する配慮が足りなかった，寛宅に戻ると子供たちの気持ちが寛に向いてしまうのが怖いという思いもあったとの感想を述べた。
　寛は，子供たちが新しい環境に慣れていく様子が頼もしい反面，寂しい気持ちもあったのかもしれない，不用意な発言で子供たちを不安定な気持ちにさせてしまうことが分かった，これからは気を付けたいとの感想を述べた。
　森尾調査官は当事者双方に，面会交流は，離れて暮らしている親の愛情を伝えて，別居や離婚によって混乱する子供の精神状態を安定させることが重要であり，面会交流によって，それを害する結果になってしまっては，せっかくの親の思いは伝わらない，子供の目線で考えてほしいと助言し，双方に面会交流の留意点を記載したパンフレット（最高裁判所作成のもの）を交付した。

IV　期日前の双方及び裁判所の準備

1　双方の準備

(1)　寛（父・夫）と山下弁護士との打合せ

　山下弁護士は寛に対し，今の良好な父子関係を維持するためには，頻度より，1回の面会を充実させることが大切だと思うと伝え，代理人としてこれまでの経過を見る限りでは，明子は面会交流に協力的な態度を示しており，この点は信頼してもよいように思うと伝えた。その上で，月1回は必ず実施することとし，それ以上は，実施できるよう努力するという幅のある条項にすることを説得し，寛も同意した。寛と山下弁護士は，裁判所と明子に提出する調停案は月2回としておくが，当日の話合いの中で，明子の意見を

Scene 10

踏まえて柔軟に対応するとの方針を立てた。

(2) 明子（母・妻）と川口弁護士との打合せ

川口弁護士は明子に対し，調停委員や森尾調査官の助言を引用しながら，面会交流が，子供のために行われるものであること，調停の場を利用して寛との信頼関係を回復し，離婚後の面会交流をよりよい形で行えるように話し合っていく必要があることを改めて説明した。面会の回数が譲れないとしても，寛が納得できるように説明して，習い事や行事への参加を広く認めるなどを検討してはどうかと説得した。

明子は，学校等の行事への参加，サッカーの練習や練習試合の見学・観戦，時間があれば食事などを一緒にすることは構わないと述べた。また，寛の不信感を解消するための方法を考えてみると述べた。

2　裁判所の準備

期日間に，双方から，面会交流について，以下の調停案が提出された。

寛：月2回。長期休暇（春，夏，冬）には各1回宿泊付き。宿泊場所や連絡方法は事前に協議し，費用は折半。

明子：月1回，調整次第でそれ以上も可。習い事や行事への参加も可（事前連絡必要）。その他は，寛の提案に応じる。夏休み中は2泊も可能。

岩泉裁判官と宮沢書記官は，双方から提出された調停案を検討した。

宮沢書記官は，岩泉裁判官に，間接強制は念頭に入れなくてよいことを確認するとともに，費用負担の折半は宿泊付きの場合だけか，それ以外も含むのか，宿泊付きの面会交流は定期的な面会交流の回数に含まれるのかが曖昧であるとの意見を述べた。その上で，宮沢書記官は，岩泉裁判官と相談の上，上記の費用負担と養育費の振込先について，川口弁護士に補足を求めることにした。

そして，岩泉裁判官と宮沢書記官は，次回期日で成立・不成立が決まると思われるので，不成立の場合には，監護者指定等については審判手続の再開，面会交流については審判手続への移行となること，速やかに手続が進められるよう記録の整理等が必要であることを確認した。

Episode 2　監護・親権・面会交流をめぐる争い

Scene 11　第3回調停期日
——調停成立

I　調停期日前の評議——調停委員会案の策定

　調停委員会は，これまでの経過や双方から提出された条項案を踏まえ，以下の方針を立てた。

　定期的な面会交流は月1回とする，習い事や行事への参加は事前連絡の上で認める旨の調停委員会案を提示する。寛には，子供たちのスケジュールを考え，無理なく，継続的に実施できるルールが望ましいことを説明する。まずは月1回，楽しい面会交流を続けながら，子供たちの成長に応じて，親子関係をよりよいものにするための交流方法について当事者双方が考える必要があり，単に頻度を増やすことが目的ではないことへの理解を促す。

　寛の納得が得られない場合には，その理由を具体的に聴取して，中間評議を行う。

II　調停期日の経過
——父母として子供たちにできることを考える

1　開始時の双方立会手続説明と明子からの提案

　麦田調停委員が，当事者双方及び双方代理人を立ち会わせて開始時の双方立会手続説明を始めようとしたところ，川口弁護士から，進行について提案があるので，先に聴いてほしいとの意見が出された。寛と山下弁護士の了承を得て，明子の聴取から始めることとした。

　川口弁護士は，寛の不信感を解消するために明子としては，面会についてできる限り認めたいという考えを持っていることを直接寛に伝えたいと提案した。

2 明子と寛の対話（双方同席で実施）
───信頼関係を修復するために

　寛の了解を得て，調停委員会は，明子の考えを寛に直接伝えるために，当事者双方を調停室に入れて，明子の話を聴くこととした。沼内調停委員は，寛に，直接議論をするための場ではないので，質問や意見などがあれば，調停委員に申し出てほしいと伝え，寛はそれを了承した。

明子：別居の期間や条件などについて十分に話をしないまま，子供たちを連れて実家に帰り，そのまま別居する形になってしまったことは申し訳ないと思っています。子育てがうまくいかず，追いつめられて，1日も早く家を出たい一心でした。

　子供たちからもお父さんと遊ぶと楽しいという話を聞いていて，面会交流については充実させたいと思っています。面会だけでなく，子供たちの相談にも乗ってあげてほしい。男同士の話もあるだろうし。寛さんの気持ちは理解しているので，子供たちのスケジュールが空いていれば，優先的に面会日を調整したいです。ただ，子供たちの生活もあるので，月2回を原則にするのではなく，柔軟に話し合いながら決める形にしてもらいたい。寛さんも仕事の繁閑が一定ではないし，お互いにその方がよいと思います。

麦田調停委員：面会交流の内容や方法は，子の成長や状況に合わせて，変わっていくものです。そのためには，親同士が話し合えるような関係を作っていくことが大切ですが，お二人なら，十分できるように思います。寛さん，いかがでしょうか。

寛：明子の話は分かりました。自分も仕事にかまけて，子育てに協力的でなかったことは反省しています。子供たちと離れて暮らすようになって初めて，家族との時間がかけがえのないものだったと気が付きました。子供たちを思う気持ちは同じだと思うので，明子がそういう気持ちになってくれているのであれば，合意する方向で考えたいです。自宅は売却する予定ですが，売る前に，一度，庭で，子供たちと私の両親とでバーベキューをしたいと思うが，認めてもらえないだろうか。以前，達樹とそんな約束をしたので……。

明子：もちろん構いません。子供たちに楽しい思い出を作ってほしいです。
沼内調停委員：面会交流の条件について，寛さんのお考えはいかがですか。
寛：今回は期日間に2回面会に応じてもらったし，別居等の経緯についての謝罪もあり，それなりに誠意を感じることができました。山下弁護士にも，柔軟な条項にした方がよいと言われています。原則月1回，可能であればそれ以上実施できるようにする，長期休暇（春，夏，冬）のほか秋の連休に1回，宿泊付きの面会を実施するという内容であれば合意したいと思います。
明子：その内容でいいです。
麦田調停委員：寛さんはお子さんたちとスマートフォンなどで連絡を取り合っていますか？　そのようなやりとりを希望されるのであれば，その条件も決めておいた方がよいでしょう。
明子：まだ小さいので持たせていません。
寛：子供たちが大きくなったときに考えればよいので，今回は特に決める必要はありません。

3　中間評議——調停条項案の検討

　岩泉裁判官は，調停委員から，当事者双方と確認した調停条項の具体的内容の報告を受け，宮沢書記官とともに最終的な条項を検討し，調停条項案を作成した。

III　調停成立——夫婦から父母へ

1　調停条項案の提示

　岩泉裁判官は，当事者双方に対し，監護者指定，子の引渡し，夫婦関係調整，面会交流の各事件を併合し，夫婦関係調整事件の呼称に沿って明子を申立人，寛を相手方とした調停条項案を示して，その内容で離婚することに合意できるかどうかを確認した。

Scene 11

調停条項

1 申立人と相手方は，本日，調停離婚する。
2 当事者間の長男達樹（平成20年10月15日生）及び二男昌樹（平成22年8月22日生。以下，長男と併せて「子ら」という。）の親権者を母である申立人と定め，同人において監護養育する。
3 相手方は，申立人に対し，子らの養育費として1人につき1か月5万円を，平成28年10月から，子らがそれぞれ満20歳に達する日の属する月まで，毎月末日限り，○○○銀行△△支店の二男名義の普通預金口座（口座番号○○○○○○○）に振り込む方法により支払う。振込手数料は相手方の負担とする。
4 子らの進学・病気・事故等で特別の出費を要する場合には，その負担につき当事者間で協議して定める。
5 申立人は，相手方に対し，相手方が子らと次のとおり面会交流することを認める。
(1) 日帰りの面会は，1か月に1回実施する。
(2) 宿泊を伴う面会は，子らの春季，夏季，冬季の各休暇期間中及び9月から11月までの連休中に，それぞれ1回・1泊ずつ（合計4回）実施する。宿泊を伴う面会交流を実施した月は，上記(1)の日帰りの面会は行わない。
(3) (1)(2)の面会の外，子らの予定等に支障がない場合には，相手方は，申立人と協議の上，子の福祉に配慮して，別途，面会交流を実施することができる。
(4) 申立人は，相手方が子らの保育園及び学校行事並びに習い事に参加することを認める。ただし，相手方は申立人に，事前に参加希望を連絡することとする。
(5) 面会交流にかかる費用は，当事者双方が折半して負担する。
6 申立人と相手方間の別紙（省略）記載の情報に係る年金分割についての請求すべき按分割合を0.5と定める。
7 申立人と相手方は，本件に関し，本調停条項に定めるほか，何らの債権債務のないことを相互に確認する。

2　調停条項の確認，養育費についての疑問

岩泉裁判官：双方の理解を共通にする必要がありますので，調停条項案の内容に疑問点があれば言ってください。

明子：あの……。養育費については，できるだけ公立高校に入学させる方針ですが，私立高校しか合格しなかったら，その時は，増額してもらいたいのですが。

麦田調停委員：高校進学の時が心配なのですね。いかがですか？

寛：まだ先のことですが，進学や進路については相談に乗りたいと思います。

Episode 2　監護・親権・面会交流をめぐる争い

　私立の費用がかかるときに，養育費の見直しが必要になることは理解しています。

沼内調停委員：面会の際に，お子さんから進路についての話題が出るかもしれませんね。突然，私立高校に入学したから費用を払ってほしいと言われても，準備もできず困るので，予め相談するのがよいと思います。調停を利用することもできますが，まずは，双方で話し合うことが大切です。第4項はそういう意味の規定です。

寛：明子が再婚したら，養育費はどうなるんですか？

岩泉裁判官：再婚しても，寛さんが父親であることは変わりませんので，扶養義務はあり，養育費の支払は必要です。ただ，お子さんたちが再婚相手と養子縁組をした場合には，今度は養父がお子さんたちを扶養すべきことになりますので，養父に扶養能力がある限り，実父は，これまでどおりの養育費を負担する必要はなくなります。

双方：調停条項は理解しました。間違いありません。

岩泉裁判官：それでは，今決めたことを調書に記載して調停成立となります。調停で決めた内容は，裁判を受けたことと同じ意味がありますから，きちんと守って，お子さんたちとの関係を大切にしていってください。合意成立に向けてのご検討ありがとうございました。

　期日終了後，宮沢書記官は，当事者双方代理人に対し，調停調書の謄本申請に関する説明をした上で，明子に対し，離婚届の提出，氏の変更手続，年金分割請求など離婚後に必要となる手続に関する説明を行った（子の氏の変更を求める場合には，子供たちが15歳未満であるため親権者である明子が法定代理人として申し立てることとなる。民791条3項。Episode 1の79頁以下参照）。

Episode 3

成年後見の申立てと遺産分割紛争
〜同族会社の株式をめぐるお家騒動〜

Episode 3 の主な登場人物

山田　栄子		株式会社 YMD の創業者山田益男の妻で，益男の死後，会社の株を含む益男の資産を承継したが，数年前から認知症で娘の介護を受けている。
山田　太郎		栄子の長男で，株式会社 YMD の現在の代表取締役。
山田　美衣子		栄子の長女で，栄子が亡くなる直前まで栄子の財産の管理をしながら，認知症の栄子の面倒を見ていた。
山田　次郎		栄子の二男で，実家を出て，福岡県でサラリーマンをしている。
甲野　太一		太郎が栄子の財産管理，遺産分割について依頼した代理人弁護士
二階堂　翼		成年後見申立事件の裁判官
一の瀬　賢太		成年後見事件の家庭裁判所調査官
三鷹　駿		栄子の成年後見人に就任した弁護士
乙川　朱美		栄子の遺産分割について美衣子から依頼を受けた代理人弁護士
丙山　惣一		栄子の遺産分割について次郎から依頼を受けた代理人弁護士
四谷　四郎		調停事件の裁判官
七尾　かずえ		調停事件の裁判所書記官
音無　京子		調停事件の調停委員
五代　優作		同担当調停委員

Scene 1　成年後見の申立て
——大株主は認知症

I　発端——親族による使込みのおそれ

「今日はお母さん疲れたって言ってもう寝てるから」。平成28年4月，株式会社YMDの代表取締役山田太郎は，妹山田美衣子に引き取られている母山田栄子に会いに美衣子の家を訪ねたが，今日も栄子と会うことはできず追い返された。平成25年に美衣子が介護のためと称して栄子を引き取って以降，太郎が栄子と会えたのは数えるほどである。3か月前には，美衣子が栄子に付き添って散歩しているところに出くわしたが，栄子は太郎が話しかけても誰だか分かっていない様子であった。美衣子は，栄子を引き取って以降，車を買い替え，高級ブランド品を身につけるようになり，最近では，自宅の外壁の塗り替えをしようとしているという噂も耳にする。

栄子の面倒を美衣子がきちんと見ているのか，栄子の財産を美衣子が勝手に使っているのではないか，このままでは栄子が美衣子にいいようにされてしまうと考え，太郎は株式会社YMDの顧問弁護士から紹介された甲野太一弁護士に何か対応策はないか相談にいくことにした。

【親族関係図】

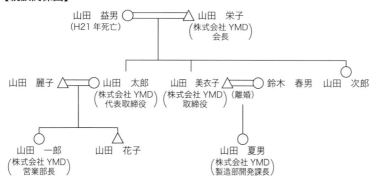

Episode 3　成年後見の申立てと遺産分割紛争

II　成年後見申立ての準備
——同居していない親族の採り得る手段

1　太郎からの電話

　甲野太一弁護士は，電話で太郎から，益男が死去して以降，栄子は 1 人で自宅で暮らしていたが，平成 25 年ころから認知症の症状が現われ始め，美衣子が栄子を自宅に引き取ったこと，以後，太郎は栄子とほとんど会えていないこと，約 3 か月前に美衣子が栄子に付き添って散歩しているところに出くわしたが，栄子は太郎が話しかけても誰だか分かっていない様子であったこと，平成 27 年以降，美衣子は生活が派手になっており，栄子の財産管理状況に問題があると思われること等を聴き取った。甲野弁護士は，栄子について成年後見の申立てを検討すべきであると考え，初回の打合せの日程を決めた。

2　打合せ当日のやりとり

(1)　依頼者からの聴取内容

　甲野弁護士は，成年後見の申立てを念頭に下記事項について聴取りを行った。

　①　栄子の監護状況・健康状態

甲野弁護士：それで，お母様はどのような状態ですか？

太郎：それが，正直よく分からないんです。でも，相当ボケが進んでいると思います。親父が死んだ後もお袋は元気に 1 人で暮らしていたんですけど，3 年半ほど前に自宅のふろ場で転んで 1 か月ほど入院したら，その間にボケが始まっちゃって。これは危なっかしくて 1 人で住まわせられないと思いまして，退院時期にあわせてケア付きの老人ホームを探したんですが，妹の美衣子が，そんなところに入れるなんてお母さんがかわいそうだの，信じられないだの言いまして，結局，美衣子が自宅に引き取ることになったんです。

甲野弁護士：なるほど。それで，お母様とは定期的にお会いになられているのですか？

太郎：それが，美衣子がお袋を引き取って以降，お袋を家に閉じ込めちゃってるもんだから，全然会えないんですよ。美衣子の家に行っても，もう寝てるだの何だのって適当な言い訳をつけて追い返されちゃうんです。ここ3年で会えたのなんて5，6回ですよ。それで，この前，偶然，駅から会社に行く道で美衣子とお袋が歩いているところに出くわしたから，思わず，「お袋，久しぶりじゃないか。身体の具合はどうなの？」って話しかけたんですけど，「いいお天気ですね」なんてにこにこしていて，ありゃ，相当ボケが進んじゃってますね。美衣子がほったらかしにしてるからだと思います。

②　栄子の財産状況

甲野弁護士：お母様の財産はどなたが管理しているのですか？

太郎：全部，美衣子です。もともと，お袋と美衣子は近所でも一卵性親子なんて言われるくらい仲がよくて。それでも親父が生きているうちはまだましでしたけど，親父が死んだあとは，お袋も，何かっていうと美衣子，美衣子でしたから，私はお袋の財産は全然分からないんです。まあ，でもお袋には今も会社の事務所の賃料を毎月払っていますし，年金もありますから，毎月50万円くらいはお袋の収入があるんじゃないですかね。

甲野弁護士：美衣子さんの財産管理状況はどうですか？

太郎：ひどいもんです。お袋を引き取ってから，高級車に買い替えたし，従業員や近所の人の話だと，お袋を置いてしょっちゅう買い物や旅行に行って，ブランド品を買ってくるそうですよ。それだけでも呆れてるのに，今度は，自宅の外壁の塗り替えをしようとしているらしくてね。見かねて近所の人が教えてくれましたよ。

③　他の親族（美衣子，次郎）の意向

甲野弁護士：そうすると，成年後見の申立てをしても，美衣子さんは反対しそうですね。弟の次郎さんはどうですか？

太郎：次郎は，家のことには興味がないんです。小さいころから，親父が跡取りは私だと言っていたこともあって，自分は自分の道を行くって言って，

Episode 3　成年後見の申立てと遺産分割紛争

なので，お袋のことについても兄貴と姉貴で決めてくれって言うと思いますよ。ただ，次郎は小さいころに面倒を見てもらった美衣子に頭が上がらないところがあるので，ちょっと心配ですね。いまだに「誰がおしめ替えてやったと思ってるの」とか言われていますからねえ。

【甲野弁護士の聴取メモ】

【株式会社YMDについて】
・株主構成：栄子50株，太郎35株，美衣子15株
・本社：栄子自宅兼会社事務所（1階会社事務所，2階栄子自宅）土地建物は栄子所有
・太郎の長男一郎，美衣子の長男夏男も㈱YMDに勤務

【栄子の監護状況，健康状態】
・平成24年　大腿骨骨折し入院
・平成25年　認知症発症，退院後美衣子自宅に引き取る（同居開始）
・美衣子が栄子を引き取って以降，太郎はほとんど栄子と会えていない
・3か月ほど前に栄子と会ったが，明らかに認知症が進行していた
・美衣子が栄子の資産を使い込んでいることが疑われる事情あり

【栄子の財産状況】
・詳細不明
・益男は婿養子で，山田家の財産は，ほとんど栄子の所有
・益男からは預貯金約2000万円を相続している
・預貯金以外は，不動産（自宅，美衣子宅敷地）と㈱YMD株式（50株）

【山田家の家族関係】
・美衣子は離婚（平成元年）以降，会社に隣接する土地（栄子所有）上に益男が美衣子のために建てた戸建てに居住
・弟の次郎は大学卒業後，大手商社に勤務し，現在は福岡に居住
---

(2) 太郎への説明内容――手続・期間・費用・必要書類等

　甲野弁護士は，太郎に成年後見制度について説明し，後見開始の審判を申し立てた場合には，申立て後一般的には1〜2か月程度で後見開始の審判が出されること，後見人候補者は太郎とするが，他の親族から反対の意向が示された場合には，裁判所が第三者の専門家を後見人として選任し，後見人に対する報酬は被後見人の財産から支払われること，また費用として，申立費用のほか鑑定費用（171頁参照）が必要となること等を説明した。

Scene 1

そして、太郎に対し次の準備を依頼した。
① 甲野弁護士が家裁のウェブサイトからダウンロードした成年後見の申立ての際に提出する書面に可能な範囲で書き込むこと
② 栄子の戸籍全部事項証明書、住民票を取ること
③ 次郎に栄子の成年後見の申立てについて話を通しておき、できれば同意書に署名してもらうこと
④ 診断書の取得が困難なので、従業員や近所の人に聴いてみるなど、できる限り栄子の健康状態、認識能力に関する情報を集めること
⑤ 益男の相続の際の遺産分割協議書及び相続税申告書に基づいて栄子が相続した預貯金の金額及び口座を確認すること、事務所賃貸料の振込先口座を確認すること

成年後見の申立て

1 成年後見制度の概要

　成年後見制度とは、認知症、知的障害、精神障害等の理由により判断能力（条文上は事理弁識能力）が不十分な者を保護し、支援するための制度であり、民法が定める法定後見制度（民7条～19条）と任意後見契約に関する法律が定める任意後見制度がある。
　法定後見は、判断能力の喪失、低下の程度に応じて、「後見」「保佐」「補助」の3類型に分かれる。
　なお、成年後見開始等の申立後は、家庭裁判所の許可を得なければ申立てを取り下げることはできない（家事121条・133条・142条）。
　これに対して、任意後見制度は、本人が判断能力があるうちに、第三者たる受任者に対して、将来の判断能力が不十分な状況における自己の生活、療養看護及び財産の管理に関する事務の全部または一部を委託し、その委託に係る事務について代理権を付与するものであり、予め自己の判断能力の低下に備える制度といえる。任意後見契約は、公正証書によって締結しなければならず、家庭裁判所により任意後見監督人が選任されたときからその効力が生じる（任意後見2条1号・3条）。

	後　見	保　佐	補　助
事理弁識能力	常に欠く	著しく不十分	不十分

Episode 3　成年後見の申立てと遺産分割紛争

請求権者	本人,配偶者,四親等内の親族,検察官,市区町村長等	同左	同左
本人の同意	不要	代理権付与につき必要	必要
資格・権利の制限	取締役の地位喪失・職業上の資格喪失(公務員,医師,税理士等)・委任契約の終了事由等	取締役の地位喪失・職業上の資格喪失(公務員,医師,税理士等) 等	なし
後見人等の権限 / 必ず与えられる権限	包括的代理権・取消権(日常生活に関する行為を除く)	民法13条1項についての同意権・取消権(同意を得ないでした行為,日常生活に関する行為を除く)	
後見人等の権限 / 申立てにより与えられる権限		民法13条1項以外の事項についての同意権,取消権(日常生活に関する行為を除く)・特定の法律行為についての代理権	民法13条1項の一部についての同意権,取消権(日常生活に関する行為を除く)・特定の法律行為についての代理権

2　後見における鑑定の実務

　後見開始の要件である本人が判断能力を欠く常況にあるかを判断するためには,明らかに必要がない場合を除き,本人の精神の状況につき鑑定をしなければならない(家事119条1項)。もっとも,申立時に提出されている診断書に,認知症を理由として後見相当の意見が付され,見当識や記憶力などの障害が大きいことが書かれており,長谷川式簡易知能評価スケールなど各種検査の結果が低いレベルにある場合には,申立事情説明書や親族照会の結果も踏まえ,鑑定を行わないこともある。

　本人や本人と同居する親族等が鑑定に反対する場合には,鑑定の実施が極めて困難となる。家庭裁判所としては,審判前の保全処分(家事126条)により選任された財産管理者の協力を得たり,家庭裁判所調査官の調査や反対親族に対する審問手続を利用するなどして,鑑定の円滑な実施に努めることになる。また,申立人としては,鑑定実施が困難な事態が想定される場合には,裁判所が適切な進行方針を検討することができるよう,申立段階でできる限り本人の健康状態,財産管理の経緯,親族等との紛争状態などの情報を収集し,裁判所にそれを報告書として提出するなどの工夫をする必要がある。

3 成年後見の申立費用及び必要書類
   (1) 収入印紙　　申立費用800円　／　登記費用2,600円
   (2) 郵便切手　　裁判所によって異なる。
   (3) 鑑定費用（鑑定を行う場合）
　鑑定費用は，鑑定人の意向や鑑定のために要した労力等を踏まえて決められ，主治医に鑑定を依頼する場合には，通常は診断書付票に記載されている金額になるが，家庭裁判所の判断で別の医師を鑑定人として指定する場合などは，改めて金額が定められることになる。鑑定を行う場合には，鑑定費用を家庭裁判所に予納する必要があるが，申立ての際に鑑定費用を納める必要はない。

成年後見申立ての必要書類

- 申立書類（申立書，申立事情説明書，親族関係図，本人の財産目録及びその資料（不動産の全部事項証明書，預貯金通帳，契約書等），本人の収支状況報告書及びその資料，後見人等候補者事情説明書，親族の同意書）
- 本人の戸籍全部事項証明書（申立日から3か月以内のもの）
- 個人番号（マイナンバー）の記載のない本人の住民票（申立日から3か月以内のもの）
- 登記されていないことの証明書（法務局で取得）（申立日から3か月以内のもの）
- 診断書，診断書付票（定型の書式に主治医などから記載してもらったもの）

 長谷川式簡易知能評価スケール

　正式には，改訂長谷川式簡易知能評価スケール（「HDS-R」と略称）という。主に記憶力を中心とした認知機能障害を大まかに知ることを目的とした簡易知能評価スケールである。年齢・生年月日などの9項目の設問で構成され，30点満点中20点以下だと認知症の疑いがありとされる。

III　家裁への成年後見の申立て——申立書の作成

　甲野弁護士は，太郎が準備した資料を確認・検討して，栄子の住所地を管轄する東京家庭裁判所宛に栄子の成年後見の申立てをする準備を進めた。

Episode 3　成年後見の申立てと遺産分割紛争

　太郎は，栄子の財産も健康状態も正確には把握しておらず，また，太郎が栄子を病院に連れて行って診断書を得ることは難しい状況である。このような場合に，弁護士会照会で介護認定調査票や介護認定の際の主治医の意見書の有無を照会することも考えられるが，栄子が介護認定を受けているかどうかも明らかではなく，時間が経てば，美衣子によって栄子の財産は日々散逸していくおそれがあり，太郎からは，早期の後見開始の申立てを依頼されている。そこで，甲野弁護士は，診断書がなくても後見開始の申立てをすることはできるので，財産目録については分かる範囲で，診断書はない状態で申し立てるほかないと考え，裁判所に栄子の状況を理解してもらうために，従業員や近所の人から聴取りを行い，調査報告書を作成することにした。

　成年後見の申立てに際しては，太郎の希望に基づいて太郎を後見人候補者として申立てをしたが，美衣子は太郎が後見人になることに反対するであろうから，後見人には裁判所が指名した弁護士が就任することが見込まれる。もっとも，このケースは単なる成年後見の申立てではなく，相続争いの前哨戦になりそうなので，第三者である後見人が美衣子にも掛け合って財産調査をしてくれるのは望ましいことだと甲野弁護士は考えた。

【書式 3-1】後見開始申立書

受付印		
	後見 ・保佐・補助　開始申立書	
	(収入印紙欄) 　開始申立てのみは，800円（補助開始のみの申立てはできません。） 　保佐開始申立て＋代理権付与のときは1600円分 　補助開始申立て＋同意権付与＋代理権付与のときは2,400円分 　※はった印紙に押印しないでください。	
収入印紙(申立費用)　　　円		
予納郵便切手　　　　　　円	準口頭　　関連事件番号平成　　年（家）第　　　号	
東京家庭裁判所　　御中 平成28年5月9日	申 立 人 の 記 名 押 印	手続代理人　弁護士　甲野太一　㊞
添 付 書 類	本人・成年後見人等候補者の戸籍謄本，本人・成年後見人等候補者の住民票 本人の登記されていないことの証明書，診断書	

申立人	住　所	〒〇〇〇一〇〇〇〇 東京都〇〇区××〇丁目〇番〇号 （　　　　方）	電話　〇〇（〇〇〇〇）〇〇〇〇 携帯電話　（　　） FAX　　　（　　）
	フリガナ 氏　名	ヤマダ　タロウ 山田　太郎	大正 昭和　26年4月1日生 平成
	本人との関係	1　配偶者　2　父母　③　子（長男　）　4　兄弟姉妹甥姪 5　本人　6　市区町村長　7　その他（　　　　　）	
本人	本　籍	東京 都・道 　　　府・県　〇×区××〇〇丁目〇番地	
	住民票の住所	□申立人と同じ　〒〇〇〇一〇〇〇〇　電話　〇〇（〇〇〇〇）〇〇〇〇 東京都〇×区××〇〇丁目〇番〇号	
	施設・病院の入所先	施設・病院名等 ☑入所等していない 〒　―	
	フリガナ 氏　名	ヤマダ　エイコ 山田　栄子	男・㊛	明治 大正 昭和　2年8月10日生
成年後見人等候補者※	☑申立人と同じ		
	住　所	〒　―	電話　　　（　　） 携帯電話　（　　） FAX　　　（　　）
	フリガナ 氏　名		昭和 平成　　年　月　日生
	本人との関係	1　配偶者　2　父母　3　子（　　）　4　兄弟姉妹甥姪 ⑤　その他（　　　　）	

(注) 太わくの中だけ記入してください。
※　申立人と成年後見人等候補者が同一の場合は，□にチェックをしてください。その場合は，成年後見人等候補者欄の記載は省略して構いません。

Episode 3　成年後見の申立てと遺産分割紛争

申立ての趣旨	
●1,2,3いずれかを○で囲んでください。 → ●保佐申立ての場合は必要とする場合に限り，当てはまる番号((1),(2))も○で囲んでください。	① 本人について**後見**を開始するとの審判を求める。 2　本人について**保佐**を開始するとの審判を求める。 　(1)　本人のために**別紙代理行為目録**記載の行為について保佐人に<u>代理権を付与するとの審判</u>を求める。 　(2)　本人は，民法第13条1項に規定されている行為の他に，下記の行為（日用品の購入その他日常生活に関する行為を除く）をするにも，その保佐人の<u>同意を得なければならないとの審判</u>を求める。 　　　　　　　　記
→ ●補助申立ての場合は必ず当てはまる番号((1),(2))を○で囲んでください。	3　本人について**補助**を開始するとの審判を求める。 　(1)　本人のために**別紙代理行為目録**記載の行為について補助人に<u>代理権を付与するとの審判</u>を求める。 　(2)　本人が**別紙同意行為目録**記載の行為（日用品の購入その他日常生活に関する行為を除く。）をするには，その補助人の<u>同意を得なければならないとの審判</u>を求める。

申立ての理由
本人は，■認知症　□知的障害　□統合失調症　□その他（　　　　　） 　　　　により判断能力が低下しているため， 　　■財産管理　　□保険金受領　　□遺産分割　　□相続放棄 　　□不動産処分　□施設入所　　　□訴訟・調停 　　□その他（　　　　　　　　　　　　　　　　）の必要が生じた。 　※　詳しい実情は，申立事情説明書に記入してください。
（特記事項）

Scene 1

【申立事情説明書】（略）（家庭裁判所の所定の様式のもの）

①申立てに関する事情として，申立てをする目的や，過去に家庭裁判所の手続を利用したことがあるか，他の親族の連絡先やその意向等，②本人に関する事情として，現在の生活場所，介護認定の度合，現在の日常生活能力の程度，経歴及び病歴，本人の財産管理をしているのは誰か，本人がこの申立てを知っているか等を記載して，申立書に添付する。

【財産目録】（略）（家庭裁判所の所定の様式のもの）

①不動産，②預貯金・現金，③その他の資産（保険，株式，その他金融資産），④負債について，それぞれ現時点で判明している状況を記載して，申立書に添付する。

 審判前の保全処分

　後見開始の申立後，後見開始の審判が下されて後見人の選任がなされるまでには，一定の期間を要する（概ね1～2か月）。そこで，後見開始の審判がなされるまでの間に本人の財産が散逸，費消されるおそれがあるケースでは，後見開始の申立てと同時に審判前の保全処分の申立てをすることを検討する必要がある。後見開始の審判事件を本案とする保全処分には，①財産管理者の選任（家事126条1項），②後見命令（家事126条2項）がある。①財産管理者の選任は，家庭裁判所が選任した財産管理者が本人の財産を管理するというものであり，財産管理者には委任に関する規定及び不在者財産管理人に関する規定が準用される（家事126条8項・125条6項）。他方，②後見命令は，本人の財産上の行為について財産管理者の後見を受けるべきことを命ずるものであり，後見命令の審判により，財産管理者及び本人は，日常生活に関する行為を除いて本人が行った行為を取り消すことができるようになる（家事126条7項）。

　審判前の保全処分は，本人の財産を保全する緊急性・必要性があるときに認められるものであることから，申立てに際しては，保全の緊急性・必要性を具体的に記載した報告書や陳述書を提出することによって，後見人の選任を待っていては本人の財産が散逸，費消される可能性が高いことを疎明する必要がある。

Episode 3　成年後見の申立てと遺産分割紛争

Scene 2　成年後見の申立てに対する家庭裁判所の審判

I　申立受理と申立人からの事情の聴取
　　——手続の選別

　東京家庭裁判所では，申立てを受理した後に，参与員（家事40条）が申立人から申立てに関する事情を聴取している（この事情を聴取する日を以下「聴取日」という）。この事情の聴取には，2時間程度が見込まれることから，聴取日を予約した上で，申立書類を事前に郵送する運用がされている（東京家裁の運用については，東京家事事件研究会・実務296頁〔篠原康治〕）。甲野弁護士は，聴取日を予約した上，申立書類を事前に郵送して申立てを行い，聴取日に太郎とともに家庭裁判所を訪れた。

　聴取日には，「申立事情説明書」に基づいて，申立てに至る事情，本人の生活状況，判断能力及び財産状況，本人の親族らの意向等について事情が聴取された。

　本件では，長女の美衣子が本人と同居し，本人の財産を事実上管理しているにもかかわらず，本件申立てについて，反対の意思を表示しているとのことであり，同意書が添付されていないことから，家庭裁判所から親族照会を行うことが告げられた。

II　鑑定の実施と後見開始の審判
　　——同居親族の理解を得て

　家庭裁判所から，美衣子及び次郎に対し，親族照会の照会書を発送したところ，美衣子から回答がなされた。美衣子の回答は，栄子は元気に暮らしており，後見の開始は必要ないというものであったため，本人の判断能力に争いがあり，スムーズに鑑定が行えないことが予想された。また，仮に後見が

Scene 2

開始された場合の後見人についても，美衣子がなると記載されており，誰が後見人となるべきかについても争いがある。

そこで，二階堂翼裁判官はまずは美衣子の意向を確認することとし，家庭裁判所調査官（以下「調査官」という）一の瀬賢太に対して美衣子の意向の調査を命ずることにした（家事58条）。

一の瀬調査官が美衣子に対し調査の連絡を行うと，美衣子は調査には応ずる意向を示したため，家庭裁判所で面接を行うことになった。面接では，美衣子は，照会書の記載と同様に，栄子は何の問題もなく生活していることを述べたが，一の瀬調査官が成年後見制度の説明をし，本人の利益を保護するためのものであることの理解が得られたため，栄子の主治医に依頼して，鑑定を実施することになった。

鑑定の結果，後見開始相当との判断が示されたため，二階堂裁判官は，後見開始の審判を行った。なお，親族間に栄子の財産管理をめぐり紛争が生じているようであることも考慮して，成年後見人には，専門職である三鷹駿弁護士が選任された。

 後見制度支援信託

　後見制度支援信託とは，後見における本人の財産のうち，日常的な支払をするのに必要十分な金銭を預貯金等として親族等の後見人が管理し，通常使用しない金銭を信託銀行等に信託する仕組みである。この仕組みでは，後見人が信託財産の払戻し，解約をしようとする場合には，家庭裁判所がその適否を事前に審査し，これに関する指示書を発行して後見人に指示を行い，信託銀行等で払戻し等を行うというものであり，信託銀行等は，この指示書によらなければ払戻し等に応じない。

　このような仕組みにより，後見人としては，日常生活に必要な金銭を手元に置いて，円滑に後見監督事務を行うことができる一方，その余の財産の管理を信託銀行等に委ねることにより，財産管理をめぐって他の親族等との間に無用の紛争が生じることを防止することができる。

　また，近年，親族等後見人による不正事例が相当数に及んでおり，社会的な問

Episode 3　成年後見の申立てと遺産分割紛争

　　題にもなっている。万が一にも後見人による不正が生じるようであれば，成年後見制度そのものへの信頼が失われる可能性がある。そこで，不正防止のための1つの方策として活用されているのが，後見制度支援信託である。

　　後見制度支援信託は，高齢化社会において，今後も増加が見込まれる後見制度の利用を促進する大きな柱といえるだろう。

Scene 3 成年後見人の選任から本人の死亡による後見終了まで——成年後見人の業務

　事務所で別件の準備書面を起案していた三鷹駿弁護士の下に弁護士会からFAXが届いた。後見人推薦名簿に登載されており，本件についての指名打診を受けたのだった。翌日，家裁へ記録を見に行き，利害関係上問題がないか確認した上，自身の住民票（後見人の住所が後見の登記事項となっているため必要となる）を提出したところ，それから数日後に三鷹法律事務所へ審判書（選任決定書）が届いた。

　なお，審判書には後見人の事務所住所だけでなく自宅住所も記載されるのが通常であるが，親族間で激しい紛争のある事案等における個別対応として，選任決定書に後見人の自宅住所を記載しない扱いもある。

I 成年後見人の初動業務
　　——本人の財産を保護するために

1 記録の閲覧・謄写と面談の準備

　三鷹弁護士は，選任決定後，事務所の事務員に事件記録の謄写請求をしてもらい，謄写記録を入手した（なお，調査官の調査報告書等は謄写が許可されないこともあるので，そのような資料については別途閲覧請求をしてメモを取ることが必要な場合もある）。

　謄写記録を精査した三鷹弁護士は，「遺産分割の前哨戦みたいだな。後見人として中立な立場を貫かないと，親族間の争いに巻き込まれることになるぞ」などと考えつつ，申立人らとの面談に備えて，今後予想される後見業務について頭の中で整理するため手控えメモを作成した。

Episode 3　成年後見の申立てと遺産分割紛争

【謄写記録を読んだ三鷹弁護士の手控え】

```
【後見業務メモ】
第1　財産管理
1　預貯金その他の金融資産？
  美衣子氏に確認して，通帳等の資料を引き継ぐ
  金融機関へ後見人選任の届出をする
2　年金
  年金事務所へ通知書等の送付先変更の届出をする
3　不動産
  自宅の管理はどうするか？　⇒　美衣子氏に確認
  美衣子氏の自宅敷地（使用貸借）は現状維持でよいか
  ㈱YMDからの賃料は，代取の申立人太郎氏に支払方法等を確認する。
4　㈱YMDの株式
  今後の会社運営はどうするのか？
  太郎氏と美衣子氏に意向を確認するが，役員等は当面現状維持か？
5　美衣子氏の私的な使用
  まずは事実関係の把握に努める（予断は禁物！）
第2　身上監護
1　生活場所
  美衣子氏の自宅介護のままでよいか，施設入所が必要か？
2　生活費や介護費用の支出
  まずは美衣子氏に現在の家計状況を確認する
```

2　申立人との面談

　三鷹弁護士は早速，申立人である太郎の代理人の甲野弁護士に電話連絡をし，三鷹法律事務所で太郎及び甲野弁護士と面談することとなった。

(1)　事情聴取

　三鷹弁護士は，手控えメモの項目に従って，太郎から事情を聴いた。
三鷹弁護士：お母様は会社の株の半分をお持ちですが，今後，会社運営はどうしましょう？
太郎：それをどうしたらよいものか，大変困っているんです。
三鷹弁護士：役員の改選時期はいつですか？

Scene 3

甲野弁護士：YMDの顧問弁護士に電話でお伺いしたところ，定款変更により任期を10年に延期していたとのことですので，その点は当面は大丈夫かと思います。

太郎：実は，以前から株式の承継について顧問弁護士に相談をしていたのですが，母（栄子）がなかなか首を縦に振ってくれず，株の半数を持ったままの状態になっています。これもどうにかした方がよいと思うのですが。

三鷹弁護士：そうですか……。でも，後見人という立場では，現状維持とするしかないと思います。妹さん（美衣子）とよく話し合って進めてください。

太郎：そうなんですか……，困ったな〜。

(2) 関係資料の引継ぎと打合せ後の指示

　栄子の通帳等はすべて美衣子が管理しているとのことであった。三鷹弁護士は，太郎からは㈱YMDの会社案内と，直近の税務申告書のコピーの提出を受けた。税務申告書の「同族会社等の判定に関する明細書」には，株主として，太郎35株，栄子（母）50株，美衣子（妹）15株と記載されていた。

　その後三鷹弁護士は，週明けに栄子と美衣子と面談すること，まずは事実関係の把握に努めたいこと，会社運営等で急ぎの対応が必要なときは連絡をしてほしい旨を太郎と甲野弁護士に伝えて，面談を終了した。

3　本人及び同居親族との面談（予定）

　三鷹弁護士は美衣子宛に審判書（選任決定書）を添付した手紙を送付した。美衣子は後見開始の申立人ではなく，美衣子に対しては審判書は送られないため（後見開始の審判は申立人及び後見人に告知され，被後見人へ通知される。家事74条1項・122条），自身が後見人に選任された事実を明らかにするためである。数日後，美衣子から電話があり，翌週の面談日を取り決めた。面談時に，栄子名義の預貯金通帳，投資信託の残高通知書などの財産関係資料を預かる予定であることも伝えていた。

　ところが，その面談日の前日，美衣子から電話があり，栄子が肺炎をこじらせて急死したことを聞かされ，面談はキャンセルとなった。

Episode 3　成年後見の申立てと遺産分割紛争

II　後見業務の終了——本人の死亡

　三鷹弁護士は，栄子のお通夜に参列し，帰り際に美衣子から死亡診断書のコピーを受領した。翌週に栄子の除籍謄本を取り寄せ，法務局へ本人死亡による後見終了の登記申請をするとともに，家庭裁判所へ後見事務の終了報告を行った。

　その際，後見人の報酬付与の申立て（民862条）を併せて行ったところ，家裁から金5万円の報酬を付与する旨の審判を得た。そこで，美衣子に対し，請求書（報酬付与決定書と実費明細書を添付したもの）を郵送した。

成年後見人の職務と権限

1　成年後見人の権限
　① 包括的代理権
　後見人は，被後見人の財産に関する法律行為について，包括的代理権を有する（民859条1項）。ただし，被後見人の居住用不動産を処分する場合には，予め家庭裁判所の許可を得なければならず（民859条の3），被後見人の行為を目的とする債務を負担する場合には，本人の同意を得なければならない（民859条2項・824条ただし書）。
　② 取消権
　後見人は，日用品の購入その他日常生活に関する行為を除いて，被後見人が行った法律行為について取消権を有する（民9条・120条1項）。

2　後見人の職務
　① 身上監護
　被後見人の介護，生活維持，住居の確保，施設の入退所，医療等に関する契約の締結，解除等の法律行為及びこれらの契約の相手方の履行状況の確認，費用の支払等法律行為に伴う事実行為を行うことをいう。ただし，後見人は日常生活の介護といった事実行為をする義務はない。
　② 財産管理
　被後見人の財産，収支を把握し，包括的代理権を行使することによってこれらの財

産を保全管理し、また、被後見人のために使用することをいう。

後見人が①身上監護及び②財産管理を行うに際しては、身上配慮義務（「成年被後見人の意思を尊重し、かつ、その心身の状態及び生活の状況に配慮しなければならない」〔民858条〕）を負うこととなる。

3　成年後見人の初動業務

成年後見人の業務内容は事案によって様々だが、初動としては、事件記録の閲覧・謄写により事案の概要を把握した上で、申立人（代理人）、成年被後見人本人、その他の推定相続人等の利害関係人と面談・聴取をして、今後予想される後見業務の内容を把握するのが一般的である。

4　本人死亡による後見終了後の事務

被後見人本人が死亡すると後見は当然に終了する（明文規定はないが、解釈上当然とされている）。その場合、①法務局への後見終了登記の申請（後見登記8条1項）、②死亡時の財産目録と収支計算書を2か月以内に作成（民870条）、③相続人（代表者）への財産及び関係資料の引継ぎ、④家裁へ後見事務終了報告書の提出というのが、通常の事務である。なお、③の引継ぎに先立って、葬儀費用、入院費、後見人報酬などの相続債務の清算をしておく場合もある。

相続人の範囲に争いがあるなど、相続財産の引継ぎが困難な場合には、相続財産管理人の選任申立て（民918条2項）を検討することが考えられる（東京家事事件研究会・実務320頁）。

成年後見制度の平成28年改正

成年後見については平成28年に法改正がなされている。改正法の概要は、①成年後見人が家庭裁判所の審判を得て成年被後見人宛郵便物の転送を受けることができるものとしたこと（郵便転送。民860条の2・860条の3を新設）、②成年後見人が成年被後見人の死亡後も一定の事務を行うことができるものとしたこと（死後事務。民873条の2を新設）の2点である。

郵便転送は、成年後見人が同居の親族以外の者である場合には、成年被後見人宛ての郵便物の存在や内容を適切に把握することができず、適切な財産管理に支障を来すおそれがあるとの指摘がされていたことから、成年後見人が郵便物の転送を受けることができるようにしたものであるが、転送の期間について6か月を超えることができないとの制限をすること等により、成年被後見人の通信の秘密に配慮を払っている。

Episode 3　成年後見の申立てと遺産分割紛争

　死後事務は，従前から応急処分（民874条・654条）により，行うことができると解されていたが，「急迫の事情があるとき」に限られ，その事務の範囲も必ずしも明確でないとの指摘がされていた。そこで，相続財産に属する特定の財産の保存に必要な行為（民873条の2第1号），相続財産に属する債務（弁済期が到来しているものに限る）の弁済（同条2号），その死体の火葬または埋葬に関する契約の締結その他相続財産の保存に必要な行為（同条3号）について，成年後見人の権限とされた。ただし，民法873条の2第3号の行為については，相続財産全体の保存に必要な行為であるか否かが必ずしも明確ではなく，相続人に与える影響が大きいことから，家庭裁判所の許可が必要とされている（改正の詳細については盛山正仁「成年後見の事務の円滑化を図るための民法及び家事事件手続法の一部を改正する法律の解説」NBL1078号〔2016年〕4頁参照）。

Scene 4　当事者間の遺産分割協議
——協議の申入れから決裂まで

　栄子に後見人が選任されたと思ったのもつかの間，栄子は肺炎をこじらせて急死してしまった。葬式は社葬で行い，四十九日も終えた。そろそろ栄子の遺産をどう分けるか，美衣子や次郎と話し合わなければならないと，太郎は重い腰を上げて甲野太一法律事務所を訪れた。

I　遺産分割協議の申入れ
——まずは裁判外の話合いから

1　太郎（長男）と甲野弁護士の打合せ
——遺産分割協議に向けて

甲野弁護士：この度はご愁傷様でした。

太郎：お忙しいところ葬儀にご参列いただき，ありがとうございました。歳はとっていましたが，こんなに急に亡くなるとは思っていませんでした。何とか先週四十九日も無事終えましたので，会社のこともあるし，そろそろ遺産について話し合わなければと思っているのですが。

甲野弁護士：そうですね。お母様の遺言はなかったですか？

太郎：私が知る限りはなかったようです。

　甲野弁護士は，太郎に対し，次の事項について説明をした上で，太郎が何を相続したいかなど，遺産分割についての太郎の意向を確認した。
　① 遺産分割協議，調停及び審判の手続。
　② 法定相続分及び寄与分や特別受益といった法定相続分が調整される事項。本件の場合には，美衣子による栄子の土地の無償使用が特別受益となり得ること，他方，美衣子からは栄子の介護について寄与分が主張される可能性が高いこと。

185

Episode 3　成年後見の申立てと遺産分割紛争

③　美衣子による栄子の預金の使い込みについては，美衣子がこれを認めなれければ，最終的には遺産分割ではなく，民事訴訟で解決しなければならないこと。
④　遺産分割協議，調停及び審判のための弁護士費用。

　甲野弁護士は，太郎の意向を受け，まずは話合いによる解決を目指すこととし，美衣子及び次郎に対して遺産分割協議を申し入れる書面を送付した。

【書式3-2】遺産分割協議申入書

```
　　　　　　　　　　　　ご　連　絡

拝啓　当職は，山田太郎氏（以下「依頼者」といいます。）から委任を受けた弁護士であり，依頼者を代理して，貴殿に対して，以下のとおりご連絡申し上げます。
　故山田栄子氏がお亡くなりになられてから，2か月が経過いたしました。四十九日の法要も無事終了いたしましたので，依頼者及び美衣子様が管理されている故栄子氏が残された財産を明らかにした上で，これらをどのように相続するかについて，協議をしたいと考えております。
　つきましては，下記当職宛に貴殿のご都合のよろしい日時をご連絡いただきたく存じます。
　　　　　　　　　　　　　　　　　　　　　　　　　　　　　敬具
　　　　　　　　　　　　　　　　　　　　　　　　平成28年10月6日

　　　　　　　　　　　東京都△△区××○丁目○番○号○×ビル○階
　　　　　　　　　　　　　　　　　　　　　甲野太一法律事務所
　　　　　　　　　　　　　　　　　電　話　○○-○○○○-○○○○
　　　　　　　　　　　　　　　　　ＦＡＸ　○○-○○○○-○○○○
　　　　　　　　　　　山田太郎代理人弁護士　　　甲　野　太　一
```

2　美衣子ら（長女・二男）と乙川弁護士の打合せ
──遺産分割協議の申入れを受けて

　美衣子の自宅に太郎の代理人甲野弁護士から「ご連絡」という書面が届いた。「四十九日では何も言わなかったのに，兄さんは弁護士を立ててきて……。私とは面と向かって話し合う気持ちはないのかしら。こんな情けない人に会社を任せていてはダメね，やっぱり後継者にふさわしいのは夏男だわ。

Scene 4

こちらも弁護士にお願いするとしますか」と決心をした美衣子は，大学時代の商学部の同級生（税理士）から乙川朱美弁護士の紹介を受けた。美衣子は弟の次郎とも連絡を取り合い，事前に電話で指示された資料を用意して，次郎を連れて乙川弁護士の事務所を訪ねた。

【乙川弁護士が美衣子に用意するよう要請した資料】
　①経緯を書いたメモ（できるだけ時系列に沿って）
　②戸籍全部事項証明書（手元にある範囲でOK）
　③遺産に関する資料（不動産は登記事項証明書，預貯金は通帳，金融資産は残高通知書，㈱YMDの株式については過去3年間の税務申告書や会社パンフレットなど）

 遺産分割における事情聴取のポイント

　遺産分割紛争では，「母は兄ばかり可愛がって私には何もしてくれなかった」，「親の介護は何もしなかったのに遺産を要求するのは許せない」などときょうだい間で感情的に激しく対立するケースも少なくない。このような依頼者の感情には切実なものがあり，打合せに当たっては十分に耳を傾けて配慮する必要があるが，ただ漫然と依頼者の希望を聴いているだけでは打合せは進まないため，聴取りをする項目や説明をすべき項目を予め整理して打合せに臨むのがよい。

　聴取りをする項目は，定型書式の遺産分割調停申立書・答弁書や事情説明書に記載すべき項目（遺言書の有無，遺産分割協議の経過，相続人の範囲，遺産の範囲，被相続人の生前の生活状況，希望する分割方法など）を参考にするとよい。

　説明をすべき項目は，①受任した場合の事件処理の流れ（調停・審判の手続の流れを含む），②争いのある事項（遺産の範囲，寄与分，特別受益，分割方法など）についての大まかな見通し，③弁護士報酬の算出方法や見込み金額，④その他付随事項（相続人間の利益相反の問題）が考えられる。相続税等の税務問題について詳しくない場合は税理士に確認するよう要請すべきである。

Episode 3　成年後見の申立てと遺産分割紛争

①　依頼者からの聴取事項

　乙川弁護士は，美衣子がまとめた経緯書に従って紛争の経緯を大まかに確認するとともに，遺産分割紛争において問題となる次の事項に関して聴取りを行った。

- ・遺言書の有無の確認　⇒　なし
- ・相続人の範囲の確認　⇒　子3名（太郎，美衣子，次郎）
- ・遺産の範囲　⇒　不動産2件
  非上場株（㈱YMD50株：発行済み株式の半数）
  金融資産（預金3件，投資信託，国債）
- ・寄与分と特別受益　⇒　介護と財産管理による寄与がある，特別受益については特に心当たりはない。
- ・取得を希望する遺産　⇒　美衣子宅敷地と㈱YMDの株式
- ・相続税の申告　⇒　美衣子と次郎で美衣子の同級生（税理士）に依頼済み。太郎とは別々に申告予定。

②　依頼者への説明事項

- ・遺産分割協議が決裂した後の遺産分割調停・審判の手続
- ・争いのある事項についての見通し（分割方法については後記のやりとりのとおり）
- ・弁護士費用の見込み
- ・その他，美衣子と次郎の双方から受任する際の問題として，両名から依頼を受けることはできるが，利害が対立した場合には一方だけでなく両名の代理人を辞任することもあること，遺産分割協議書や調停調書の作成に当たっては双方の代理人をすることができないため一方の代理人を辞任するか，双方代理に異議はない旨の申述書を用意することが必要である旨を説明した。

③　依頼者との解決方法についてのやりとり

　乙川弁護士は，どのような解決を希望するのか美衣子と次郎の意向を確認

した。
乙川弁護士：美衣子さんは㈱YMDの株を取得したいということですが，太郎さんは現に代表取締役社長であるという事実があります。自分で持っている株数も美衣子さんより多いようです。このあたりがネックとなりそうですが，太郎さんが社長としてふさわしくないといった事情はありますか？
美衣子：兄は親から会社を引き継いだだけで，新しいことは何一つしていないんです。私や社員から「金型事業だけでなく，リスク分散として他の事業にも目を向けた方がいい」とか「今の取引先にだっていつそっぽを向かれるか分からないから，新規の取引先からの受注を増やした方がいい」など何度も助言して来たんですが，「親父は本業に専念してきたんだ」とか「これまで世話になった取引先を大切にしなければダメだ」なんて言って，一顧だにしないんです。真面目にコツコツなんて言いますけど，今の世の中そんな姿勢では会社はすぐにダメになってしまいますし，将来を見据えた経営をしなければ社員だってついてきません。母（栄子）だってよくそう言ってましたわ。私の息子（夏男）は，大学を卒業してすぐに㈱YMDに入社したんですが，これまでずっと兄の頑固な性格に我慢を強いられてきました。後から入社してきた兄の長男（一郎）を営業部長に据えておきながら，夏男は理系だからといってずっと製造部門の課長職のままなんです。これだって納得できませんわ。
乙川弁護士：なるほど，太郎さんはそういうタイプの経営者なんですね。ところで，お母様が入院したというのは，平成24年12月のことですね。それからはずっと美衣子さんがお母様のお世話をされていたんですね。
美衣子：平成21年に父が亡くなってからずっとです。兄嫁は実家に寄り付きませんでしたし，父が亡くなって1人になってからはずっと私が母の面倒を見てきました。母が入院したときも付き添ったのは私で，兄と兄嫁はまるで知らんぷりです。そんなこともあって，母もゆくゆくは私の息子の夏男に会社を継がせたいとまで言ってたんです。
次郎：私は会社のことはよく分かりませんが，母の面倒をずっと見てきたのは姉です。私も母に会いに何度か姉の家に行きましたが，姉は本当によく

Episode 3　成年後見の申立てと遺産分割紛争

世話をしていたと思います。それにひきかえ兄や兄嫁は母の面倒は全く見ていませんし，見ようともしませんでした。ですので，母の相続に関しては，私は姉の意向を尊重したいと思っています。
美衣子：先生，会社の株は絶対兄に渡したくないんです，それが母の希望でもありました。どうかよろしくお願いします。
乙川弁護士：お気持ちは分かりました。株の問題については，どうしたらよいか少し考えさせてください。

④　遺産分割における受任のあり方

　次郎は美衣子の意向を尊重したいと言うものの，美衣子は㈱YMDの株式と土地の取得を希望し，次郎は預金等の金銭の取得を希望している。株式や土地の評価が問題となった場合には，美衣子にとっては評価が低い方が株式や土地を取得するための代償金が低く済むので有利であるのに対し，次郎にとっては評価が高い方が代償金も高くなるので有利であるため，後日遺産の評価をめぐって利害が対立することは避けられない。そこで，乙川弁護士は，美衣子の代理人のみ受任することとし，次郎には他の弁護士を紹介することにした。

　そして，数日後に美衣子に事務所に来てもらい，株の問題について，見通しとして，ひとまず太郎代理人の甲野弁護士と話合いをしたい，社員や取引先にも影響することなので，そう簡単に決められる問題ではないと思うが，美衣子や夏男にとってよい方向に持っていけるよう努力する旨説明した。その後，美衣子と次郎の立場の違いと，それに関する弁護士倫理上の問題を説明した上で，美衣子からのみ代理人を受任し，次郎には信頼できる他の弁護士を紹介したいと伝えたところ，美衣子もそれでよいとのことであった。弁護士報酬の見積りを提示したところ，美衣子から了解を得たので，委任契約書を取り交わした。

　次郎には電話で弁護士倫理上の問題を説明した上で，知人の丙山惣一弁護士を紹介した。その結果，次郎は，同弁護士へ代理人を依頼することとなった。

Scene 4

 遺産分割事件における利益相反

　複数の相続人から遺産分割事件を受任する際には，利益相反の問題（弁護25条，弁護士職務規程27条・28条）と，双方代理の問題（民108条）に留意しなければならない。

　遺産分割事件における相続人の間には利益相反の状況があるが（民826条2項に関する最判昭和49・7・22判時750号51頁を参照），利害対立が顕在化しておらず，むしろ意見が一致するなどの協力関係にあり，複数の相続人（グループ）の代理人となることが双方にとっても有利である場合には，弁護士法等に抵触するものではない。ただし，利害対立はいつ顕在化するか分からないのであるから，利害対立が発生した際には一方あるいは双方の代理人を辞任する可能性があること（弁護士職務規程42条）を，受任時において双方に対し必ず説明する必要がある（同32条）。

　また，双方代理行為は私法上無効となるので，遺産分割協議や調停成立などの合意成立時においては，一方または双方の代理人を辞任するか，双方代理に同意する旨の書面を双方から提出してもらう必要がある。

II　代理人弁護士による協議
──交渉はまとまらず

　乙川弁護士が甲野弁護士へ電話をしたところ，次郎代理人丙山弁護士も同席の上，㈱YMDの会議室にて話合いをすることとなった。乙川弁護士は，事前に協議のための資料として遺産一覧表を作成して持参した。

　相続人3名の弁護士が名刺を交換した後，乙川弁護士は，持参した遺産一覧表を甲野弁護士と丙山弁護士へ交付した。これに対し，甲野弁護士から美衣子の預金の私的利用の指摘がされる等したが，結局，太郎も美衣子も㈱YMDの株式の取得を希望し，絶対に譲れないとのことであったため，交渉は決裂した。

Episode 3　成年後見の申立てと遺産分割紛争

Scene 5　遺産分割調停の申立て
──争点を意識した定型書式の利用

I　太郎と甲野弁護士の打合せ
──遺産分割調停の申立てへ

　甲野弁護士は，乙川弁護士との協議決裂を踏まえ，今後どのように遺産分割を進めるかについて太郎と打合せを行った。

甲野弁護士：美衣子さんも㈱YMDの株式の取得が絶対条件とのことでしたので，話合いでの解決は難しいと考えます。

太郎：まったく，美衣子のやつ。どこまで出しゃばれば気が済むんだ。こうなったら徹底抗戦ですよ，先生。美衣子が使い込んだお袋の財産についてもはっきりさせましょう。

II　遺産分割調停の申立て──申立書の記載例

　甲野弁護士は，太郎の意向を受けて，遺産分割調停の申立書を作成し，必要書類を用意して家庭裁判所に遺産分割調停の申立てを行った。

【申立ての必要書類】
・申立書　裁判所提出用1通＋相手方全員の人数分の写し
・事情説明書
・連絡先等の届出書
・進行に関する照会回答書
・被相続人の出生時から死亡時までの連続した全戸籍謄本（除籍謄本，改製原戸籍謄本等）
・相続人全員の戸籍全部事項証明書，戸籍附票（または個人番号〔マイナンバー〕の記載のない住民票）（申立日から3か月以内に発行されたもの）
・不動産登記事項証明書，固定資産評価証明書
・手続代理委任状

Scene 5

【書式3-3】申立書（遺産分割調停）

この申立書の写しは，法律の定めにより，申立ての内容を知らせるため，相手方に送付されます。
この申立書とともに相手方人数分のコピーを提出してください。

受付印	遺 産 分 割	■ 調停 □ 審判	申 立 書
収入印紙　　　　　円 予納郵便切手　　　円			

東京家庭裁判所　　　御中 平成28年11月7日	申立人 の記名押印	手続代理人弁護士　甲野太一　㊞

添付資料	(審理のために必要な場合は，追加書類の提出をお願いすることがあります。) ■ 戸籍（除籍・改製原戸籍）謄本（全部事項証明書）　合計○通 ■ 住民票又は戸籍附票　合計○通　■ 不動産登記事項証明書　合計○通 ■ 固定資産評価証明書　合計3通　□ 預貯金通帳写し又は残高証明書　合計　通 □ 有価証券写し　合計　通	準口頭

当 事 者		別紙当事者目録記載のとおり	
被相続人	本　籍 (国　籍)	東京都○×区××○○丁目○番地	
	最後の住所	東京都○×区××○○丁目○番○号	
	フリガナ 氏　名	ヤマダ　エイコ 山　田　栄　子	平成28年7月7日死亡

申　立　て　の　趣　旨
被相続人の遺産の分割の（　■ 調停　／　□ 審判　）を求める。

申立ての理由
遺産の種類及び内容　別紙遺産目録記載のとおり

被相続人の債務	■ 有	／	□ 無	／	□不明
☆ 特 別 受 益	■ 有	／	□ 無	／	□不明
遺　　言	□ 有	／	■ 無	／	□不明
遺産分割協議書	□ 有	／	■ 無	／	□不明

申立ての動機	■ 分割の方法が決まらない。 □ 相続人の資格に争いがある。 ■ 遺産の範囲に争いがある。 □ その他（　　　　　　　　　　　　　　　　　）

Episode 3　成年後見の申立てと遺産分割紛争

【書式 3-4】遺産目録

遺　産　目　録　（□特別受益目録）

【土地】

番号	所在	地番	地目	地積	備考
1	東京都○×区××	○○番○	宅地	300.00	建物1の敷地 1階：㈱YMDに賃貸（事務所として使用） 2階：被相続人自宅
2	東京都○×区××	○○番×	宅地	100.00	相手方山田美衣子自宅敷地（使用貸借）

【建物】

番号	所在	家屋番号	種類	構造	床面積	備考
1	東京都○×区××	○○番○	居宅・事務所	鉄筋コンクリート造陸屋根2階建	平方メートル 1階 ○○○○ 2階 ○○○○	敷地は土地1 1階：㈱YMDに賃貸（事務所として使用） 2階：被相続人自宅

【現金，預・貯金，株式等】

番号	品目	単位	数量（金額）	備考
1	A銀行○○支店 定期預金 （口座番号　○○○○○○）		1000万円	通帳は相手方山田美衣子保管
2	A銀行○○支店 普通預金 （口座番号　○○○○○○）		1000万円	通帳は相手方山田美衣子保管 現在額は不明
3	○○信用金庫○○支店 定期預金 （口座番号　○○○○○○）		1500万円	通帳は相手方山田美衣子保管
4	○○証券○○支店 投資信託 MMF （契約番号○○-○○○○）	1円	500万口	通帳は相手方山田美衣子保管
5	A銀行○○支店取扱い 利付国債10年第○○○回	額面10万円	50口	相手方山田美衣子保管
6	株式会社YMD株式 （代表取締役 申立人）		50株	現在，申立人が35株，相手方山田美衣子が15株保有 株券不発行

Scene 5

【事情説明書】（略）

　家庭裁判所の所定の様式に従い，①遺産分割の前提問題に関する事情（遺言書の有無，遺産分割協議の有無，相続人の範囲に争いはないか，相続人の手続行為能力に問題はないか，相続人に行方不明の者はいないか，遺産の範囲に争いはないか等），②被相続人に関する事情（死亡の原因，同居していた親族の有無，身の回りの面倒を見ていた相続人，被相続人の生計に関する事情・特別受益の有無等），③調停申立てに至る経緯，④希望する遺産分割の方法等について，それぞれ現時点で明らかとなっている事情を記載して，申立書に添付する。

遺産分割調停の申立書の審査

1　管轄

　家事調停事件は，相手方の住所地を管轄する家庭裁判所または当事者が合意で定める家庭裁判所に管轄がある（家事245条1項）。遺産分割の審判の申立てについては，相続が開始した地（被相続人の最後の住所）を管轄する家庭裁判所であり，調停事件と審判事件では，管轄が異なるため，注意をする必要がある。ただし，段階的進行モデルで調停事件が進行したものの，最終的に調停が不成立になり審判に移行した場合には，審判事件の管轄がないときであっても，自庁処理の裁判（家事9条1項ただし書）により，調停事件が係属していた裁判所において，審判事件の審理を行うのが通例である。自庁処理の裁判をするためには，当事者の意見を聴かなければならないが（家事規則8条1項），調停の不成立時に，当事者全員が出頭している場合には，自庁処理に関する意見を聴取し，不成立調書に記載する。当事者全員が自庁処理を希望するとの意見である場合には，管轄合意がされたと解されるので，その旨を不成立調書に記載し，当該裁判所に審判管轄があるものとして処理することになる（管轄合意の書面要件は調書に合意を記載することで満たされる〔家事66条2項，民訴11条2項〕）。

2　当事者

　遺産分割の当事者となるのは，共同相続人全員である。相続人を除外してされた遺産分割調停または審判は，無効になるため，相続人に漏れがないように，被相続人の出生による入籍の記載のある戸籍から相続開始（被相続人の死亡の記載のある戸籍）までの連続する戸籍が提出されているか入念に確認する必要がある。

Episode 3　成年後見の申立てと遺産分割紛争

> 　本件のように子のみが相続人であるような場合は，さほど複雑ではないが，相続人が兄弟姉妹である場合には，被相続人の両親の出生から死亡までの連続する戸籍が提出されているかどうかも確認しなければならない。
>
> 3　遺言書の有無とその内容
> 　遺言が存在する場合には，遺言の内容によっては，遺産分割の可否が問題となる。たとえば，「長男Aに財産の全部を相続させる」旨の遺言がある場合には，遺産分割を経ることなく，Aがすべての遺産を直ちに取得することになるので（最判平成3・4・19民集45巻4号477頁），遺産分割をする余地はなく，他の相続人は，遺留分減殺請求をすべきことになる。そこで，遺産分割調停の申立てを受けた裁判所は，申立人に対し，遺言により相続人に帰属することがない未分割の遺産があるかどうかを確認し，未分割遺産がない場合には，遺産分割調停の申立てをした趣旨，目的を確認する必要がある。その上で，相続財産の全部が遺言により処分されており，遺産分割調停事件として手続を進めることはできないと考えられる事案では，申立人に対し，遺産分割調停以外の一般調停（遺産に関する紛争調整調停事件，親族間調整調停事件）など別の手続をとるか，再考を促すこともある。

Ⅲ　答弁書の提出――定型書式を利用して

1　美衣子と乙川弁護士の打合せ

　美衣子の自宅宛てに，東京家庭裁判所から調停期日通知書とともに調停申立書の写しが送付された（家事256条1項）。美衣子は，乙川弁護士へ連絡を取り，調停への対応について相談するために乙川弁護士の事務所を訪問した。乙川弁護士は，美衣子に対し，次のとおり説明をした。

(1)　調停手続の流れの説明の要旨

　調停は，家庭裁判所で行われるが基本的には話合いの場であり，合意ができなければ調停は終了（不成立。家事272条1項）になること，調停期日は概ね月1回の頻度で開かれ，数回の期日で終了する事件もあれば，十数回期日を重ねても終了しない事件もあること，合意できずに調停が終了となると次は審判という裁判手続に移行すること（家事272条3項）等の手続の概

要を改めて説明した。

(2) 答弁書その他必要な書類の確認
　家庭裁判所から送られてきた資料をもとに，第1回期日前に次の資料を提出する必要があることを説明し，これらの資料を作成するために必要な事項を聴き取り，手続代理委任状に美衣子の署名押印をもらった。

【相手方の必要書類】
- 答弁書（裁判所宛ての1通のみで，申立人用は不要）
- 事情説明書
- 連絡先等の届出書
- 進行に関する照会回答書
- 手続代理委任状

(3) 調停期日当日の説明の要旨
　本人出頭主義（家事258条1項・51条2項）から，期日には美衣子本人も出席することが必要である。次郎については福岡県という遠方に居住していることから「やむを得ない事由」があるとして当面は丙山弁護士のみ出席することにした。
　調停期日は，裁判官と調停委員とで構成される調停委員会（家事248条）が進めるが，実際に調停室で話をするのは調停委員2名であり，遺産分割事件では，うち1名が弁護士資格を有していることが多い。期日の最初と最後は当事者双方の立会いの上で説明がされるが，基本的には申立人と相手方とが入れ替わりで調停室に入って事情や希望を聴かれる。

2　乙川弁護士による答弁書の作成・提出

　乙川弁護士は，これまでの美衣子との打合せ内容を踏まえ，家庭裁判所の所定の用紙を用いて，答弁書の作成に取り掛かった。答弁書は，遺産分割調停申立書に対応して，概ね次のとおり記載した上，手続代理委任状等を添付して，調停期日の1週間前の平成28年12月6日に家庭裁判所へ提出した。
　①遺産分割の前提問題について
　・遺言書はない。

Episode 3　成年後見の申立てと遺産分割紛争

- 遺産分割協議をしたが，まとまらなかった。
- 相続人の範囲（子3名）は争いがない。
- 手続行為能力に問題がある相続人や，行方不明の相続人はいない。
- 遺産の範囲は，申立書添付の遺産目録のとおりである。

②被相続人に関して
- 数年前に大腿骨を骨折して入院したことがあった。平成28年7月に肺炎をこじらせて入院5日目に死亡した。
- 大腿骨骨折による入院後，退院してから亡くなるまでの3年6か月間，相手方美衣子が同居して身の回りの世話をしていた。

③調停前の遺産分割協議に関して
- 遺産分割の協議をしたが，美衣子も太郎も㈱YMDの株式の取得を希望したため，合意できなかった。

④遺産分割の方法について
- 遺産目録の土地番号2（美衣子宅の敷地）と，預貯金・株式番号6（YMD株式50株）の現物取得を希望する。

Scene 6

Scene 6　第1回調停期日
——遺産分割調停の進め方

I　事前評議——進行方針の策定

　「1206号室，事前評議です。」四谷四郎裁判官に，担当の七尾かずえ書記官から声がかかる。今日も午前10時からの事件が10件入っており，調停室は，満員御礼の状況である。朝の短い時間で全件について事前評議をすることは不可能だが，四谷裁判官は，遺産分割事件の第1回期日前については全件の事前評議を行っている。遺産分割事件については，争点が多岐にわたることが多く，遺産分割の前提問題でもめることも少なくないため，第1回期日前の事前評議で，方針を確認しておくことが重要である。進行中の他の事件の事前評議もあるので，コンパクトでかつ充実した評議をしなければと思いながら，音無京子調停委員と五代優作調停委員が待っている1206号室のドアをノックした。

四谷裁判官：おはようございます。今日は，新件ですが，よろしくお願いします。本件は，父親が死亡後の母親の相続で3人兄弟の争いですね。争っているのは，長男と長女で，二男は，お姉さんについているようですね。ざっくり3等分といけばいいのでしょうが，遺産も多く，特別受益や寄与分の主張もあるようですし，もめそうですね。相続人の範囲に問題はないようですから，遺産分割の基本的な進行方針（次頁の【**進め方チャート図**】参照）に従って，遺産の範囲の確定，遺産の評価，特別受益・寄与分，分割方法の順番で段階的に進めましょう。

音無調停委員：ご本人としては，特別受益や寄与分に関する経緯を伝えたい気持ちが強いような気もしますので，そのような心情に配慮しながら，段階的な進行に理解を求めていきたいと思います。あと，申立人の事情説明書と相手方美衣子さんの答弁書を見ると，双方が㈱YMDの株式の取得を

Episode 3　成年後見の申立てと遺産分割紛争

【進め方チャート図】

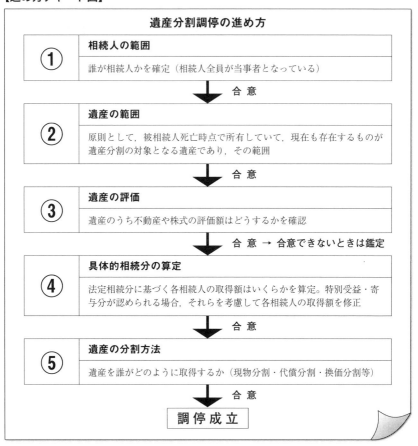

希望しているようなのですが。
四谷裁判官：美衣子さんが株式取得を希望する理由が分からない段階ですので、なんとも言えませんが、先ほどのとおり、分割方法の調整は、最終段階の問題ですので、今日は、その問題に深入りすることなく、希望の確認程度にとどめておいた方がよいのではないでしょうか。
音無調停委員：では、今日は背景事情も含めて双方から事情聴取を行った上で、遺産の範囲について、聴取するということでよろしいでしょうか。

Scene 6

四谷裁判官：そうですね。当事者間の感情的な対立が厳しくない場合には，遺産の範囲については，客観的な資料で確定できるので，同席で行った方がスムーズに進む場合もあるのですが，本件では難しいかもしれませんね。

五代調停委員：遺産の範囲については，事前の協議でも争いになっているようですが，申立人は，美衣子さんが被相続人の預金を生前に引き出したことも問題にしているようですね。

四谷裁判官：いわゆる使途不明金の問題ですね。本来は，民事訴訟で解決すべき問題ですので，この問題で紛糾して，遺産の範囲が決まらないのは問題ですが，あえて民事訴訟までせずに，遺産分割と同時に解決できれば当事者にとって都合がよいと思いますので，相手方に通帳や領収書等の資料を提出させた上で，双方が納得のできるところで解決が図れるといいですね。そうは言っても，くれぐれも遺産分割とは別の問題であることを当初から当事者に説明しておいた方がよいでしょう。それでは，よろしくお願いいたします。

(四谷裁判官退室)

音無調停委員：裁判官の言うとおり，使途不明金は，理論的には，遺産分割の問題ではないのでしょうが，ご本人にはなかなか理解してもらえないんですよね。

五代調停委員：う〜ん。そうは言っても，お互いが納得すれば，遺産分割で併せて解決することができるものなので，可能な限り，一回的解決が図れるように，我々で，当事者の気持ちを受け止めつつ，調停を進めていきましょう。幸い双方に代理人がついているようですから。

音無調停委員：そうですね。

遺産分割調停の実務

1　遺産分割事件における段階的進行モデル
　遺産分割事件の実務では，①相続人の範囲，②遺産の範囲，③遺産の評価，④特別

Episode 3　成年後見の申立てと遺産分割紛争

受益と寄与分の有無・評価，⑤具体的相続分の算定，⑥遺産の分割方法という順番で，いわば段階的に問題を整理・確定して行った上，調停成立または審判により最終的な解決を図っている。このような実務の運用を，東京家裁では「段階的進行モデル」と呼んでいる（小田ほか・遺産分割事件の運用9頁）。このような実務運用がされているのは，遺産分割事件では，遺産の種類が様々である上に，遺産の範囲といった訴訟事項から特別受益や寄与分といった審判事項に至るまで問題点も様々であるため，そのような多様な争点に係る協議が同時進行すると，審理が紛糾・錯綜して審理が長期化しかねないので，200頁の【進め方チャート図】のとおり，順番に従って争点を確定していくことで，当事者の達成感を醸成するとともに，適正かつ迅速な解決を図ろうとするねらいがある。

2　遺産分割事件における前提問題

遺産分割事件において，遺言書の効力，相続人の範囲，遺産の範囲などのように，遺産分割をする前に解決しておかなければならない事項は「前提問題」と呼ばれている。下記の表のとおり，この前提問題の中には本来は民事訴訟や人事訴訟（または合意に相当する審判）で解決されるべきものがある。最大決昭和41・3・2民集20巻3号360頁は，相続権や相続財産の存否といった遺産分割の前提となる実体法上の権利関係の存否について，それを審判手続で審理した上で遺産分割の審判をすることも差し支えないとしながらも，審判手続における判断には既判力が生じないので，当事者が別に訴訟を提起して前提問題の確定を求めることが可能であり，その判決によって前提問題たる権利の存在が否定されれば遺産分割の審判もその限度において効力を失うことになると判示している。そこで，家庭裁判所の実務では，訴訟事項である前提問題について争いがある場合には，まず，当事者に前提問題について合意するかどうかを確認し（ただし，相続人の範囲〔認知の有無など〕については当事者の合意では確定できない場合が多い），合意できなければ申立てを一旦取り下げて，訴訟等で前提問題の結論を確定してから，改めて遺産分割事件の申立てをするよう促している。

前提問題	具体的内容	解決方法
遺言書	遺言書の効力	遺言無効確認請求訴訟
	遺留分の侵害を争うもの	遺留分減殺請求の調停・訴訟
遺産分割協議	遺産分割協議の効力	遺産分割協議無効確認訴訟
相続人の範囲	被相続人との身分関係の有無	婚姻無効の調停・訴訟，認知の調停・訴訟など
	相続欠格（民891条），相続放棄（民939条），相続分譲渡（民905条）の効力等	相続権（相続分）不存在確認請求訴訟
	推定相続人廃除（民892条）	推定相続人廃除の審判
遺産の範囲	遺産が被相続人に帰属したか	遺産（所有権・持分権）確認訴訟

3　遺産分割事件における付随問題

　前述の遺産分割の「前提問題」と混同しやすいものとして，遺産分割の「付随問題」と呼ばれるものがある。前提問題は，それを解決しない限り論理的に遺産分割の審判ができないという意味で「前提」となる問題であるのに対し，付随問題は，次のとおり別途訴訟等で解決すべき方法がある点では同じであるが，遺産分割に関連はするものの，それが解決されなくても遺産分割の審判が可能であるという意味で「付随」する問題である。したがって，前提問題の争いとは異なり，付随問題について争いがあるからといって，遺産分割事件を進行できないわけではない。付随問題に相当回数の期日を費やしても合意が得られる見込みがない場合は，別途訴訟等による解決に委ねて，遺産分割事件の進行を図るべきである。

付随問題	解決方法
使途不明金に関する争い	損害賠償・不当利得返還請求訴訟
葬儀費用・遺産管理費用の清算に関する争い	立替金返還請求訴訟
遺産収益（賃料等）の分配に関する争い	不当利得返還請求訴訟
相続人固有の持分に関する争い	共有物分割訴訟
同族会社の経営権をめぐる争い	株主総会決議無効・不存在確認訴訟
老親の扶養・介護をめぐる争い	扶養の調停・審判
祭祀承継をめぐる争い	祭祀承継者を定める調停・審判

4　使途不明金

　いわゆる使途不明金と言われる問題は，相続人のうちの1人が被相続人名義の預金口座から引出しを行っていることについて，他の相続人がその使途について疑問を呈し，争いとなっているものをいい，遺産分割調停でしばしば問題となる。

　しかし，この使途不明金は，本来民事訴訟で解決すべき問題である。払戻しが被相続人の生前か死後かによって法的構成は異なるが，いずれも不当利得返還請求または不法行為に基づく損害賠償請求の問題である。すなわち，被相続人の生前の払戻しについては，被相続人の当該払戻者に対する不当利得返還請求権または損害賠償請求権の問題となるが，いずれも可分債権であるから被相続人の死亡により法定相続分に応じて当然分割されて各相続人に帰属する。被相続人の死後の払戻し（当該払戻者の相続分を超える分）については，各相続人の当該払戻者に対する不当利得返還請求権または損害賠償請求権の問題である。

　使途不明金について遺産分割調停で問題となっても，預金口座を管理していた相続人がその使途を適切に説明できる場合には，他の相続人の疑問も解消することができ，紛争の一回的解決にも資するので，遺産分割調停で取り上げることにより，相続人間の調整を図ることが妥当な場合もある。しかし，この問題に執着することによ

Episode 3　成年後見の申立てと遺産分割紛争

り，遺産分割手続が長期化することは，相続人のためにもならない。したがって，使途不明金問題につき早期の段階で解決する見込みがない場合には，原則どおり，使途不明金の問題を遺産分割手続から切り離して，民事訴訟手続に委ねるべきである（使途不明金に関する民事訴訟の審理については，名古屋地方裁判所民事プラクティス検討委員会第3分科会「被相続人の生前に引き出された預貯金等をめぐる訴訟について」判タ1414号74頁を参照）。

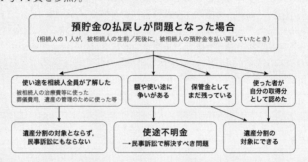

5　遺産の範囲

　段階的進行モデルでは，相続人の範囲が確定できた後に，遺産の範囲を確定する作業に入ることになる。民法896条本文は，相続人は相続開始時に被相続人に帰属した一切の権利義務を承継すると定めるが，実務上は，審判への移行も見据えて，①相続開始によって分割されないため，遺産分割の対象となる遺産，②相続開始によって分割されるため，当然には遺産分割の対象とはならないが，当事者の合意により遺産分割の対象とすることができる遺産，③当事者の合意があっても遺産分割審判の対象とはできない遺産，の3つに区分して遺産の範囲を確定していることを念頭に置く必要がある。

　つまり，上記②に属する賃料債権などは，当然に遺産分割の対象となるものではなく，あくまでも当事者間に異議がない場合に，初めて遺産分割の対象とすることができる遺産であるので，調停段階から遺産の範囲に含めるのかどうかを明確にしておく必要がある。上記③に属する相続債務や生命保険金及び葬儀費用などは，当事者間で合意しても遺産分割審判の対象とならないが，審判移行せずに調停成立により解決するケースでは葬儀費用の負担等を加味した調停条項を設けることも可能である（小田ほか・遺産分割事件の運用11頁）。

区分	遺産の種類	備考（参考判例等）
①遺産分割の対象となる遺産	不動産	不動産は相続により当然分割されない。
	不動産賃借権（借地権，借家権等）	公営住宅の使用権は例外（最判平成2・10・18民集44巻7号1021頁）。
	現金	最判平成4・4・10判時1421号77頁
	投資信託受益権	最判平成26・2・25民集68巻2号173頁
	国債	最判平成26・2・25民集68巻2号173頁
	株式	東京高判昭和48・9・17高民26巻3号288頁
	預貯金	最大決平成28・12・19民集70巻8号2121頁（普通預金，通常貯金，定期貯金），最判平成22・10・8民集64巻7号1719頁（旧郵便局の定額郵便貯金債権），最判平成29・4・6金法2064号6頁（定期預金，定期積金）
②当事者の合意があれば対象となる遺産	不法行為に基づく損害賠償請求権等の可分債権	最判昭和29・4・8民集8巻4号819頁
	相続開始後の賃料	最判平成17・9・8民集59巻7号1931頁
	代償財産	最判昭和52・9・19判時868号29頁等
③当事者が合意しても対象とならない遺産	相続債務	最判昭和34・6・19民集13巻6号757頁
	葬儀費用	東京地判昭和61・1・28判時1222号79頁
	祭祀財産	民法897条
	生命保険金	最判昭和40・2・2民集19巻1号1頁等
	遺族給付金	大阪家審昭和59・4・11家月37巻2号147頁

6 預貯金の遺産分割の対象財産性（最大決平成28・12・19民集70巻8号2121頁〔平成28年決定〕）

　最判昭和29・4・8民集8巻4号819頁（昭和29年判決）は，「相続人数人ある場合において，その相続財産中に金銭その他の可分債権あるときは，その債権は法律上当然分割され各共同相続人がその相続分に応じて権利を承継するものと解するを相当とする」と判示しており，この判例に従えば，預貯金債権も可分債権であり，共同相続人間の遺産分割協議によるまでもなく，法定相続分に従って当然に分割されることになり，相続人全員の合意がない限り，預貯金債権は遺産分割の対象とはならないと考えられてきた。

　しかし，平成28年決定は，預貯金契約に基づく銀行の事務について，預貯金の返還だけでなく，振込入金の受入れ，各種料金の自動支払，定期預金の自動継続処理等の

Episode 3　成年後見の申立てと遺産分割紛争

委任事務ないし準委任事務の性質を有するものが多く含まれているという預貯金契約の性質等を踏まえ，普通預金及び通常貯金については，預金者が自由に預入れ，払戻しをすることができる継続的取引契約であり，1個の債権として同一性を保持しながら常にその残高が変動し得るものであるという特殊性から，また，ゆうちょ銀行の定期貯金については，契約上分割払戻しが制限されており，このことは単なる特約ではなく定期貯金契約の要素となっていることから，これらは相続によって当然に分割されず，遺産分割の対象となると判断した。この考え方は，他の金融機関の定期預金等にも及ぶものと考えられる（最判平成29・4・6金法2064号6頁）。

この平成28年決定は，昭和29年判決を前提としつつ，預貯金債権の内容及び性質を検討して，預貯金債権が遺産分割の対象となると判断したものであり，預貯金の引出しがされた場合のいわゆる使途不明金についての不当利得返還請求権や不法行為に基づく損害賠償請求権については，平成28年決定の射程外であると考えられる。

7　仮分割の仮処分

預貯金が遺産分割の対象となると判断した最高裁の平成28年決定により，相続人が金融機関に対し，預貯金を相続分に応じて分割取得したと主張して，その払戻しを請求することはできなくなった。

そこで，遺産分割前に被相続人の預貯金を引き出すためには，相続人全員の同意が必要となるが，同意を得られない場合には，家庭裁判所に仮分割の仮処分を申し立てることが考えられる（家事200条2項）。

仮分割の仮処分の申立てを行う場合として，①被相続人から扶養を受けていた共同相続人の生活費や施設入所費等の支払を目的とする場合，②葬儀費用や相続税といった相続に伴う費用の支払を目的とする場合，③医療費等の被相続人の債務の支払を目的とする場合が考えられ，柔軟な運用が期待されている。

ただし，仮分割の仮処分の申立てをするためには，本案（遺産分割の調停または審判）の係属が前提とされていることのほか，保全の必要性があることが要件となり，保全の必要性を疎明するためには，陳述書のほか，①の場合は申立人の収入・支出資料を，②，③の場合は支払目的に関する資料を提出することが考えられる。

8　遺産である賃貸不動産の賃料債権

最判平成17・9・8民集59巻7号1931頁は，遺産である賃貸不動産の賃料債権は，遺産とは別個の財産であり，相続人が相続分に応じて分割単独債権として確定的に取得し，しかも，後にされた遺産分割の影響を受けないとする。そのため，賃料債権は遺産の範囲に含まれず，遺産分割事件においてはいわゆる付随問題として扱われることになるが，相続人間の合意により遺産分割審判の対象とすることもできる。また，遺産分割により相続人の1人が賃貸不動産を取得することになっても遺産分割の遡及効（民909条本文）が及ばないので，賃貸不動産を誰が取得するのかという問題とは別に，相続人間で相続開始から遺産分割の確定（調停成立あるいは審判確定）ま

での間の賃料の精算が問題になることがある。

9 貸付金

貸金債権も可分債権であり，共同相続人間の遺産分割協議によるまでもなく，法定相続分に従って当然に分割されることになる。したがって，当事者間の合意がない限り，貸金債権は遺産分割の対象とはならない。たとえば，同族会社への貸付金のように，その実体について争いがあるような場合には，分割対象とする合意が成立せず，原則どおり，遺産分割の対象となる財産から除かれることが多い。

10 遺産分割事件における財産開示

共同相続人の1人は，共同相続人全員に帰属する預金契約上の地位に基づき，金融機関に対し被相続人名義の預金口座の取引履歴の開示を求める権利を単独で行使することができる（民264条・252条ただし書，最判平成21・1・22民集63巻1号228頁）。したがって，被相続人の預貯金通帳を所持している相続人が，通帳の記載内容の開示を拒んだ場合でも，他の相続人は自らの地位に基づいて金融機関に預貯金口座の開示を求めることができる。調停において調査嘱託などを求めても家庭裁判所はこれを認めないので注意が必要である。

II 調停期日でのやりとり──調停の進め方を調停委員会と当事者間で共有する

1 開始時の双方立会手続説明

音無調停委員から当事者双方に対し，一般的な調停制度の説明に加えて，チャート図（200頁の【**進め方チャート図**】と同様のもの）を示しながら，遺産分割事件の段階的な進め方についての説明がされた。

その上で，特に問題がなさそうな「相続人の範囲」と「被相続人の遺言書がなかったこと」については，当事者双方が同席したまま確認がされ，その後，個別に事情を聴取することになった。

2 申立人からの聴取

調停委員は申立人から本件の申立てに至る経緯について事情を聴取した。

Episode 3　成年後見の申立てと遺産分割紛争

事前に双方代理人による協議が行われたものの，双方が㈱YMDの株式の取得を希望したため合意に至らず，本件申立てをしたが，細かい点について協議されたわけではないとのことであった。

　遺産の範囲については，概ね遺産目録に記載のとおりであるが，相手方美衣子による被相続人の預金の引出しについて，疑問をもっており，裁判所での調停になった以上，この使途不明金問題についても徹底的に追及する構えであった。

　調停委員からは，被相続人の預金の生前の払戻しについては，被相続人の当該払戻者に対する不当利得返還請求権または損害賠償請求権の成否の問題であるから，話合いで解決ができなければ，最終的には，民事訴訟で解決すべき問題であることが説明された。

3　相手方らからの聴取

　相手方美衣子と乙川弁護士，丙山弁護士（次郎は欠席）とも一緒で構わないとのことであったので，調停委員は相手方2名から一緒に事情を聴取した。

　遺産の範囲については，遺産目録のとおりで間違いないとのことであった。申立人が主張する使途不明金については，言語道断であるとの剣幕であった。

美衣子：私は，一生懸命母の世話をして来たのに，何もしていない兄にどうしてそんなことを言われなくてはならないのですか。母は，亡くなる1か月前までは，自分で通帳を管理していましたし，その後に私が下ろしたものも，母のために使ったに決まっているじゃないですか。私が横領したというのなら，証拠を出せ！って感じです。

音無調停委員：私どもは，あなたが横領したとかそういうことを言っているのではなく，あなたがお母様のための費用として使ったのであれば，ちゃんと説明していただいて，お互いに納得することができれば，遺産分割の話合いもスムーズに進むのではないかということです。そして，そのためには，まずは客観的な預金の動きについては，開示していただくのがよいと思うのです。

美衣子：納得できません！　何で私が出さなくてはいけないのですか。
音無調停委員：……。代理人はどのようにお考えですか。
乙川弁護士：こちらは，遺産に含める必要はないと考えていますが，申立人の請求により銀行から取引履歴が開示されれば同じことですので，預金通帳の写しについては，期日間に任意に提出させていただくことにします。ところで，会社事務所の賃料収入については，判例（最判平成17・9・8民集59巻7号1931頁）によれば，遺産分割がされるまでは，各相続人が相続分に応じて，分割単独債権として確定的に取得するもののはずですが，これは，どうなんでしょう。むしろ，申立人が勝手に取得しているのではないでしょうか。
五代調停委員：その点については，申立人に確認しますので，通帳の写しについては，早めに申立人に開示してくださいね。

4　申立人への確認──遺産である不動産の賃料債権

　会社事務所の賃料については，栄子の死亡後は栄子の預金口座に振り込むわけにはいかず，会社としても対応に苦慮しているとのことであり，合意が得られれば，3分の1ずつを各相続人に支払いたいとのことであった。

5　終了時の双方立会手続説明

　遺産目録（194頁）記載の遺産については，遺産の範囲に争いがないことが確認された。
　栄子名義の預金通帳の写しについては，期日間に相手方から提出されることが確認され，次回期日までに申立人がその内容について検討してくることとなった。
　会社事務所の賃料については，相続開始後，遺産分割がされるまでは，各自が3分の1ずつ取得することとし，会社からそれぞれの預金口座に振り込まれることになった。

Episode 3　成年後見の申立てと遺産分割紛争

Ⅲ　期日間の打合せで——平成 28 年決定を受けて

美衣子：先生，遺産分割について最高裁判所が新しい判断をしたと聞いたのですが，何か影響はあるのですか。

乙川弁護士：従前，預貯金は，当然に相続人が相続分に応じて分割取得すると考えられていたんですが，平成 28 年 12 月の最高裁の判例は，今までの考え方を変更して，預貯金も遺産分割の対象になると判断しました。ただ，美衣子さんの場合，預貯金を遺産分割の対象とすることに争いはないので，影響はないと思いますよ。

美衣子：そうなんですか。預貯金も当然に遺産分割の対象になると思っていたので，違和感はないのですが，何か変わるんですか。

乙川弁護士：金融機関としては，遺産分割協議がされる前であっても，法定相続分を限度として，相続人の 1 人からの払戻請求に応じる場合があったのですが，今後は，相続開始後に相続人の 1 人から払戻請求があったとしても，これに応じることはなくなるでしょう。

美衣子：医療費や施設の入所費用，葬儀費用，相続税の支払などのために早急にお金を必要とする人にとっては，困りますね。

乙川弁護士：もちろん，相続人全員の同意があれば，預貯金の払戻しをすることができますが，同意が得られない場合には，家庭裁判所に仮分割の仮処分を申し立てることが考えられます（家事 200 条 2 項）。

美衣子：そういう方法もあるんですね。

Scene 7 第2回調停期日
——使途不明金と遺産の評価についての協議

I　調停期日でのやりとり
——まずは遺産の範囲から

　期日前に，相手方美衣子から栄子名義の預金通帳の写しが，申立人から平成29年1月17日付け第1主張書面がそれぞれ提出され，これらを踏まえて調停委員会が第2回期日に双方から以下のとおり聴取して話合いを進めた。

【書式3-5】申立人主張書面（使途不明金）

平成28年（家イ）第〇〇〇〇号　遺産分割調停申立事件
申立人　　山　田　太　郎
相手方　　山　田　美衣子　外1名
　　　　　　　　　　第1主張書面
　　　　　　　　　　　　　　　　　　　　　　　　平成29年1月17日
　東京家庭裁判所家事部　御中
　　　　　　　　　　申立人手続代理人弁護士　　甲　野　太　一　㊞

第1　相手方山田美衣子による被相続人山田栄子の預金の不正引き出しについて
　被相続人は相手方美衣子との同居開始時点において，既に認知症の症状が顕著であり，自己の財産管理についてこれを承諾したり，依頼したりする能力が失われていたにもかかわらず，相手方美衣子から開示された被相続人の預金（A銀行〇〇支店普通預金〇〇〇〇〇〇〇）の取引履歴を確認したところ，同口座から度々多額の金銭が引き出されていることが明らかとなった。
　同口座からの預金の引き出しは多数あるが，そのうち特に金額が大きいものは次のとおりである。
　　平成25年3月4日　　　　200万円
　　平成25年5月2日　　　　 50万円
　　平成26年5月7日　　　　 50万円
　　平成26年9月24日　　　 300万円
　　平成27年5月2日　　　　 50万円

Episode 3 成年後見の申立てと遺産分割紛争

> 前記のとおり，被相続人は相手方美衣子との同居開始時点において，既に自己の財産管理についてこれを承諾したり，依頼したりする能力が失われていたのであるから，上記預金の引き出しは，被相続人の承諾なくして行われたことは明らかである。
> したがって，申立人は，相手方美衣子に対して上記引出総額650万円を相続財産に戻すように求める。
>
> 以上

1 申立人からの聴取

「相手方美衣子から開示された通帳の写しを確認したところ，不自然な出費が散見されたが，申立人としても訴訟は避けたいと考えているので，明らかに不正と思われる出費についてのみの指摘にとどめた。したがって，少なくとも，これらについては計算上遺産に戻してもらいたい」ということであった。調停委員は，使途不明金を遺産に戻すことについては，相手方の意向を確認する旨を伝え，使途不明金の問題と並行して，遺産分割協議を進めるために遺産である不動産及び㈱YMDの株式の評価額に関する資料を提出するように要請した。

2 相手方美衣子からの聴取

「申立人が主張する使途不明金については，すべて正当な支出であって遺産に戻すことは考えていない」とのことであったので，調停委員は美衣子に対し，次回期日までにその使途を明らかにするとともに，その支出の正当性について書面を提出するように求めた。また，それと並行して，遺産分割協議を進めるために相手方からも遺産である不動産及び㈱YMDの株式の評価額に関する資料を提出するように要請した。

3 終了時の双方立会手続説明

申立人が主張する美衣子による栄子名義の預金の不正使用については，次回期日までに美衣子がその使途と支出の正当性についての書面を提出すること，また，遺産である不動産及び㈱YMDの株式について，それぞれがその評価額に関する資料を持ち寄ることが確認された。

II 調停期日後のそれぞれの感想──今後の方針は

1 裁判官（四谷）

四谷裁判官：（期日の話合いの骨子を調停委員が記載した手控えメモを見て）いつの時点から被相続人の財産管理能力が失われていたのかは、はっきりしないが、かなりの金額が引き出されている。とはいえ、相手方美衣子本人の様子からすると、次回に合意を得ることは難しいかもしれない。

　使途不明金の問題だけに焦点を当てても進まないので、評価についての話も進めることになったのは、よい進行だな。

2 申立代理人（甲野弁護士）

甲野弁護士：使途不明金については相手方の反論待ちだが、650万円と金額も少なくないので、相手方の反論内容によっては訴訟もやむを得ないだろう。

　不動産については早速、業者の簡易査定を2社ほど頼むことにしよう。㈱YMDの株式価格についてはとりあえずは、相続税評価額かな。太郎さんに確認しておこう。

3 相手方美衣子代理人（乙川弁護士）

乙川弁護士：調停委員も美衣子さんを先入観をもって見ているわけでないとは思うが、ずいぶん厳しく言われてしまったなあ。でも、使途不明金問題を地裁の民事訴訟で争ったところで、中身を精査すれば「おかしい」と思われてしまうだろうし、別途手間と費用をかけても有利に働く要素はないだろう。この問題の落としどころについて、美衣子さんとよく打合せをしておく必要がありそうだ。不動産査定については、既に業者から取り寄せてある査定書を出すことにしよう。㈱YMDの株式の評価については、相続税申告が終わっているはずだから、申告書を提出することにしよう。

Episode 3　成年後見の申立てと遺産分割紛争

遺産分割調停における遺産の評価

1　概　説
　段階的進行モデルでは，遺産の範囲が確定した後は，遺産の評価を決めることになる（ただし，遺産分割の方法として換価分割または共有分割が相当とされ，かつ，特別受益や寄与分の主張もないという例外的な事案では遺産の評価は特に問題とならない）。遺産の評価の基準時については，分割時に現存する遺産を分配するという事件の性質上，分割時（調停成立時あるいは審判確定時にできるだけ近接した日）が基準となる（札幌高決昭和39・11・21判タ181号204頁等）。しかし，特別受益や寄与分が問題となる事案では，相続開始時を基準として「みなし相続財産」を算出するため，相続開始時の評価も必要となる。
　調停委員会としては，まずは当事者間で評価額について合意できるかどうかを探るべく，当事者に評価額に関する資料の提出を求めることになる。預貯金や上場株式などの金融資産については，残高証明書，取引所の終値に関する資料などが提出されることで，通常は特に問題なく合意することができる。問題となることが多いのは，不動産や非上場株式の評価であるが，当事者間で遺産の評価につき合意できない場合には，鑑定（家事258条1項・64条，民訴212条以下）によって評価額を確定することになる。

2　不動産の評価
　不動産の評価額として求められるのは不動産の「時価」（実際に取引される価格）であるが，この時価は一義的に定まるものではない。双方当事者から評価額に関する資料として不動産会社の査定書が提出される場合，それぞれの当事者が提出した評価額がまちまちであることがほとんどである。そこで，遺産分割事件に携わる関係者としては，なぜ評価額に違いが出るのかを検討し，当事者の合意形成を促す意味で，不動産の評価方法につき基本的事項を理解しておく必要がある（詳しくは，塩崎勤＝澤野順彦編・新・裁判実務大系14不動産鑑定訴訟法〔1〕〔青林書院〕85頁以下〔増井聰彦〕を参照）。
　(1)　土地の公的評価
　土地の公的評価としては，①公示価格（地価公示価格），②固定資産税評価額，③相続税評価額（路線価）などがある。時価に最も近い公示価格を10割とすると，固定資産税評価額はその「7割」，相続税評価額はその「8割」を目安に設定されている。

公的評価	根拠法	目的	評価主体	目安	資料
①公示価格	地価公示法	一般の土地の取引価格に対する指標を与える	国土交通省（土地鑑定委員会）	10割	国土交通省のウェブサイトで各地の公示価格を閲覧できる。
②固定資産税評価額	地方税法	固定資産税等の課税標準額を算定する	総務省（市町村長）	7割	当事者が固定資産評価証明書を取り寄せる。
③相続税評価額	相続税法（財産評価基本通達）	相続税，贈与税等の課税標準額を算定する	国税庁（国税局長）	8割	国税庁のウェブサイトで路線価図を閲覧できるが，相続税申告書に添付される。

(2) 建物の公的評価

建物の公的評価としては，固定資産税評価額があるのみである。建物の固定資産税評価額は，再建築価格方式といって，再調達原価（現在同程度の建物を建築したらいくらかかるのか）を求め，これに経年減価（減価償却といって，年数の経過により減価させていくもの）等の減算を行って評価額を出している。しかし，再調達原価が実際の請負金額よりも廉価であることが多く，また，経年減価率も高い（初年度20%減）ので，建築から間もない建物の評価は時価よりも低くなる傾向がある。したがって，不動産会社の査定書を見る際にも，再建築価格と経年減価補正率の2点につき，固定資産税評価額とどの程度違っているのかを確認するとよい。

(3) 取引事例

不動産の「時価」は，実際に当該不動産が取引される金額のことであるから，近隣に取引事例があれば，その取引価額が1つの目安となる。不動産の査定書では，上記の公的評価以外に，近隣の取引事例を挙げて査定額の根拠とするものが多く，特にマンションの評価に当たっては，同一の建物内の別室の取引事例があれば，重要な資料となる。

(4) 借地権・使用借権付土地の評価

土地利用権の付着した土地の評価は，その土地の評価から土地使用権の割合（借地権割合，使用借権割合）を控除して求めるのが一般的である。借地権割合については，路線価図において当該地域に応じてA～Gの記号で90%～10%の範囲で記載されているので，この路線価図に記載された割合を控除する。使用借権割合については，競売不動産の評価において，堅固建物につき20%，非堅固建物につき10%とされているので（東京競売不動産評価事務研究会編・競売不動産評価マニュアル〔第3版〕〔別冊判タ30号〕79頁），遺産分割事件でもほぼ同様の割合が用いられている。本エピソードで，更地価格の20%を使用借権とされたのはこれによるものである。

(5) 貸家と貸屋建付地の評価

貸家（借地権の付着した建物）と貸家建付地（その敷地）の評価は，収益用不動産

Episode 3　成年後見の申立てと遺産分割紛争

として評価することが適切な物件であれば、収益還元法による評価を行うことになり、借家権が設定されていること自体による減価は通常行われない。しかし、調停での話合いにおいて、収益還元法を用いることは困難であるから、簡易な方法として、国税庁の財産評価基本通達（国税庁のウェブサイトに掲載されている）の評価方法を参考にして、自用の建物及びその敷地の評価から、貸家及びその敷地権の評価を控除して求めることもある。本エピソードのように賃貸部分が建物の一部である場合には、これに賃貸割合を乗じる必要がある。具体的な計算式は次のとおりとなるが、当該相続における相続税申告書に添付される「土地及び土地の上に存する権利の評価明細書」を参照するとよい。

> ①貸家の評価
> 建物の評価　×　（1－借家権割合　×　賃貸割合）
> ②貸家建付地の評価
> 土地の評価　－　（土地の評価　×　借地権割合　×　借家権割合　×　賃貸割合）

借家権割合は、国税庁の財産評価基本通達の94（1）で「国税局長の定める割合による」とされているが、30％とする地域が多い。

3　不動産の鑑定

不動産の評価額につき当事者が合意できなければ、鑑定の実施を検討することになる。実際に鑑定を実施するかを決めるに当たり、評価の前提条件（借地権や使用借権の有無等）、評価時点（現在の評価額のみか、相続開始時の評価額も必要か）、鑑定費用の分担方法（鑑定費用はどの程度で、それを当事者間でどのような割合で分担するか）、鑑定結果の取扱い（鑑定結果を争うかどうか）等につき取決めをしておかないと、コストをかけて鑑定を実施したのに、それが無駄になってしまう可能性もある。そこで、上記の諸点につき取決めができたら、中間合意調書を作成してその内容を確認しておくのが望ましい。

鑑定の手続については、民事訴訟法の規定が準用される（家事258条1項・64条、民訴212条以下）。鑑定人には不動産鑑定士が選任されるのが通常である。鑑定費用は、不動産にもよるが、50万～100万円とするものが多い。鑑定費用は法定相続分の割合で分担するのが通常であり、当事者が各自の分担額を予納することを要し、予納がされない限り鑑定は実施されない。鑑定に要する期間は、物件数にもよるが、概ね1か月～2か月程度である。

4　非上場株式の評価

上場株式であれば、取引価格が公表されているから、公表された基準日の終値を採用することで評価額を決めている。これに対し、非上場株式については、取引相場がないことから、国税庁の財産評価基本通達による算定方法や、会社法に基づく株式買取請求における算定方法などを参考にして、評価額を決めていくことになる。前者は、当事者から相続税申告書の提出を受けることで評価額が分かるので、いわば簡便

な方法であるが，評価額に対する信頼性は高いとはいえない（江頭憲治郎・株式会社法〔第6版〕〔有斐閣〕15頁）。後者の算定方法による評価額は，一般的に信頼性が高いものの，評価を公認会計士に依頼するため高額な鑑定費用がかかるという問題がある。そのため，非上場株式の評価につき争いが生じた場合には，調停委員会としては，当事者から相続税申告書の提出を受けて，その評価額を基に合意できないか当事者に働き掛けを行い，それでも合意できないときは，遺産の規模等に応じたコスト負担に配慮しつつ，鑑定をするか当事者に確認することになる。

5 非上場株式の相続税評価額

株式評価の手法については，様々なものがあるが，大まかに区分すると，①会社の「業種」に着目する類似業種比準価額方式，②会社の「純資産（資産から負債を引いた残り）」に着目する純資産価額方式，③会社の「収益（売上から経費を引いた残り）」，または，収益の「配当」に着目する収益還元方式，配当還元方式の3つの種類がある。

国税庁の財産評価基本通達では，取引相場のない株式は，基本的には，上記①の類似業種比準価額方式と，上記②の純資産価額方式を用いている。

6 非上場株式の鑑定

非上場株式の評価額につき当事者が合意できなければ，鑑定の実施を検討することになるが，株式の鑑定費用は不動産のそれよりも高額になるため，実際に鑑定にまで至るケースはそれほど多くはない。実際に鑑定をするに当たり，評価の前提条件（会社所有の不動産の評価等），評価時点，鑑定費用の分担方法，鑑定結果の取扱い等について取決めをすべきであることは，不動産におけるそれとほぼ同様である。

鑑定人には公認会計士が選任されるのが通常である。

 遺産分割と相続税申告

本エピソードのように，遺産分割が確定していないため，誰がどの遺産を取得するか決まっていなくても，相続開始を知ったときから10か月以内に相続税の申告・納付をする必要があることに注意を要する。

(1) 相続税申告が必要なケース——基礎控除額

課税遺産の総額（遺産分割事件における評価額とは若干異なる）が基礎控除額を超えると申告・納付の必要が出てくる。なお平成27年1月1日以降は基礎控除額の引下げ等が行われており，相続税の申告・納付を要するケースが増加している。

Episode 3　成年後見の申立てと遺産分割紛争

　　　平成26年12月31日までの相続　　　5000万円＋1000万円×法定相続人の数
　　　平成27年1月1日以降の相続　　　3000万円＋600万円×法定相続人の数
　(2) いつまでに申告しなければならないか——相続から10か月以内

　相続税の申告は，相続開始を知った日の翌日から10か月以内にしなければならない（相税27条1項）。そのため，遺産分割の争いが家庭裁判所に持ち込まれるまでの間に，既に相続税の申告・納付がされていることが少なくない。

　(3) どのような申告をするのか——相続人ごとに異なる場合も

　遺産分割が確定していない場合は，遺産を法定相続分で取得したものとして計算をし（相税55条），相続税の申告をすることになる。相続人全員が同じ税理士に申告代理を依頼することもできるが，本エピソードのように相続人（あるいは相続人のグループ）が別々の税理士に申告代理を依頼することもあるため，遺産の範囲などで争いがあるときは相続人によって申告の内容が異なることもあり得る。

　(4) 相続税の納付——延納・物納，連帯納付義務

　上記の10か月の申告期限は同時に納付期限でもあると解されている。そのため，遺産分割が確定していなくても，上記期限内には相続税を納付しなければならず，期限を過ぎれば延滞税が課される。ただし，延納（5年以内の年賦延納。相税38条1項），物納（税通34条3項）という制度がある。相続税は各相続人が納付するのが原則であるが，一部の相続人が納付しないときには他の相続人に連帯納付義務が課される（相税34条）。

　(5) 遺産分割が確定した場合はどうなるか——修正申告と更正の請求

　後日，遺産分割の調停または審判により分割方法が確定したときは，次のとおりの処理となる（東京弁護士会編著・法律家のための税法〔民法〕〔新訂第7版〕〔第一法規〕367頁）。なお，被相続人の配偶者には税額の軽減措置（配偶者の取得額が，配偶者の法定相続分か，1億6000万円かのいずれか多い金額までは，配偶者に相続税は課税されない）がある（相税19条の2）。

　　ア　法定相続分よりも多くの遺産を相続することになった相続人
　　　　修正申告書を提出し，不足分の税金を納付する（相税31条）。
　　イ　法定相続分よりも少ない遺産を相続することになった相続人
　　　　遺産分割が確定した日の翌日から4か月以内に更正の請求をすることによって過分に納付した税金を取り戻すことができる（相税32条1項1号）。

Scene 8 第3回調停期日
——遺産の範囲の中間合意

1 開始時の双方立会手続説明

　期日前に，相手方美衣子から主張書面（1），資料説明書（1），不動産査定書2通，相続税申告書1通が，申立人から不動産査定書4通が提出された。

　当事者双方立会いの上，調停委員から，今回の期日ではまず使途不明金問題について話合いを進め，その上で可能な限り遺産の評価についても話合いを進めることとしたいと告げられた。

【書式3-6】相手方美衣子主張書面（使途不明金）

```
平成28年（家イ）第○○○○号　遺産分割調停申立事件
申立人　　山　田　太　郎
相手方　　山　田　美衣子　外1名
```

相手方山田美衣子主張書面（1）

平成29年2月21日

東京家庭裁判所家事部　御中

　　　　　相手方山田美衣子手続代理人弁護士　　乙　川　朱　美　㊞

第1　相手方美衣子による被相続人栄子の預金の管理について
　申立人の主張する各出金も，被相続人から依頼を受けた財産管理事務の一環である。その使途は以下のとおりであって何ら違法・不当な支出はない。

1　平成25年3月4日の200万円
　身体の不自由な被相続人が同居することになったため必要となった自宅のリフォーム代であり，その具体的な内容は見積書（乙1）のとおりである。
2　平成25年5月2日の50万円，平成26年5月7日の50万円，平成27年5月2日の50万円（合計150万円）
　被相続人と相手方美衣子は，同居開始以前から月に1回老舗デパートへ買い物に行くのが習慣となっており，これらの支出はその一環として購入した装身具（洋服，アクセサリー等）の購入費用である。

Episode 3　成年後見の申立てと遺産分割紛争

> 3　平成26年9月24日の300万円
> 　身体の不自由な被相続人の移動手段として買い替えした福祉車両（車いす仕様車）の購入費用である（乙2）。
>
> 　　　　　　　　　　　　　　　　　　　　　　　　　　　　　　　　　　以上

【書式3-7】資料説明書

平成28年（家イ）第○○○○号　遺産分割調停申立事件
申立人　　山　田　太　郎
相手方　　山　田　美衣子　外1名

相手方山田美衣子資料説明書（1）

平成29年2月21日

東京家庭裁判所家事部　御中

相手方山田美衣子手続代理人弁護士　　乙　川　朱　美　㊞

号証	標目	作成年月日	作成者	立証趣旨
乙1	見積書	平成25年2月	○○リフォーム㈱	平成25年3月4日に出金した200万円は、身体の不自由な被相続人と同居するための自宅リフォーム代であること等
乙2	自動車売買契約書	平成26年9月	○○自動車㈱	平成26年9月24日に出金した300万円は、身体の不自由な被相続人の移動手段を確保するための福祉車両（車いす仕様車）の購入代金であること等

2　申立人からの聴取

(1)　使途不明金問題について

　調停委員から栄子がいつの時点から認知症であったのかについて質問がされたのに対し、申立人代理人甲野弁護士はその証明は難しいかもしれないと

答えたが，相手方美衣子の支出内容について次のとおり指摘して，栄子のためではなく美衣子のための支出であると主張した。

①自宅リフォーム代のうち，特に床暖房の設置（50万円）と洗面化粧台の設置（50万円）は，栄子の同居とは全く関係ない。

②老舗デパートの買物代は，外出もままならない栄子にとって必要はないし，領収書等の資料が何も提出されていないところから推察するに，派手好きの美衣子が自らのために購入した洋服やアクセサリーの購入に充てられたと考えられる。

③福祉車両の購入についても，300万円もの高級車を購入する必要はない。派手好きの美衣子が無駄に車両のグレードアップをして利益を得ている。

(2) 遺産の評価について

不動産の評価について，甲野弁護士は，2社の査定書をもとに，その中間値（事務所兼自宅については7000万円，相手方美衣子の自宅敷地については4100万円）を主張した。

㈱YMDの株式の評価について，甲野弁護士は，相手方の提出した相続税申告書における評価額（8000万円）は会社の実情に照らして高すぎる，株式の鑑定をしてもらうかどうか検討中であると述べた。

3　相手方らからの聴取

(1) 使途不明金問題について

調停委員が申立人からの指摘事項を説明したところ，美衣子代理人乙川弁護士は，遺産分割の早期解決のため民事訴訟を避けたいとして，申立人の主張金額650万円のうち250万円を被相続人の遺産として戻すことで，中間合意をしたいと述べた。次郎代理人丙山弁護士も上記内容について異論はないと述べた。

(2) 遺産の評価について

不動産の評価について，乙川弁護士は，査定書をもとに，事務所兼自宅については1億円，相手方美衣子の自宅敷地については3000万円を主張した。

Episode 3　成年後見の申立てと遺産分割紛争

　また，㈱YMDの株式の評価について，相続税申告書をもとに8000万円でよいと主張した。
　調停委員は，相手方に対し，不動産と株式の双方について申立人の主張する金額との違いがどこにあるのか，さらに，申立人から㈱YMDの株式の鑑定という話も出たので，実際に鑑定を行うのかどうかを次回までに検討するよう要請した。

4　中間評議

　調停委員が申立人に対し使途不明金問題に関する上記の相手方の提案内容を伝えたところ，申立人本人と代理人が一旦待合室に戻って協議した上，申立人サイドとしても，もう少し上乗せしてくれるのであれば，この提案に応じるということとなった。中間合意ができる見通しとなったことから，調停委員2名は内線電話で担当書記官へその旨を述べて中間評議を求めたところ，10分ほど経って他の事件の評議を終えた裁判官が調停室へ入室した。

四谷裁判官：使途不明金問題について合意見込みとのことですね。どのような合意内容となりそうですか。申立人は書面で総額650万円あると主張し，相手方は使途不明金など一切ないと書面で反論していましたよね？
音無調停委員：申立人代理人からの指摘を相手方にぶつけたところ，相手方代理人も準備をしてきたようで，250万円であれば遺産に戻す用意があると言ってもらえました。
五代調停委員：申立人としては，250万円では少ないと言っていましたが，別に民事訴訟をするのも大変だということで，275万円程度であれば，相手方の提案に応じると言ってもらえました。
四谷裁判官：相手方の美衣子さんの様子はどうでしたか？
音無調停委員：相当不満そうな表情をしていましたが，代理人からかなり説得をされたようで，最終的にはご本人も「これ以上裁判所に訴訟まで起こされたくない」とのことで了解をもらっています。
四谷裁判官：合意の内容としても特に問題はないようですし，双方同席で内容を確認した上で，使途不明金問題についての中間合意を調書に残すこと

にしましょう。よろしいですね？
音無調停委員・五代調停委員：はい，お願いします。

5 中間合意

　当事者双方立会いの上，裁判官から，遺産の範囲を確認し，その内容につき，書記官が後記の中間合意調書のとおりの調書を作成することが告げられて，双方当事者とも異論がない旨述べた。なお，㈱YMDに対する貸付金と，同社のための連帯保証債務は，調停での話合いにおいて遺産の範囲に含めないことも確認された。

　期日調書は，当事者へは当然に交付されるものではないので，入手するには謄写請求（家事254条1項）を要する。

【書式3-8】 中間合意調書（第3回期日調書）

```
                     第3回期日調書
事件の表示     平成28年（家イ）第〇〇〇〇号　遺産分割調停申立事件
期　　日       平成29年2月21日午後1時30分
場　　所       東京家庭裁判所
裁 判 官       四谷　四郎
家事調停委員    音無　京子
家事調停委員    五代　優作
裁判所書記官    七尾　かずえ
出頭した当事者等
    申　立　人            山　田　太　郎
    申立人手続代理人       甲　野　太　一
    相　手　方            山　田　美衣子
    相手方美衣子手続代理人  乙　川　朱　美
    相手方次郎手続代理人    丙　山　惣　一

手続の要領
  当事者全員
  1  別紙遺産目録記載の財産が，被相続人の遺産であることを確認する。
  2  別紙遺産目録記載5の現金については，相手方山田美衣子が遺産として取得することを合意する。
  3  別紙遺産目録記載5の現金を除き，被相続人の生前に相手方山田美衣子がした被相続人の預貯金の払戻しについては，今後，本件において問題とせず，別に訴訟提起しない。
```

Episode 3　成年後見の申立てと遺産分割紛争

　　　　　　　　東京家庭裁判所家事部
　　　　　　　　　　　　　裁判所書記官　七尾　かずえ

(別紙)
遺産目録

1　土地
　(1)　所在　東京都○×区××
　　　地番　○○番○
　　　地目　宅地
　　　地積　300.00平方メートル
　(2)　所在　東京都○×区××
　　　地番　○○番×
　　　地目　宅地
　　　地積　100.00平方メートル
2　建物
　　所在　東京都○×区××
　　家屋番号　○○番○
　　種類　居宅・事務所
　　構造　鉄筋コンクリート造陸屋根2階建
　　床面積　1階　○○.○○平方メートル
　　　　　　2階　○○.○○平方メートル
3　株式
　　株式会社YMD　50株
4　預貯金等
　　(1)　A銀行○○支店　定期預金　口座番号○○○○○○
　　(2)　A銀行○○支店　普通預金　口座番号○○○○○○
　　(3)　○○信用金庫○○支店　定期預金　口座番号○○○○○○
　　(4)　投資信託　○○証券○○支店　MMF　500万口
　　(5)　利付国債10年第○○○回（A銀行○○支店扱い）額面10万円　50口
5　現金　275万円（相手方山田美衣子保管）
　　　　　　　　　　　　　　　　　　　　　　　　　　　　　以上

Scene 8

中間合意調書

1　中間合意調書の記載例

　遺産の範囲に関する中間合意をする場合には，「別紙遺産目録記載の財産が，被相続人の遺産であることを確認する」または「本件被相続人の遺産の範囲について，別紙遺産目録記載のとおり合意する」と記載されるのが通例である。いずれも，表現の相違に過ぎず，あくまで当該手続において分割する遺産を確定するという意味しかないので，後に新たに遺産が発見された場合に，その遺産について分割ができなくなるわけではない。

　預貯金については，残高が変動する場合もあるので，遺産の範囲を合意する時点では，残高の記載をしていない。

　いわゆる使途不明金について，共同相続人の1人が持ち戻すことになった場合には，遺産目録には，「現金○円（○○保管）」と記載しておき，遺産分割の対象財産とし，後の最終合意の際には，当該相続人がその現金を取得するとすることにより，調整することが多い。

2　中間合意調書の効力

　家事審判は，民事訴訟において当事者主義が適用されるのと異なり，職権探知主義が適用される手続である（家事56条1項参照）。そのため，中間合意調書が作成されても，民事訴訟における自白法則（民訴179条）の適用はないと解されている。しかし，遺産分割事件の実務では，いわゆる当事者主義的運用の1つとして，当事者が合意した事項については，そのような合意があったことを前提として審判をすることができると解されており（名古屋高決平成12・4・19家月52巻10号90頁），当事者はこれに拘束されるというべきであるから，当事者が後になって合意を撤回することは，合理的な理由がない限り，信義則に反し許されないと解すべきであろう。なお，合意した評価額に基づく審判に対する抗告審において，撤回が信義則に反するとした裁判例がある（東京高決昭和63・5・11判タ681号187頁）。

6　終了時の双方立会手続説明

　調停委員から，当事者双方に対し，次の期日では遺産の評価について，特に鑑定を行うかどうかについて協議したいと伝えた。

　これに対し，双方の代理人から仮に鑑定を行う場合の鑑定費用の目安につ

Episode 3　成年後見の申立てと遺産分割紛争

いて質問があったことから，この点については調停委員が次回までに裁判官に確認しておくと伝えて，期日が終了となった。

7　期日後の相手方次郎代理人の感想

　鑑定をすることで株式の評価が高くなるのであれば，金銭の取得を希望する次郎にとっては代償金の金額も高くなるので有利である。しかし，高額の鑑定費用をかけてまで鑑定する価値があるかどうかが問題である。

　丙山弁護士は，知人の公認会計士に㈱YMDの決算書を見てもらって大まかな意見を聴いた上で，次郎と打合せをすることにした。

Scene 9 第4回調停期日
――遺産の評価の中間合意

1 開始時の双方立会手続説明

　調停委員から，今回の期日では遺産の評価について話合いを進め，その上で評価の合意をするか鑑定をするか方向性を決めることとしたいと告げられた。

2 申立人からの聴取

(1) 株式の評価について

甲野弁護士：申立人としては，会社の現在の業績からすれば，相続税申告書の評価は高すぎると思うので，この金額で合意することはできず，やはり，鑑定をする必要があるのではないかと考えているのですが，鑑定費用はどのくらいかかるのでしょうか。

音無調停委員：鑑定費用は，裁判官にも聴いてみたのですが，個別のケースによって変わってくるので，明確な基準はないそうです。ただ，他のケースでは，300万円くらいかかったそうなので，少なくとも100万円を超えるのではないかとのことでした。

甲野弁護士：そうですか。結構かかりますよね。鑑定するほかに方法はないのでしょうか。

音無調停委員：本件のように，株式を誰が取得するか争いがあるような場合には，高い評価額をつけた方に取得させて，代償金を支払わせる方法もあるようですが，双方がこの方式によることに合意する必要があります。

太郎：美衣子は，相続税申告書の評価額を主張しているのですよね。調停委員が言われた方法だと，申告書の評価額より高くなってしまうのではないですか。

音無調停委員：そうかもしれませんが，あくまで鑑定をしない場合に採り得る方法として考えられる案ということです。

甲野弁護士：やはり，客観的な価格に基づくべきであると考えますので，そ

Episode 3　成年後見の申立てと遺産分割紛争

の案は難しいと思います。
音無調停委員：そうすると，相続税申告書の評価額もある意味，1つの客観的な基準ではないかと思いますが，どうですかね。
甲野弁護士：そうですね。ちょっと本人と協議したいと思います。

(2)　不動産の評価について

　美衣子の自宅敷地については，評価の差は，使用借権による減価がされているか否かが大きく，仮に使用借権による減価をするのであれば，美衣子の特別受益に当たるのであるから，更地評価すべきであるとのことであった。
　また，事務所兼自宅については，賃貸借による減価については，税務上，借家権割合を減価する方法があり，これを参考にして，本件でも減価すべきであるとのことであった。

3　相手方らからの聴取

(1)　株式の評価について

　乙川弁護士も丙山弁護士も鑑定費用をかけてまで鑑定をする必要はないと考えているので，相続税申告書の評価額での合意をしたいとのことであった。

(2)　不動産の評価について

五代調停委員：不動産についての検討結果は，いかがでしたか。
乙川弁護士：そもそもの不動産の評価に違いもあるのですが，美衣子さんの自宅敷地については，美衣子さんの自宅が建っており，使用借権が付着している土地なので，当然減価されるべきなのに，申立人の査定書では，更地評価となっていることが大きな違いですね。それなのに，事務所兼自宅については，会社に賃貸していることを理由に減価しているんですよ。
五代調停委員：使用貸借による減価が大きな違いであることは，申立人側も指摘していました。ただ，使用借権による減価を主張するのであれば，使用借権相当額は，美衣子さんの特別受益に当たると申立人は主張しています。
美衣子：どういうことですか？
五代調停委員：今はまだ特別受益の話をする段階ではないのですが，仮に，

美衣子さんの自宅のある土地を美衣子さんの自宅があることを理由として，評価額を下げたとしても，その下がった評価額の分だけ，実質的には，美衣子さんが栄子さんから贈与を受けていることになりますよね。そうすると，これが生計の資本としての贈与として，特別受益に当たり，遺産に持ち戻して計算する必要があります。こういう場合には，結局二段階の考慮をした上で，更地評価をしたのと同一の結論になるので，最初から更地評価とすることに合意して，特別受益の主張もしないという考え方もあるのではないかということです。

乙川弁護士：使用借権相当額が特別受益に当たるとしても，持戻し免除の意思表示があれば，特別受益として持ち戻す必要はありませんよね。申立人が特別受益の主張をするのであれば，こちらは，持戻し免除の意思表示の主張をする準備がありますので，現段階で更地評価で合意をするつもりはありません。

五代調停委員：そうですか。では，事務所兼自宅については，申立人は，賃貸借による減価については，税務上，借家権割合を減価する方法があり，これを参考にして，本件でも減価すべきであるとの主張をしているのですが，この点についてはどうですか。

乙川弁護士：確かに，税務上は，借家権を減価する扱いをしているようですが，税務上の評価と遺産分割における不動産の評価は違うと思うんですよね。むしろ，適正賃料で賃貸されている場合には，借家権が設定されていること自体による減価は通常行われないのではないですか。更に言えば，本件のように，同族会社への賃貸については，適正賃料かどうか判定し難い面もあるとは思いますが，仮に，相場より安い同族会社への賃貸を理由として減価した上で，その減価された不動産を同族会社を経営する相続人が取得することになるのでは，不平等ではないかと考えます。いずれにせよ，この不動産は，もっと高く売れると思うので，申立人の主張する金額では，到底合意することはできません。

4　中間評議

その後，申立人から再聴取をしたところ，株式については，相続税申告書

Episode 3　成年後見の申立てと遺産分割紛争

の評価額で合意するが，不動産については，美衣子の自宅敷地は使用借権による減価をすべきではないこと，事務所兼自宅については，実際には，そんなに高くは売れるわけがないことから，差が大きいので，鑑定もやむを得ないとの意見が述べられたため，中間評議を実施することとした。

　中間評議では，調停委員から，株式については，評価の合意ができそうであるが，不動産については，双方の言い分が大きく異なることが裁判官に報告された。

四谷裁判官：株式については，相続税申告書の評価額で合意ができそうでよかったですね。鑑定に費用と時間をかけても，仕方がないですからね。問題は，不動産ですか。確かに，使用借権相当額の特別受益については，持戻し免除の意思表示が問題になる場合もありますね。

五代調停委員：持戻し免除の意思表示が認められるケースもあるんですか。

四谷裁判官：こういう場合に，明確な意思表示が証拠として残っていることはほとんどないのですが，持戻し免除の意思表示は，黙示の意思表示でもよいとされていますので，全くないとはいえないですよね。本件で認められるかどうかは，美衣子さんのご主張が出てみないと分かりませんが，現段階で，評価の合意をするのは難しそうですね。

五代調停委員：そうなんですよ。更地での評価額は，それほど相違があるわけではなく，申立人が4100万円，相手方が3900万円で，200万円の差なのですが。

四谷裁判官：そうであれば，持戻し免除の意思表示が認められるかについては，特別受益の段階で改めて議論をしていただくということにして，更地価格と使用借権評価額について，合意をするということも考えられますね。

五代調停委員：なるほど，そういう合意もあり得るのですね。ちなみに使用借権の割合は，どの程度なのでしょうか。

四谷裁判官：一般的には，他人所有の建物が建っていることにより更地価格の1割から3割が減価されることになると言われてますので，この範囲内でしょうね。特に根拠はありませんが，2割くらいで打診してみてはいかがですか。

五代調停委員：そうしてみます。

Scene 9

音無調停委員：事務所兼自宅については合意が難しそうですが。

四谷裁判官：合意できなければ，鑑定するしかないと思います。それと，相続開始時からそれほど時間が経っていないので，双方あまり意識していないと思いますが，特別受益と寄与分の主張が出そうですので，評価は相続開始時と遺産分割時の2時点の評価が必要ですね。

音無調停委員：具体的相続分の算定をする必要があるからですね。しかし，本件であえて2時点の鑑定をする必要があるでしょうか。

四谷裁判官：そこは，当事者双方に，相続開始時と遺産分割時の評価額を同じにしてよいか確認していただければと思います。合意することができれば，1時点の評価で足りることになります。

音無調停委員：分かりました。確認してみます。

 土地の無償使用による特別受益と持戻し免除

　遺産である土地上に相続人の1人が建物を建て土地を無償で使用している場合，その相続人に対し使用借権が設定されていることになる。家裁実務では，この使用借権の設定を受けたことを特別受益としてとらえて，さらに，被相続人による持戻し免除の意思表示（民903条3項）があったかどうかを検討することが少なくない。遺産の評価の段階において使用借権価額が更地価格の1～3割と評価されれば，それが同時に特別受益の金額ということになる。なお，特別受益は相続人が受けた遺産の前渡し分を遺産分割の際に遺産に持ち戻す制度であるから，使用借権の設定を受けた相続人が，被相続人の生前に無償で土地を使用して地代の支払を免れる利益を受けたとしても，被相続人の財産には何らの減少もなく，遺産の前渡しには当たらないので，使用借権の評価額とは別に，無償使用をした期間中の地代相当額が特別受益となるわけではない（司法研修所編・遺産分割事件の処理をめぐる諸問題〔法曹会〕261頁以下）。使用借権に基づく使用期間中の賃料相当額は，使用借権から派生するもので，使用借権の価格の中に織り込まれていると見るのが相当であり，使用借権のほかにさらに使用料まで加算することはできないとした裁判例がある（東京地判平成15・11・17判タ1152号241頁）。

Episode 3　成年後見の申立てと遺産分割紛争

5　双方からの再聴取と中間合意

　中間評議後，当事者双方から評価についての意見を再聴取したところ，当事者双方立会いの上，遺産の評価に関する合意をして，以下の記載内容のとおり，調書に記載した。

【第4回期日調書の記載内容】

> 手続の要領
> 　当事者全員
> 1　第3回期日調書添付の別紙遺産目録（以下「目録」という。）記載3の株式の評価額は，1株当たり160万円とする。
> 2　目録記載1(2)の土地の更地価額は4000万円とし，使用借権相当額は800万円とする。
> 3　相続開始時の評価額と分割時の評価額とを同一評価額とする。
> 4　目録記載1(1)の土地及び目録記載2の建物について，不動産鑑定を行うことを合意する。
> 5　上記鑑定費用は，各人の法定相続分に従い，各3分の1の割合で負担し，それぞれ，その負担額を予納することとする。
> 6　鑑定意見について異議を述べない。

6　終了時の双方立会手続説明

　調停委員から，今回の期日において，遺産の評価について中間合意ができたことを確認した上，当事者双方に対し，次の期日では特別受益・寄与分について，取り上げたいと伝えた。また，特別受益・寄与分の主張の整理については，鑑定の結果とは無縁であることから，鑑定の結果を待つことなく，期日を設定することについての提案があり，双方代理人の了解を得た。
　そして，申立人には，特別受益については，表形式で整理した方が分かりやすいことから，特別受益主張を一覧表の形式で提出するように求めるとともに，相手方美衣子が寄与分の主張を予定していることから，相手方美衣子に対して，主張予定の寄与分の類型を確認の上，寄与分のリーフレットを渡して，資料とともに寄与分一覧表を提出するように求めた。

Scene 9

 寄与分に関する当事者向けリーフレット

　寄与分（民904条の2）については，家業従事型や療養看護型等の複数の類型があり，各類型によって要件や疎明資料が全く異なるなど，特に代理人を選任していない当事者にとっては必ずしも理解が容易ではない。そこで，東京家庭裁判所の遺産分割専門部（家事5部）では，当事者向けのリーフレットを用意して，寄与分の類型（234頁参照）ごとに主張のポイントを明示し，証拠資料の例示をするなどの方法により，当事者が寄与分の意義を理解して，要件を踏まえた主張ができるよう工夫している（小田ほか・遺産分割事件の運用14頁）。

7　特別受益・寄与分に対する双方の検討内容

(1)　甲野弁護士の検討

　太郎の話から，①美衣子の自宅敷地の無償使用，②美衣子長男夏男の学費，③生命保険の3点が特別受益の問題になりそうである。もっとも，②は孫に対する贈与ともいえ，また，③は金額によるが，本件の場合遺産総額が2億3975万円であることから，少なくとも5000万円を超えるような生命保険金でなければ特別受益を主張するのは難しいといえる。①の敷地の無償使用については，美衣子は持戻し免除を主張するだろうが，美衣子は離婚して戻ってきたとはいえ，それだけで美衣子を特に優遇するような事情といえるかは疑問である。少なくとも，特別受益を認めないのであれば，不動産は更地評価にしてもらう必要がある。

　また，美衣子は，栄子を療養看護したとして寄与分の主張をしてくることが想定される。

(2)　乙川弁護士の検討

　寄与分の主張は，民法で「特別の寄与」とあるように，実務上でも「ハードルが高い」と言われているので，書面づくりには工夫が必要である。調停での話合いのためには，「寄与分主張整理表」が分かりやすいが，遺産分割の調停・審判の中で合意ができなければ，別途寄与分の調停・審判（家事別

Episode 3 成年後見の申立てと遺産分割紛争

表第二の 14) を申し立てる必要があるから,その点を見据えて主張書面の提出も検討することになる。

療養看護については,被相続人との同居を開始した平成 25 年以降の要介護認定通知書を美衣子から取り寄せて(紛失した年度があれば区役所で再発行を受ける),要介護度に応じた具体的な主張をしなければならない。

 寄与分の実務

1 寄与分とは
　共同相続人中に,身分関係や親族関係から通常期待される以上に被相続人の財産の維持または増加について特別の寄与をした者があるときに,その寄与者の相続分に寄与分の額を加算するものであり,扶養義務の範囲内の貢献は特別の寄与に当たらない。
　この特別の寄与を評価して算出した割合や金額のことを,寄与分という(民 904 条の 2)。

2 寄与行為の類型
寄与行為の類型には,次の 5 類型があると言われている。
(1) 家業従事型
　家業である農業や商工業等の被相続人の事業に従事した場合
(2) 金銭等出資型
　被相続人に対し,財産上の利益を給付した場合
(3) 療養看護型
　相続人が,病気療養中の被相続人の療養介護に従事した場合
(4) 扶養型
　相続人が被相続人を扶養し,被相続人が生活費等の出費を免れたため,財産が維持された場合
(5) 財産管理型
　被相続人の財産を管理することによって財産の維持形成に寄与した場合

3 寄与分の成立要件
　寄与分の成立要件は,①寄与行為の存在,②寄与行為が「特別の寄与」と評価できること,③被相続人の財産の維持または増加があること,④寄与行為と被相続人の財産の維持または増加との間に因果関係があると評価できることの 4 つに分けられると

234

考えられている。特に「特別の寄与」としては，被相続人と相続人の身分関係に基づいて通常期待されるような程度を超える貢献であることが必要とされており，夫婦間の扶助協力義務（民752条）や親族間の扶養義務・互助義務（民877条1項）の範囲内の行為は，「特別の寄与」には当たらないことになる。

4 療養看護型の寄与分の算定について

本エピソードでは，療養看護型の寄与分が問題となっている。高齢化社会を背景として，相続人が被相続人の介護を行ったことで，被相続人が財産的な支出を免れたのであれば，そのことを寄与分として認めるケースも少なくない。

その場合の寄与分の算定の基礎となる療養看護行為の評価については，平成12年4月に介護保険制度がスタートして以降は，介護保険における「介護報酬基準」が用いられることが多くなっている。

Episode 3　成年後見の申立てと遺産分割紛争

Scene 10　第5回調停期日
——特別受益についての協議

I　期日間に提出された資料・書面

【書式3-9】申立人主張書面（特別受益）

平成28年（家イ）第〇〇〇〇号　遺産分割調停申立事件
申立人　　山田　太郎
相手方　　山田　美衣子　外1名
　　　　　　　第2主張書面
　　　　　　　　　　　　　　　　　　　　平成29年5月23日
東京家庭裁判所家事部　御中
　　　　　　　　申立人手続代理人弁護士　　甲野　太一　㊞
第1　相手方美衣子の特別受益について
1　被相続人の土地の無償使用
　相手方美衣子は、平成元年に被相続人が所有する土地上に自宅を建て（なお、家屋の建設費用は山田益男が負担した。）（甲1）、以後、現在に至るまで同所に居住しているが、被相続人に対して地代等の対価は支払っておらず、無償で同土地を使用している。したがって、相手方美衣子は被相続人から同土地の使用借権の生前贈与を受けたものといえ、その評価額は、第4回調停期日で合意した800万円である。
2　相手方美衣子の息子である山田夏男の教育資金の贈与
　被相続人は、相手方美衣子の長男である夏男の大学の入学金、授業料（以下「学費等」という。）を負担しているが、夏男の学費等は本来夏男の親権者である相手方美衣子が支払うべきものである。したがって、相手方美衣子は、被相続人が相手方美衣子に代わって夏男の学費等485万円を支払ったことにより、485万円の利益を得ており、これは被相続人から相手方美衣子に対する生前贈与と評価すべきものである。
3　生命保険金の受領
　被相続人は、〇〇生命保険会社の生命保険に加入しており、受取人は相手方美衣子と指定されていたものと思われる。生命保険金については、保険金受取人である相続人とその他の共同相続人との間に生ずる不公平が民法903条の趣旨に照らし到底是認することができないほどに著しいものであると評価すべき特段の事情が存する場合は、特別受益に当たるとされていることから、申立人は相手方に対し、生命保険金受領の有無及び生命保険金の金額について明らかにするように求める。
4　以上より、申立人は、相手方美衣子に対して、特別受益として、1285万円を遺産

> に戻すこと，及び，生命保険金受領の有無及び生命保険金の金額について明らかにすることを求める。
>
> 以上

【書式3-10】相手方美衣子主張書面（寄与分）

> 平成28年（家イ）第○○○○号　遺産分割調停申立事件
> 申立人　　山　田　太　郎
> 相手方　　山　田　美衣子　外1名
> 　　　　　　　　相手方山田美衣子主張書面（2）
> 　　　　　　　　　　　　　　　　　　　平成29年5月23日
> 東京家庭裁判所家事部　御中
> 　　　　　　相手方山田美衣子手続代理人弁護士　　乙　川　朱　美　㊞
>
> 第1　寄与分――被相続人に対する療養看護
> 　相手方美衣子は，もともと被相続人の自宅の隣家に居住しており，日頃から食事等の家事の手伝いをしていたところ，被相続人が平成24年12月に大腿骨骨折により入院し，平成25年1月に退院した以降は，被相続人を自宅に引き取って2人で同居しており，被相続人に対する療養看護による「特別の寄与」があった。
> 1　療養看護が必要であったこと――大腿骨骨折による歩行障害
> 　被相続人は入院当時85歳の高齢で手術に耐えられず，保存的治療及び歩行訓練等のリハビリを受けたが，歩行障害が完治しないまま車椅子を利用しての退院となった。以後，在宅でのリハビリ生活を余儀なくされ，区役所へ介護認定の申請を行ったところ平成25年2月に「要介護2」の判定を受けており，以後毎年「要介護2」の判定を受けていた（乙3の1～4・要介護認定通知書）。
> 2　特別な貢献――日常生活一般の介助等
> 　被相続人は年金及び賃料収入があり経済的に困ることはなかったが，退院後は車椅子生活を余儀なくされ，歩行障害は回復することなくむしろ年々悪化していたため，相手方美衣子において，日常生活一般の献身的な介助（起床，移動，食事の用意，洗濯，入浴・トイレの介助など。深夜にトイレに付き添うことも度々あった）を始めとして，散歩・買い物・整髪などのための外出の付き添い，通院・リハビリへの付き添い，服薬の管理，被相続人の自宅の掃除，固定資産税や治療費等の支出の管理など，特別な貢献をした。
> 　他の相続人（申立人，相手方次郎）は，被相続人に対する療養看護を一切行っておらず，相手方美衣子には同居の親族による扶養義務をはるかに超える特別な貢献があった。
> 3　無償性
> 　療養看護に当たって被相続人から報酬を受けたことはない。申立人が使途不明金が

Episode 3　成年後見の申立てと遺産分割紛争

あると指摘した支出については，一部返還することで合意が成立しているから，これを療養看護に対する報酬として評価すべきでない。
4　継続性
　相手方美衣子が被相続人の療養看護に当たった期間は，病院を退院した平成25年1月20日から，肺炎のため緊急入院した平成28年7月2日まで，約3年6か月（1260日）と長期間であった。
　なお，平成26年7月ころから週1回デイサービスを利用したこともあったが，その日数はわずか100日間である（乙4の1〜12・介護サービス利用票）。
5　専従性
　相手方美衣子は，長男夏男が結婚後独立しているため一人暮らしであった。相手方美衣子は，㈱YMDの取締役であるが，非常勤であり，かつ，本社へ出社するにも隣の建物であるため，仕事に時間を取られることなく，被相続人の療養看護に専従していた。
6　財産の維持又は増加との因果関係
　相手方美衣子の療養看護によって，被相続人は職業看護人に支払うべき報酬等の監護費用の出費を免れた。
　具体的には，近親者付添費の日額6500円（交通事故の「赤い本」による）に，デイサービスを除き療養看護に当たった1160日を乗じると，相手方美衣子の寄与分は754万円となる。

以上

【書式3-11】相手方美衣子資料説明書（本文のみ）

号証	標目	作成年月日	作成者	立証趣旨
乙3の1〜4	要介護認定通知書	H25.2〜H28.2	○○区長	被相続人に対する療養看護が必要であったこと等
乙4の1〜12	介護サービス利用票	H26.7〜H28.6	○○ケアサービス	被相続人がデイサービスを利用した日数等
乙5	陳述書	H29.5.16	相手方美衣子	相手方美衣子が被相続人の看護をしていた事実等

II　事前評議
——生命保険の特別受益該当性

音無調停委員：申立人から，「生命保険金受領の有無及び生命保険金の金額について明らかにするように求める」との書面が提出されているのですが，これは，どのように扱えばよいのでしょうか。

四谷裁判官：生命保険金は，特別受益の対象となる贈与ではないのですが，最高裁の判例で「保険金受取人である相続人とその他の共同相続人との間に生ずる不公平が民法903条の趣旨に照らし到底是認することができないほどに著しいものであると評価すべき特段の事情が存する場合には，特別受益に準じて持戻しの対象になる」とされています（最決平成16・10・29民集58巻7号1979頁）。

そこで，受領した保険金の金額を特段の事情の存否の判断のために，明らかにしてもらう必要があるのです。

音無調停委員：なるほど。そこで，まずは，美衣子さんに保険金受領の有無と金額について明らかにするように求めることになるのですね。

四谷裁判官：そうですね。よろしくお願いします。

III　調停期日でのやりとり

1　開始時の双方立会手続説明

当事者双方から提出された書面及び資料を確認の上，これらに基づき双方の意見を聴取することとした。

2　申立人からの聴取

音無調停委員：夏男さんへの教育資金の贈与ですが，特別受益の持戻しの対象となるのは，共同相続人に対する贈与のみですから，お孫さんに対して贈与があったことにより共同相続人である美衣子さんが間接的に利益を得

Episode 3　成年後見の申立てと遺産分割紛争

ていたとしても，これは特別受益には該当しないのではないでしょうか。
甲野弁護士：この点については，主張書面にも書かせていただきましたが，夏男君の学費は，本来美衣子さんが支払うべきものであって，美衣子さんへの贈与と評価すべきとの主張です。裁判例（福島家白河支審昭和55・5・24家月33巻4号75頁）にも，真実は相続人に対する贈与であるのに名義のみその配偶者としたというような場合には，共同相続人に対する贈与として特別受益に該当するとしたものもあります。
音無調停委員：でも，その裁判例と本件では事案が違いますよね。本件のように孫の学費を支出しているような場合には，やはり，孫のための贈与であり，美衣子さんへの贈与ではないと思いますが。仮に，孫への教育資金の贈与が特別受益になってしまうと，最近の孫への教育資金贈与を非課税とする政策によって，孫への贈与が増えているようですが，これも全部特別受益になってしまいますよ。
甲野弁護士：その場合も例外的に特別受益となることもあるのではないでしょうか。それはともかく，その他の主張もありますし，相手方が任意に特別受益を認める可能性もありますので，聴いていただけないでしょうか。
音無調停委員：分かりました。まずは聴いてみましょう。

　その他，土地の無償使用については，持戻し免除の意思表示の主張がされる可能性が高いので，予め検討しておくように伝えた。

3　相手方らからの聴取

　相手方美衣子本人からは，代理人提出の主張書面では，美衣子の寄与分が754万円であると主張されているが，自分の寄与は，それどころではないとの話があった。主張書面は，美衣子と代理人で十分に打合せの上，作成されているものではあるが，本人の介護に対する思いを調停委員会にも伝えたいとのことであったため，調停委員において，傾聴することにした。
　また，美衣子から，生命保険についてなぜ明らかにする必要があるのかという抵抗があったものの，事前評議のとおり，判例によれば，相続財産の総額に占める割合によっては，特別受益に当たる可能性があることが説明され，

美衣子が受領した生命保険の金額を明らかにすることが了承された。

4　終了時の双方立会手続説明

次回期日までにそれぞれの主張に対する反論を準備することになった。

生命保険金が特別受益に当たるか

生命保険金は，特別受益の対象となる贈与には当たらないが「保険金受取人である相続人とその他の共同相続人との間に生ずる不公平が民法903条の趣旨に照らし到底是認することができないほどに著しいものであると評価すべき特段の事情が存する場合には，同条の類推適用により，特別受益に準じて持戻しの対象になる」（最決平成16・10・29民集58巻7号1979頁）。そこで，基本的には，保険金の額，この額の遺産の総額に対する比率等の客観的な事情により著しい不公平が生じないかを判断し，さらに，身分関係や生活実態等その他の事情から，それが公平を損なうといえないかどうかを判断することになる。

なお，最高裁決定の事案では，保険金額が遺産総額の10％にも満たないので，客観的に著しい不平等が生じているといえず，受取人である相続人は，被相続人の介護に協力するなど保険金を持戻しの対象にしなくとも公平を損なうとはいえないので特段の事情があるとまではいえないと判断された。

「客観的に著しい不平等が生じないかどうか」は，最高裁決定後の下級審の裁判例では，保険金の額が遺産総額に匹敵する事例（99％），遺産総額の61％を占める事例につき特段の事情が存するとの判断がされており，遺産総額の60％を超えれば，客観的に著しい不平等が生じているといえるのではないかと考えられている（田中寿生ほか「遺産分割事件の運営（下）東京家庭裁判所家事第5部（遺産分割専門部）における遺産分割事件の運用」判タ1376号〔2012年〕56頁）。ただし，60％を超えなければ，著しい不平等が生じていないというわけではなく，50％以下のときに特段の事情が存するといえるかどうかは，個別の判断による。

「相続人間の公平を損なうといえないかどうか」については，客観的に著しい不平等が生じている場合には，それが，相続人間の公平を損なうといえるというのが通常である。もっとも，この場合であっても，受取人である相続人が，被相続人と同居し，被相続人の介護をするなどの貢献があるときに，保険金を持戻しの対象にしなくとも公平を損なうとまではいえないとして，特段の事情が存在しないと判断されるかどう

Episode 3 成年後見の申立てと遺産分割紛争

> かについては，現在のところ，確立した見解はない。ただし，そのようなケースで実際に保険金が持戻しの対象とされた場合には，さらに，被相続人に対する特別の貢献が寄与分として主張されることになろう。

Scene 11 第6回調停期日
——特別受益と寄与分についての協議

I 調停期日間に提出された資料・書面

【書式3-12】 申立人主張書面（寄与分）

平成28年（家イ）第○○○○号　遺産分割調停申立事件
申立人　　山　田　太　郎
相手方　　山　田　美衣子　外1名
　　　　　第3主張書面
　　　　　　　　　　　　　　　　　　　　平成29年6月27日
東京家庭裁判所家事部　御中
　　　　　　　　　申立人手続代理人弁護士　　甲　野　太　一　

第1　被相続人に対する療養看護について
1　相手方美衣子による「特別の寄与」はないこと
　相手方美衣子は、同人が被相続人を療養看護したことにより、被相続人は職業看護人に支払うべき報酬等の監護費用の出費を免れたとして、相手方美衣子には、近親者付添費を基準とする754万円の寄与分が認められるべきである旨主張する。
　しかしながら、被相続人は、退院時は一応車椅子を使用したものの、入院中のリハビリにより手すりや杖を使って自力で歩行することは可能となっており（相手方美衣子が相手方美衣子宅の階段や廊下に手すりを付けるリフォームを行っていることからも明らかである）、自分でトイレに行ったり、食事をすることもできた。被相続人は日常生活において一定の介助を必要とすることはあっても、常時付添いが必要な状態にはなく、相手方美衣子が被相続人を家に残して外出することもしばしばであった。
　このように相手方美衣子は被相続人の療養看護に専従していたとはいえず、むしろ被相続人が専門家による適切なケアを受ける機会を奪っていたとさえ言い得る。
　相手方美衣子は、自ら進んで被相続人の自宅に隣接する被相続人の土地上に家を建てて（亡山田益男の資金負担による）居住し、被相続人が退院する際も申立人の反対を押し切って、被相続人を自宅に引き取って同居を開始したものである。
　これらの事情を考慮すれば、相手方美衣子が日常生活において被相続人に対して一定の介助を行っていたとしても、これらは同居の直系親族としての通常期待される扶養義務の範囲にとどまるものといえ、相手方美衣子に被相続人に対する療養看護につき「特別の寄与」はない。なお、相手方美衣子は、他の相続人は、被相続人に対する

Episode 3　成年後見の申立てと遺産分割紛争

療養看護を一切行っていない旨主張するが，申立人としては，何度となく相手方美衣子に被相続人の状況を尋ね，また，相手方美衣子宅にも足を運んだが，相手方美衣子が被相続人に会わせようとせず，申立人が被相続人と交流することを阻んでいたため，申立人としてはどうすることもできなかったものである。

2　相手方美衣子による被相続人の土地の無償使用

相手方美衣子は被相続人の土地上の自宅に平成元年から25年以上にわたって居住しているが，その間，被相続人に対して地代の支払を一切行っていない。申立人としては，美衣子がかかる土地の使用借権の設定を受けたことによる利益については特別受益である旨を主張しているところであるが（第2主張書面），これに対して相手方美衣子が持戻し免除を主張するのであれば，相手方美衣子は長年にわたって被相続人の土地を無償で使用することができたのであるから，そのような恩恵を与えた被相続人に対して療養看護をすることは「特別の寄与」には当たらないというべきである。

3　基準とすべき報酬額

相手方美衣子は，被相続人に対する療養看護による寄与分として，被相続人が出費を免れた職業看護人に支払うべき報酬等を，近親者付添費の日額6500円に療養看護に当たった1160日を乗じることによって算出している。

この点，相手方美衣子による療養看護が「特別の寄与」に当たるかは措くとしても，被介護者の状況によって介護に要する労力は異なるのであるから，報酬額はひとくくりに近親者付添費として算出するのではなく，介護種別に応じた報酬によって算出すべきである。被相続人は要介護2と認定されていたことから，基準となる身体介護報酬基準額は日額5840円であるところ，介護報酬基準は看護又は介護の資格を有している第三者に対して，介護機関を通じて支払われるものであることから，介護者自身の実際の報酬額は身体介護報酬基準額よりも低額であり，また，同居の親族として一定程度の療養看護が期待されるべき親族と第三者とでは自ずから報酬額も異なることから，基準額に0.7を乗じた金額を寄与分とすべきである。具体的には，5840円×1160日×0.7＝474万2080円である。

以上

【書式3-13】相手方美衣子主張書面（特別受益）

平成28年（家イ）第○○○○号　遺産分割調停申立事件
申立人　　山　田　太　郎
相手方　　山　田　美衣子　外1名
　　　　　　　　　　相手方山田美衣子主張書面（3）

平成29年5月27日

東京家庭裁判所家事部　御中
　　　　　　相手方山田美衣子手続代理人弁護士　　乙　川　朱　美　㊞

　申立人の平成29年5月23日付け第2主張書面に対し，以下のとおり反論する。
1　被相続人の土地の使用について──持戻し免除の意思表示
　被相続人の土地の使用については，被相続人による黙示の持戻し免除の意思表示（民法903条3項）があった。
　すなわち，相手方美衣子は，平成元年2月，元夫の不貞を原因として離婚をしたが，元夫には見るべき収入及び資産はなかったため，財産分与及び慰謝料の支払はおろか，夏男（当時11歳）の養育費の支払も受けられなかった。
　このような相手方美衣子の状況を不憫に思った被相続人は当時更地であった敷地を提供し，亡父山田益男は資金の提供をしたことで，相手方美衣子は同年7月に土地上に自宅を建築したものである。当時60歳超であった被相続人夫妻としても，自宅の隣に娘である相手方美衣子が居住することになれば，同人を頼りにし老後の面倒を見てもらうことができたのであり（現に，相手方美衣子は被相続人夫妻の老後の面倒を見続ける寄与をしてきた一方で，申立人及び相手方次郎が被相続人夫妻の世話をすることは皆無であった），被相続人の意思として，上記土地の使用を遺産分割において，相手方美衣子の特別受益として扱うことは全く予定していなかった。
2　相手方美衣子の息子である山田夏男の教育資金について
　(1)　受益者は夏男であること
　教育資金の支払を受けたのは夏男であり，相手方美衣子ではない。実質的にも，前述のとおり同人の元夫は夏男の養育費を一切支払っておらず，教育資金以外の養育費はすべて相手方美衣子が負担しているから，同人が特別の利益を受けたことにはならない。
　(2)　持戻し免除の意思表示
　仮に上記が特別受益に該当すると判断された場合でも，前述のとおり，相手方美衣子に不憫な状況や，老後の面倒への寄与に鑑みてされたものであるから，被相続人による黙示の持戻し免除の意思表示（民法903条3項）があった。
3　生命保険金の受領について
　(1)　持戻しの対象とならないこと
　相手方美衣子が○○生命から受領した保険金は3000万円であり（乙5），相続財産の総額2億3975万円に対する比率は約12.5％に過ぎず，また，相手方美衣子は平成

> 元年7月から被相続人夫妻の隣地に居住して同人らの老後の面倒を見続けたという事情もあるから，特別受益に準じるものとして扱うべき特段の事情はない。なお，特別受益性を認めた事案における上記比率は99.9％（東京高決平成17・10・27家月58巻5号94頁），61.1％（名古屋高決平成18・3・27家月58巻10号66頁）と極めて高率である。他方，9.6％（最決平成16・10・29民集58巻7号1979頁），6.1％（大阪家堺支審平成18・3・22家月58巻10号84頁）では持戻しの対象とされていない。
> 　(2)　持戻し免除の意思表示
> 　仮に特別受益に準ずると判断された場合でも，前述のとおり，相手方美衣子に不憫な状況や，老後の面倒への寄与に鑑みてされたものであるから，被相続人による黙示の持戻し免除の意思表示（民法903条3項）があった。
>
> 　　　　　　　　　　　　　　　　　　　　　　　　　　　　　　　　　　以上

II　事前評議
　　──特別受益・寄与分についての進行を確認

　期日前に，鑑定人作成の事務所兼自宅の鑑定価格を8000万円とする鑑定書が提出された。

1　特別受益

四谷裁判官：大きく問題となるのは，土地の無償使用と寄与分ですね。土地の無償使用については，被相続人の土地の上に相続人が建物を建てて所有し，被相続人に対して土地の賃料を支払っていなかった場合には，「使用借権」に相当する額の特別受益があるとされることが多いです。

五代調停委員：相続人がその土地上の建物で被相続人と同居していた場合など，持戻し免除の意思表示があるとして，特別受益に当たらない可能性があるんですよね。

四谷裁判官：そうですね。本件では，持戻し免除の意思表示の有無が争点ですね。ただ，明示の意思表示はありませんから，黙示の持戻し免除の意思表示が問題となります。黙示の持戻し免除の意思表示の有無の認定に当たっては，被相続人が特定の相続人に対して「相続分以外に財産を相続させる意思を有していたことを推測させる事情があるか否か」がポイントとなります。

音無調停委員：そうすると本件では，被相続人と同居していたということが，

「相続分以外に財産を相続させる意思を有していたことを推測させる事情」に当たるということですか。

四谷裁判官：一般的には，被相続人との同居のための居宅建設における土地使用権限の付与は，持戻し免除の意思表示を認めやすいと言われています。これは，相続開始時に相続できるものを相続開始を待たずに先渡ししたと見るよりも，同居させてくれる相続人に対し，法定相続分よりも多く渡してやろうと思っていたと見るのが合理的ではないかという判断です。ただ，本件では，美衣子さんの自宅の建設が平成元年であるのに対し，同居を始めたのが平成25年ですよね。

五代調停委員：土地使用の権限を付与した際には，同居を予定していなかったということですか。そうすると持戻し免除の意思表示があったとするのは難しそうですね。

四谷裁判官：まだ，調停の段階なので，結論を出しているわけではないですが，難しいかもしれませんね。美衣子さんの寄与分の主張もあるので，そのあたりと調整できないかと思っているのですが。

2　寄与分

音無調停委員：寄与分については，本件では，要介護2ということですが，これは特別の寄与に当たるのではないでしょうか。

四谷裁判官：そうですね。療養看護の行為が特別な寄与に該当するかどうかは，寄与分主張者がどのような看護をしたのかだけではなく，「被相続人がどのような病状にあり，どのような療養看護を必要としたのか」という点も重要なポイントとなります。一般的には，「被相続人が要介護2以上」の状態にあることが必要とされています。その上で，①療養看護の必要性，②特別の貢献，③無償性，④継続性，⑤専従性の要件が必要です。

　そして，療養看護型寄与分の算定方式は，「療養看護行為の報酬相当額×看護日数×裁量割合」となります。そうすると，裁量割合を0.7で計算した太郎さんの主張である474万2080円というのは，理屈としては，概ね妥当なところだと思いますね。

　そろそろ時間なので，何か問題があれば，中間評議に呼んでください。

Episode 3　成年後見の申立てと遺産分割紛争

III　調停期日でのやりとり
——調停委員会からの提案

1　開始時の双方立会手続説明

　当事者双方から特別受益と寄与分についての反論が提出されたので、確認の上、これに基づき、双方の意見を個別に聴取することとした。

2　申立人からの聴取

五代調停委員：生命保険金については、今回、相手方から証拠が出てきて、相続財産の総額に対する比率は、約12％程度のようですが。

甲野弁護士：生命保険金についての主張は難しいかもしれませんが、美衣子さんが得た利益を全く持ち戻さずに、寄与分まで主張するというのは、到底受け入れられません。

五代調停委員：そうですか、相手方からも、意見を伺いますので、交代してください。

3　相手方らからの聴取

音無調停委員：美衣子さんの寄与分の主張ですが、療養看護型寄与分の算定方式は、「療養看護行為の報酬相当額×看護日数×裁量割合」となっており、実務上、「療養看護行為の報酬相当額」については、介護保険制度の「介護報酬基準額」に基づく「療養看護報酬（日当）」を用いて算定しているので、相手方美衣子さんの主張する金額にはならないのではないでしょうか。

乙川弁護士：こちらの主張する近親者付添費の日額6500円ではなく、申立人の主張する5840円になるということでしょうか。

音無調停委員：それもそうですが、0.5から0.8の間で裁量割合が乗じられているのではないかと。

美衣子：え！　裁量割合で、2倍とか3倍にはならないのですか。こちらは、

大変な思いで介護をしていたのに。
音無調停委員：裁量割合とは，被相続人と寄与分の主張者との身分関係や「居住の利益」，「介護サービスの利用状況」，「他の相続人の協力状況」などの要素を考慮した割合のことですが，第三者の日当額を基準に乗じていますので，お気持ちは分かりますが，扶養義務のある親族が介護をした場合に，裁量で2倍や3倍になることはないのです。
美衣子：そうなんですか。
音無調停委員：仮に，裁量割合が相手方の主張するとおり，0.7になるとすると，寄与分の金額は，申立人の主張する474万2080円となりますよね。また，教育資金や生命保険金はともかく，仮に，土地の無償使用が持戻し免除の黙示の意思表示があったと認められない場合には，780万円を持ち戻す必要があることになります。
乙川弁護士：え！　持戻し免除の意思表示は認められないのですか。
音無調停委員：いや，仮の話なのですが，可能性は高いのではないでしょうか。美衣子さんの自宅の建設が平成元年であるのに対し，同居を始めたのが平成25年だとすると，同居目的の敷地の提供とはいえなさそうなので，持戻し免除の意思表示があったと考えるのは難しいのではないでしょうか。そう考えると，特別受益と寄与分については，双方が歩み寄る余地があるのではないかと思うのですが。
乙川弁護士：ちょっと，考えさせてください。
（乙川弁護士・美衣子，一度調停室を退室後再度入室）
乙川弁護士：本人と話し合ったのですが，申立人が特別受益の主張を撤回するのであれば，こちらも寄与分の主張の撤回を検討する余地もあります。
音無調停委員：「検討する余地もある」ですか。裁判官と評議をしますので，少々お待ちください。

4　中間評議

　裁判官と評議の結果，現段階の調停委員会の提案として，双方が特別受益・寄与分の主張をしないとする中間合意ができないか提案をすることになった。

Episode 3　成年後見の申立てと遺産分割紛争

5　申立人からの再聴取

音無調停委員：裁判官と評議の結果，あくまでも現段階の調停委員会の提案として，双方が特別受益・寄与分の主張をしないとすることにしてはどうかということになったのですが。

太郎：美衣子は，あんなにもらっているのに，考慮しないということですか。

音無調停委員：そうは言っても，栄子さんの面倒を見ていたのは事実なのでしょうから，ある程度の寄与分は認められるのだろうと思うのですよ。

太郎：それは，そうなのですが。

音無調停委員：申立人の特別受益の主張は，認められる部分もあるかもしれませんが，認められない部分もあると思うんですよ。その上で，本件を解決するに当たって，双方が歩み寄る余地はあると思うので，双方が特別受益・寄与分の主張をしないとする考え方もあるのではないでしょうか。

甲野弁護士：趣旨は理解できます。分割方法も含めて最終的な解決ができるのであれば，そのような合意もあるとは思うのですが，現段階で，こちらが特別受益の主張をすべて引っ込めるというわけにはいかないと思います。

6　終了時の双方立会手続説明

　再度，評議の結果，次回期日までに，それぞれが希望する分割方法を検討してくることとし，特別受益・寄与分の合意については保留することになった。また，自宅不動産の評価額については，鑑定書どおりの評価額（合計8000万円）で合意することの了承が得られたので，中間調書を作成した。

Ⅳ　調停期日後の美衣子代理人乙川弁護士の感想
——分割方法を考える

　①自宅の敷地については，現に居住しているから，他の当事者も美衣子が取得することで異論はないだろう。②問題は㈱YMDの株式だが，代表取締役の申立人が取得を希望しているから，美衣子が単独で取得することを希望しても裁判所は認めない可能性が高いのではないだろうか。申立人の保有割

合を薄めるために，次郎にも取得を希望してもらい，3名で分割取得というのがやっとであろう。被相続人50％，申立人35％，美衣子15％だから，被相続人分を3等分すると，申立人が過半数を超えてしまう。だが，㈱YMDでは定款で累積投票（会社342条）を排除していないから，美衣子の取締役の地位は維持できるであろう。とりあえず，美衣子を説得して，株式は3等分する案で調停条項案を提出してみよう。

【相手方美衣子代理人作成調停条項案】

調停条項（案）

（相続人の範囲）
1　当事者全員は，被相続人山田栄子（平成28年7月7日死亡）の相続人が申立人，相手方美衣子，相手方次郎の3名であることを確認する。
（遺産の範囲及び分割方法）
2　当事者全員は，別紙〔省略（中間合意調書と同じ）〕遺産目録（以下「目録」という。）記載の財産が被相続人の遺産であることを確認し，これを次のとおり分割する。
(1) 目録記載1(1)の土地及び目録記載2の建物は，申立人が取得する。
(2) 目録記載1(2)の土地及び目録記載5の現金は，相手方美衣子が取得する。
(3) 目録記載4の預貯金，投資信託及び国債は，相手方次郎が取得する。
(4) 目録記載3の株式（50株）は，申立人が17株，相手方美衣子が17株，相手方次郎が16株を取得する。
（代償金の支払）
3　申立人は，前項(1)記載の遺産を取得した代償として，相手方美衣子に対し1850万円，相手方次郎に対し825万円を支払うこととし，これらを平成29年○月○日限り，相手方らの指定する口座に振り込んで支払う。振込手数料は，申立人の負担とする。
（清算条項）
4　当事者全員は，以上をもって，被相続人の遺産及びその分割に関する紛争を一切解決したものとし，本調停条項に定めるもののほか，何らの債権債務がないことを相互に確認する。
（調停費用の負担）
5　調停費用は，各自の負担とする。

以上

Episode 3　成年後見の申立てと遺産分割紛争

Scene 12　第7回調停期日（調停不成立）──分割方法についての協議

I　双方からの聴取──話合いは平行線

　相手方美衣子の代理人が作成した調停条項案を基に，双方から，分割希望を聴取した結果，申立人太郎は㈱YMDの株式の全株の取得を希望し，相手方美衣子は，3人で平等に取得することを希望し，折り合いがつきそうにもないことが判明した。

II　中間評議──分割方法の原則

音無調停委員：太郎さんは，全株の取得を希望し，美衣子さんは，3分の1ずつ取得するべきだと言っています。
四谷裁判官：次郎さんは，どうなんですか。
五代調停委員：3分の1の取得を希望すると主張していますが，本当のところは分かりません。
四谷裁判官：そうですか。
音無調停委員：こういう場合は，どうなるのでしょうか。
四谷裁判官：遺産の分割方法としては，①現物分割，②代償分割，③換価分割，④共有分割の4つの方法があり，調停では，当事者全員が合意する限り，適宜の分割方法を選択することができ，柔軟な解決を図ることができますが，審判になると，①→②→③→④という優先順位で検討することになりますね。したがって，株式は，原則からすると，現物分割ということになるのではないでしょうか。とはいえ，実際には，それほど単純ではないので，まあ，みなさんの意見を聴いてみましょう。
五代調停委員：裁判官による説明を受けても，平行線のままだったら，不成立にするしかないでしょうか。

Scene 12

四谷裁判官：そうですね。調停に代わる審判（家事284条）をしたところで異議が出ると思いますので，審判手続に移行する方がよいでしょう。調停段階で段階的に進めてきたので，審判手続では迅速に進めることができると思います。

 分割方法の実務

　調停では，当事者が合意する限り，どの分割方法が選択されても構わないが，審判では，概ね，①現物分割，②代償分割，③換価分割，④共有分割という優先順位で検討していく必要がある。

① 現物分割

　現物分割が原則的な分割方法である。たとえば数筆の不動産がある場合や，現金や株式などを相続分に応じて取得させる。

　土地については分筆をして分割することも考えられるが，その場合には地積測量図を審判書に添付する必要があるので，必ず地積測量が必要となり，また，建築関係法令も確認して分筆の仕方を検討する必要がある。

　当然ながら，現物分割だけでは，当事者全員に具体的相続分に相当する遺産を取得させるのは難しいのが通常である。

② 代償分割

　代償分割は，現物分割に代えて，一部の相続人に特定の遺産を取得させ，他の共同相続人に対する代償金支払債務を負担させるという分割方法である。「特別の事情」（家事195条）がある場合に採用することができるが，現物分割との優先順位にほとんど差はない。

　この方法を検討する場合，審判では，当該相続人に支払能力があることも必要（疎明資料で確認する）であり，当該遺産の取得を希望する者の代償金支払能力が不足するために，②を断念することもある。

③ 換価分割

　換価分割は，現物分割，代償分割によることができない場合や当事者が遺産の換価を希望している場合に行われる。また，換価分割が，終局審判における分割方法として命じられる場合には，換価は形式競売の方法によることになるので，相続人全員の合意により任意売却して換価する場合と比べて価格が低くなるのが通常である。

253

Episode 3　成年後見の申立てと遺産分割紛争

> ④　共有分割
> 　共有分割は，遺産共有の状態から物権法上の共有とする分割方法である。その後の共有状態の解消には，相続人間で改めて共有物分割をしなければならないという課題を残すので，遺産共有状態を解消する遺産分割の方法としては問題がある。したがって，①から③までのいずれの方法によることもできない場合や当事者全員が共有取得に合意している場合に行われるもので，例外的な場合にのみ採用されている。

III　分割方法の聴取
——合意ができなければ審判へ

四谷裁判官：みなさんが㈱ YMD の株式の取得を希望しているとのことなのですが。

乙川弁護士：そうです。なので，3 分の 1 ずつでよいのではないかと。

甲野弁護士：こちらは，全株の取得を希望します。

四谷裁判官：そうですか。全株の取得を希望する相続人に，代償金が払える場合には，その相続人に取得させてもよいのではないかと思いますが。次郎さんは，全株の取得を希望するんですか。合意に基づく評価額は，8000 万円になりますが。

次郎：いや，私は，それほど取得したいと希望しているわけではないので。

四谷裁判官：そうですか。では，株式の全部の取得は希望しないということですね。美衣子さんはどうしますか。

乙川弁護士：こちらも，基本的には，可能であれば，全株を取得したいという考えですので，全株の取得を希望します。

四谷裁判官：代償金の支払はできるのでしょうか。

乙川弁護士：準備します。

四谷裁判官：そうすると，太郎さんと美衣子さんが全株の取得を希望しているということになりますが，話合いで解決するのであれば，どちらか高い値段をつけた方が取得するということはどうでしょうか。

太郎：どういうことですか。

Scene 12

四谷裁判官：第4回調停期日で調停委員からもご説明したとおり（227頁），要は，競売というかオークションというか，それぞれ，全株取得のために支払う金額を出して，高い方が取得するという合意をした上で，金額を検討していただいてきてもよいですし，競りのように，どんどん値をつけて最終的に高い値段をつけた方が取得するということでも構いません。いずれにせよ，その方法によることの合意ができなければ，この方法によることはできませんが。

甲野弁護士：評価については合意していますし，これ以上の高額の代償金は払えません。

四谷裁判官：そうですか。本当に全株を取得したいのであれば，合理的な方法だと思いますが，この方法は，全員の合意ができなければ採用することができないので，仕方ないですね。そうすると，遺産分割は，現物分割が原則ですので，株式は等分にするしかないと思いますが。等分にしても，太郎さんは発行済み株式の50％以上の株式を取得できるんですよね。

太郎：それはそうですが，納得できませんので，株式の全部を取得できないのであれば，合意をすることはできません。

四谷裁判官：それでは，仕方ありませんね。当事者間に合意が成立する見込みがないので，調停手続は不成立で終了し，審判手続に移行することにします。寄与分の主張をする場合には，審判期日の1週間前である9月14日までに，寄与分の申立てをしてください。株式の全株の取得を希望する当事者は，代償金の支払能力について，疎明する資料を提出してください。

 調停不成立の場合の審判手続への移行

　別表第二事件の調停事件が不成立により終了した場合には，「家事調停の申立ての時に，当該事項についての家事審判の申立てがあったものとみなす」と定められており（家事272条4項），当然に審判手続に移行する。

Episode 3　成年後見の申立てと遺産分割紛争

 寄与分を定める処分申立事件の実務

1　寄与分の申立ての必要性

　裁判所が寄与分の審判をする場合には，遺産分割の審判の申立て（民907条2項）とは別に，寄与分を定める処分の申立てが必要となる（民904条の2第2項）。なお，寄与分を定める調停の申立てをすることもできるが（家事244条），遺産分割の調停においては，寄与分を考慮した分割案を成立させることはできるので，寄与分を定める調停の申立ては必要的なものとはされていない。

2　寄与分を定める処分の審判事件の管轄と手続の併合

　寄与分を定める処分の審判事件の管轄は，遺産分割の審判事件が係属している場合には，その裁判所の管轄に属することになる（家事191条2項）。
　また，遺産分割の審判事件と寄与分を定める処分の審判事件が同一の裁判所に係属している場合には，審判の手続及び審判を併合してしなければならない（家事192条）。

3　審判の申立ての期間の指定

　裁判所は，遺産分割の審判の手続において，1か月を下らない範囲内で，当事者が寄与分を定める処分の審判の申立てをすべき期間を定めることができる（家事193条1項）。
　寄与分を定める処分の審判の申立てが裁判所が定めた期間を経過した後にされた場合には，その申立てを却下することができるとされている（家事193条2項）。

Scene 13 遺産分割の審判
——調停で段階的進行をした場合の審判手続

I 期日前に提出された書面等
——審判で主張する点を簡潔に

【書式 3-14】 申立人主張書面（分割方法）

　　申立人　　山田　太郎
　　相手方　　山田　美衣子　外1名
　　　　　　　　第4主張書面
　　　　　　　　　　　　　　　　　　　　　　平成29年9月21日
東京家庭裁判所家事部　御中
　　　　　　　　　　申立人手続代理人弁護士　　甲野太一　㊞

第1　取得を希望する遺産
1　事務所兼自宅不動産（土地・建物）（評価額：8000万円（鑑定結果））
　申立人は㈱YMDの事務所である上記土地建物の取得を希望しており，同土地建物を取得することに伴って生じる代償金については，支払う用意がある。他方，相手方らは同土地建物の取得を希望していないことから，同土地建物については申立人に取得させるべきである。
2　㈱YMD株式50株（評価額8000万円）
　申立人は㈱YMDの代表取締役であり，かつ現時点における同社の筆頭株主であることから，会社の安定的な経営の観点から，相続財産である同社の発行済み株式50株すべての取得を希望する。非上場会社において，株式が分散することは不要な混乱を招き，会社の安定的な経営に障害となるものである。事実，株式が分散したことにより，その後の経営が円滑に行われず，会社の価値が損なわれる結果となる例は枚挙にいとまがない。既に筆頭株主である申立人が代表取締役を務め，会社を経営している本件において，株式を分割して相続させることが不適当であることは明らかである。また，申立人は，本件株式を取得することに伴って生じる代償金については，支払う用意がある。したがって，相続財産である同社の発行済み株式50株は申立人に取得させるべきである。
3　相手方美衣子自宅敷地
　相手方美衣子が取得することに異論はない。

Episode 3　成年後見の申立てと遺産分割紛争

> 4　投資信託，国債を含む金融資産（4500万円）
> 　相手方次郎が取得することに異論はない。
>
> 　　　　　　　　　　　　　　　　　　　　　　　　　　　以上

【書式3-15】相手方美衣子主張書面（分割方法）

> 平成28年（家イ）第○○○○号　遺産分割調停申立事件
> 申立人　　山　田　太　郎
> 相手方　　山　田　美衣子　外1名
> 　　　　　　　　　　　相手方美衣子主張書面（4）
> 　　　　　　　　　　　　　　　　　　　　　　　平成29年9月21日
>
> 東京家庭裁判所家事部　御中
> 　　　　　　　　相手方山田美衣子手続代理人弁護士　　乙　川　朱　美　㊞
>
> 分割方法に関する相手方美衣子の意見は以下のとおりである。
> 第1　取得を希望する遺産
> 1　土地（評価額：更地4000万円，使用借権800万円）
> 　相手方美衣子の自宅の敷地として現に使用しており，申立人及び相手方次郎は取得を希望していないから，相手方美衣子に取得させるべきである。
> 2　㈱YMDの株式50株（評価額8000万円）
> 　相手方は，㈱YMDの取締役であるが，代表取締役である申立人の経営方針に問題があると考えており，会社の抜本的な改革を行うべきとの観点から，相続財産である同社の発行済み株式50株すべての取得を希望する。
> 　なお，申立人は，㈱YMDの代表取締役であることを理由に，50株すべての取得を希望しているが，相手方美衣子も同社の取締役である。同社の株主の内訳は，①被相続人50株（50％），②申立人35株（35％），③相手方美衣子15株（15％）であるので，仮に申立人が被相続人の株式をすべて取得するようなことになれば，申立人85％，相手方美衣子15％となってしまい，申立人によって相手方美衣子が取締役から排除されてしまう可能性がある。
> 3　事務所兼自宅（評価額8000万円）
> 　申立人が取得することに異論はないが，その代償金を具体的相続分に応じて相手方次郎及び同美衣子へ支払うべきである。
> 4　預金及び投資信託（評価額合計4500万円）
> 　相手方次郎が取得することで異論はない。
>
> 　　　　　　　　　　　　　　　　　　　　　　　　　　　以上

II　審判期日でのやりとり
　　──調停段階での合意と争点の確認

　審判期日前に申立人から第4主張書面，甲3（残高証明書），相手方美衣子から寄与分を定める処分申立書，主張書面（4），乙6（融資証明書）が提出された。

　裁判官から調停記録及び審判移行後に当事者から提出された資料について事実の調査を行った旨の通知がされた上，調停段階での遺産の範囲と評価についての合意が確認された。また，争点は，特別受益と寄与分，分割方法であることが確認され，他に主張立証はなく，話合いでの解決もやはり難しいとのことだったので，審理終結の上，審判日が平成29年10月20日と指定された。

遺産分割の審判

1　遺産分割審判事件の審理
　段階的進行モデルによる遺産分割調停が行われている場合に，調停不成立により審判手続へ移行するのは，特別受益・寄与分または具体的な分割方法につき，当事者の合意が形成できずに，法的な最終判断が求められることになる類型が主流である。この場合には，先行する調停手続において，①相続人の範囲，②遺産の範囲及び③その評価について当事者の合意が形成され，その成果が中間合意調書として残されているから，後続する審判手続では，これらを基に，当事者の合意を尊重した審理を行うことにより，審判による終局解決が迅速に行われている（小田ほか・遺産分割事件の運用19頁）。

2　事実の調査の通知
　別表第二事件では，家事審判の手続において，事実の調査をしたときは，特に必要がないと認める場合を除き，その旨を当事者及び利害関係参加人に通知しなければならない（家事70条）。これは，どのような資料に基づいて審判の判断がされるのかを当事者に明らかにする手続保障の要請に基づくものである。実際には，審判期日が開かれる場合には，同期日において，裁判官が調停記録及び審判移行後に当事者から提

Episode 3　成年後見の申立てと遺産分割紛争

出された資料につき事実の調査をした旨を口頭で告げることにより，事実の調査の通知を行っている。

この事実の調査の通知により，当事者は事実の調査の対象となった資料の閲覧謄写をすることにより，裁判所が判断の基礎とする資料を確認し，必要かつ適切な主張をする機会が保障されることになる。

3　審理の終結

家庭裁判所は，別表第二事件では，申立てが不適法であるとき等を除き，相当の猶予期間を置いて，審理を終結する日を定めなければならない。ただし，当事者双方が立ち会うことができる家事審判の手続の期日においては，直ちに審理を終結する旨を宣言することができる（家事71条）。

紛争性の高い別表第二事件では，当事者はそれぞれ，自ら審判の基礎となる資料を提出するとともに，他の当事者が提出した資料に対して十分な反論の機会を与えられ，攻撃防御を尽くすことが，手続保障上も，また実体的真実に合致した審判をする上でも重要である。同条が置かれた趣旨は，このような機会を保障するために，資料の提出期限を明らかにしておくことが必要であることによる。

4　審判日

家庭裁判所は，審理を終結したときは，審判をする日を定めなければならない（家事72条）。裁判所がその判断を示す日がいつであるかは，当事者にとって重大な関心事である。同条は，審判を待つ当事者に対して，判断がいつ示されるのか予告するための制度を設けたものである。

「審判をする日」とは，当事者及び利害関係人に裁判所が相当と認める方法で審判の告知をすることができる日とされている。審判日に当事者が来庁する必要はなく，当事者は来庁して審判書を受け取ることもできるし，来庁しない場合は，裁判所から審判書を送達して審判を告知することになる。

遺産分割事件の審判日は，特段の事情がない限り，審理終結日から概ね2か月以内に指定される。

Ⅲ　審判の告知

審判日には，民事訴訟の判決言渡しのように，何らかの期日が開かれるわけではなく，審判日の翌日には，それぞれの代理人事務所に審判書が送達された。

【書式 3-16】 審判書（遺産分割）

```
平成29年(家)第○○○○号　遺産分割申立事件（甲事件）
平成29年(家)第○○○○号　寄与分を定める処分申立事件（乙事件）
                  審　　　判
    東京都○○区××○丁目○番○号
      甲事件申立人兼乙事件相手方　　山　田　太　郎
                        （以下「申立人」という。）
      上記手続代理人弁護士　　　　　甲　野　太　一
    東京都○○区○○町○○番○号
      甲事件相手方兼乙事件申立人　　山　田　美衣子
                        （以下「相手方美衣子」という。）
      上記手続代理人弁護士　　　　　乙　川　朱　美
    福岡市○○区○○町○○番○号
      甲・乙事件相手方　　　　　　　山　田　次　郎
                        （以下「相手方次郎」という。）
      上記手続代理人弁護士　　　　　丙　山　惣　一
      本　　籍　東京都○×区××○○丁目○番地
      最後の住所　東京都○×区××○○丁目○番○号
      甲・乙事件被相続人　　　　　　山　田　榮　子
                        （平成28年7月7日死亡）
                  主　　　文
```

1　相手方美衣子の寄与分を475万円と定める。
2　甲・乙事件被相続人山田榮子の遺産を次のとおり分割する。
 (1)　別紙遺産目録記載1(1)の土地，同目録記載2の建物及び同目録記載3の株式のうち25株は，申立人の取得とする。
 (2)　別紙遺産目録記載1(2)の土地，同目録記載3の株式のうち25株及び同目録記載5の現金は，相手方美衣子の取得とする。
 (3)　別紙遺産目録記載4の預貯金は，相手方次郎の取得とする。
3　申立人は，相手方美衣子に対し，第2項(1)の遺産取得の代償として300万円を支払え。
4　申立人は，相手方次郎に対し，第2項(1)の遺産取得の代償として3600万円を支払え。
5　手続費用は，各自の負担とする。

                  理　　　由
本件記録に基づく当裁判所の認定判断は，以下のとおりである。
1　相続人・相続分

Episode 3　成年後見の申立てと遺産分割紛争

　甲・乙事件被相続人山田栄子（以下「被相続人」という。）は，平成28年7月7日に死亡し，相続が開始した。その相続人は，被相続人の子である申立人と相手方らであり，その法定相続分は，申立人及び相手方らが各3分の1である。
　2　遺産の範囲
　別紙遺産目録記載の財産（以下「本件遺産」という。）が被相続人の遺産であることは当事者間に争いがなく，本件記録によってもこれを認めることができる。
　3　特別受益
　(1)　土地の無償使用
　本件記録によれば，相手方美衣子は，平成元年2月ころ，被相続人の所有する別紙物件目録記載2の土地上に自宅を建て，以後現在に至るまで，同土地上の建物に居住していることが認められる。そうすると，被相続人から相手方美衣子に対し，同土地の使用借権相当額について，生計の資本としての贈与があったというべきである。
　相手方美衣子は，被相続人から持戻し免除の意思表示があったと主張するが，相手方美衣子の自宅の建設が平成元年であるのに対し，被相続人と同居を始めたのが平成25年であり，同居目的の敷地の提供とはいえず，かつ，同居の期間も3年程度に過ぎないことからすると，持戻し免除の意思表示があったと認めることはできない。
　そして，上記使用借権相当額を800万円とすることは当事者間に争いがないので，相手方美衣子の特別受益の額は，800万円となる。
　(2)　山田夏男に対する教育資金の贈与
　申立人は，被相続人が相手方美衣子の長男である山田夏男の大学の入学金，授業料として，485万円を負担しており，これが，相手方美衣子の特別受益であると主張する。しかしながら，特別受益として持戻しの対象となるのは，相続人に対する贈与のみであって，上記夏男の教育資金の負担については，被相続人の孫である夏男のための費用の負担であるから，相手方美衣子が間接的に利益を得ているとしても，特別受益には当たらない。
　(3)　生命保険金
　申立人は，相手方美衣子が取得した保険金3000万円が特別受益に当たると主張する。
　被相続人の死亡を保険事故とする死亡保険金は，特別受益の対象となる贈与には当たらないが，保険金受取人である相続人とその他の共同相続人との間に生ずる不公平が民法903条の趣旨に照らし到底是認することができないほどに著しいものであると評価すべき特段の事情が存する場合には，同条の類推適用により，特別受益に準じて持戻しの対象になると解すべきである（最決平成16・10・29民集58巻7号1979頁参照）。
　本件においては，相手方美衣子が取得した保険金が3000万円であり，後記5のとおり，相続財産の評価額が2億3975万円であって，その割合が約12.5％に過ぎないことを考慮すると，上記特段の事情があるとはいえず，相手方美衣子の保険金の取得が特別受益に当たるとはいえない。

4　寄与分

　本件記録によれば，被相続人は，大腿骨骨折による歩行障害により，要介護2の認定を受け，平成25年1月20日から平成28年7月2日までの間，相手方美衣子が被相続人を自宅において療養看護したことが認められる。そうすると，相手方美衣子は，被相続人の療養看護をすることによって，被相続人の財産の維持形成に寄与したといえ，その時期，方法及び程度，相続財産の額その他本件に現れた一切の事情を考慮して，介護報酬基準額に基づく身体介護報酬額である5840円に療養看護を行った日数1160日（デイサービスを利用した100日を控除した日数）を乗じた上，裁量割合を0.7として，相手方美衣子の寄与分を475万円と評価するのが相当である。

5　遺産の評価

　当事者間に，別紙遺産目録記載1の土地及び同目録記載3の建物（以下合わせて「自宅不動産」という）の評価額を合計8000万円，同目録記載2の土地の評価額を3200万円，同目録記載4の株式の評価額を1株160万円とする合意がある。

　また，本件記録によれば，別紙遺産目録記載の財産の分割時の評価額は，別紙分割一覧表に記載したとおりと認められる。

　したがって，各当事者の具体的取得分は，別紙分割一覧表に記載したとおりとなる。

6　当裁判所の定める分割方法

　別紙遺産目録記載3の株式について，申立人及び相手方美衣子が，その全部の取得を希望している。

　そこで検討するに，遺産分割は，遺産に属する物又は権利の種類及び性質，各相続人の年齢，職業，心身の状態及び生活の状況その他一切の事情を考慮してすべきものであるが，あくまで被相続人の有していた財産を相続人に公平に取得させる手続であって，同族会社の経営権を決するものではない。そして，遺産分割の方法の選択に関する基本原則は，当事者の意向を踏まえた上での現物分割であることからすると，本件のように，相続人のうち同族会社の株式の取得を希望する者が複数いる場合であって，その者らがいずれも代償金の支払能力を疎明しているときは，その相続人に均等に取得させるのが相当である。

　また，申立人が自宅不動産の取得を希望しており，相手方美衣子が別紙遺産目録記載1（2）の土地を取得することを希望していることなど一切の事情を考慮すると，自宅不動産を申立人に，別紙遺産目録記載1（2）の土地を相手方美衣子に単独取得させることとして，別紙分割一覧表記載のとおり分割して取得させた上で，具体的取得分に満たない部分について，申立人に対し，代償金の支払を命ずるのが相当である。

　そうすると，本件において，申立人が相手方美衣子に支払うべき代償金は300万円，相手方次郎に支払うべき代償金は3600万円となる。

7　よって，手続費用の負担につき，家事事件手続法28条1項を適用して，主文のとおり審判する。

　　　　平成29年10月20日
　　　　　東京家庭裁判所家事部

Episode 3　成年後見の申立てと遺産分割紛争

	裁　判　官	四　谷　四　郎
（別　紙）遺産目録（省略）		

（別紙）

分割一覧表

山田栄子
（H28.7.7 死亡）

					相続人		
					太郎	美衣子	次郎
				相続分	1/3	1/3	1/3
				具体的相続分	81,000,000	77,750,000	81,000,000
				具体的取得分	81,000,000	77,750,000	81,000,000
	遺産	数量	相続開始時	分割時			
1	自宅不動産		80,000,000	80,000,000	80,000,000		
2	美衣子敷地		32,000,000	32,000,000		32,000,000	
3	YMD 株式	50.0	80,000,000	80,000,000	40,000,000	40,000,000	
4	預貯金等		45,000,000	45,000,000			45,000,000
5	現金		2,750,000	2,750,000		2,750,000	
	遺産総額		239,750,000	239,750,000	120,000,000	74,750,000	45,000,000
	特別受益				39,000,000	−3,000,000	−36,000,000
	美衣子		8,000,000				
	寄与分						
	美衣子		4,750,000				
			243,000,000				

具体的相続分の計算方法

　特別受益と寄与分が認められる場合の具体的相続分の確定方法は以下のとおりである。
　①　みなし相続財産
　特別受益と寄与分が認められる場合は，特別受益の額を相続開始時の遺産の評価額に加算し（持ち戻し），寄与分を控除して，みなし相続財産の額を算定する。
　②　本来の相続分

みなし相続財産の額に各相続人の法定相続分を乗じる。
③ 具体的相続分
　特別受益が認められる者については，当該相続人の本来の相続分から特別受益額を控除して，具体的相続分を算定し，寄与相続人については，寄与分の額を加えて，具体的相続分を算定する。
④ 具体的相続分率
　各相続人の具体的相続分の総額（すなわち，相続開始時の遺産の額）を分母とし，各相続人の具体的相続分の額を分子とする割合である。
⑤ 具体的取得分（現実的取得分）
　遺産分割時の遺産の評価額に，各相続人の具体的相続分率を乗じて算定する。これが，当該相続人が遺産分割により取得できる遺産の額となる。

（例）　被相続人の子2人（A・B）が相続人。遺産総額は相続開始時1000万円，分割時800万円，Aの寄与分の額が300万円，Bの特別受益の額が500万円の場合
① みなし相続財産　1000万円＋500万円－300万円＝1200万円
② 本来の相続分　　1200万円×1／2＝600万円
③ 具体的相続分
A　600万円＋300万円＝900万円
B　600万円－500万円＝100万円
④ 具体的相続分率
A　900万円／1000万円
B　100万円／1000万円
⑤ 具体的取得分
A　800万円×900万円／1000万円＝720万円
B　800万円×100万円／1000万円＝80万円

　本エピソードでは，相続開始時と遺産分割時の評価額を同一とする合意ができているので，以下のとおりとなる。
1　みなし相続財産（遺産＋特別受益－寄与分）

遺産	土地及び建物（自宅兼事務所）		80,000,000 円
	土地（美衣子宅敷地）		32,000,000 円
	預金3口座		35,000,000 円
	投資信託		5,000,000 円
	国債		5,000,000 円
	株式（㈱YMD）		80,000,000 円
	現金		2,750,000 円
	合計		239,750,000 円
特別受益（＋）	相手方美衣子		8,000,000 円
寄与分（－）	相手方美衣子		4,750,000 円
みなし相続財産			243,000,000 円

Episode 3　成年後見の申立てと遺産分割紛争

```
2　申立人
(1)　具体的相続分
243,000,000　×　法定相続分 1/3　＝　81,000,000
(2)　代償金
81,000,000－(自宅兼事務所 80,000,000＋株式 40,000,000)　＝　－39,000,000
3　相手方美衣子
(1)　具体的相続分
243,000,000　×　法定相続分 1/3　＝　81,000,000
81,000,000－特別受益 8,000,000＋寄与分 4,750,000　＝　77,750,000
(2)　代償金
77,750,000－(敷地 32,000,000＋株式 40,000,000＋現金 2,750,000)　＝　3,000,000
4　相手方次郎
(1)　具体的相続分
243,000,000　×　法定相続分 1/3　＝　81,000,000
(2)　代償金
81,000,000－(金融資産 45,000,000)　＝36,000,000
```

相続開始後に預貯金口座に入金があった場合の取扱い

　預貯金が遺産分割の対象となると判断した平成28年決定（本書205頁参照）の鬼丸かおる裁判官の補足意見は、相続開始後に被相続人名義の預貯金口座に入金が行われた場合、預貯金契約の性質上、共同相続人は、入金額が合算された１個の預貯金債権を準共有することになるものと解され、その全体が遺産分割の対象となるとした上で、相続開始後に残高が増加した分については、相続開始時に預貯金債権として存在したものではないことから、具体的相続分の算定の基礎となる相続財産の価額をどうとらえるかが問題となる旨の指摘をしている。

　例えば、相続開始と同時に当然に分割された可分債権の弁済金が被相続人名義の預貯金口座に入金された場合、当該預貯金口座の相続開始時の残高を具体的相続分の算定の基礎とするか、当該入金額に相当する財産の価額を加えて、具体的相続分の算定の基礎とするかで、具体的相続分が変わってくる。

　このような状況は、合意により預貯金債権を遺産分割の対象としていた従来の実務においても生じるものではあったが、預貯金の評価については、相続開始時も遺産分割時も現在の残高を基準とする合意をすることが多く、合意がない場合についての確立した取扱いはなかった。今後の実務の積み重ねによることになるが、共同相続人間の実質的な公平を図るという見地からすると、合意がある場合と同様に、預貯金につ

Scene 13

> いては，遺産分割時現在の残高を相続開始時における財産の価額であると評価するなど，入金額に相当する財産が相続開始時に存在したことを前提とするのが相当ではないだろうか。

 同族会社の株式の分割方法

　遺産分割は，遺産に属する物または権利の種類及び性質，各相続人の年齢，職業，心身の状態及び生活の状況その他一切の事情を考慮してすべきものである（民906条）。本エピソードにおいては，同族会社の株式の取得を希望する相続人が，いずれも全株式の取得を希望し，かつ現に会社の株式も保有し，取締役でもあることなどから，遺産分割は，同族会社の経営権を決するものではないとして，50％ずつの現物取得とされている。

　ところで，東京高決平成26・3・20判時2244号21頁は，会社法174条や中小企業における経営の承継の円滑化に関する法律の規定を挙げた上，比較的規模の小さな同族会社において，経営の安定のためには，株主の分散を避けることが望ましいということができ，このような事情は，上記の「遺産に関する物又は権利の種類及び性質」「その他一切の事情」に当たるとして，遺産である同族会社の株式を共同相続人に均等に取得するとした原審判を変更し，同族会社の後継予定者である相続人の単独取得とした。この裁判例の事案では，他の相続人は，同族会社の経営に関与していなかったものであり，株式についても，法定相続分の取得を希望しており，本エピソードのように，全株式の取得を希望していたものではないことからすると，結論として妥当な判断であり，同族会社の株式の分割方法が問題となるケースでは参考となるものである。

Episode 3　成年後見の申立てと遺産分割紛争

Scene 14　即時抗告の申立てとその後の顛末——YMD新体制の発足へ

I　即時抗告の申立て——不服申立ての方法

　裁判官からは，調停段階で，遺産株式は申立人と相手方美衣子とで50％ずつの取得になることが示唆されていたため，予想どおりの審判ではあったが，甲野弁護士が太郎と協議したところ，太郎は代表取締役である自分が株式を全部取得するのが相当であるとして，高裁の判断を求めたいとの意向を示したため，即時抗告の申立てをすることにした。

II　その後の顛末——身内の紛争はこりごりです

　即時抗告については，期日が開かれることもなく，抗告棄却の決定がされたため，甲野弁護士と太郎との間で，今後の方針について，打合せが行われた。

太郎：調停では，あんなに話を聴いてくれたのに，審判になるとあっけないものですね。
甲野弁護士：そうですね。特別抗告（家事94条）や許可抗告（家事97条）をして，最高裁の判断を求めることもできますが，憲法違反や法令解釈の重要な事項を含む場合に限られてきますので，なかなか難しいと思います。
太郎：そうすると，母が遺したYMDの株式全部を取得する方法はないということですか。
甲野弁護士：それこそ，調停で合意した評価額以上の値段での買取りであれば，美衣子さんも応じるかもしれませんが，美衣子さんとしては，これで，全体の3分の1以上の株式を確保した状態ですので，審判が出ている以上，単に譲ってくれというのは難しいでしょうね。

太郎：そうですよね。

甲野弁護士：YMDの連帯保証債務から美衣子さんを外すことを条件として，交渉することも可能ですが，そもそも銀行が応じてくれるかどうか分かりませんし，やはり金額の上乗せは必要ではないでしょうか。

太郎：これ以上の金額は，ちょっと難しいですね。まぁ，こちらも株式の過半数は確保しているので，それほど困ることはないかもしれません。それに，夏男君はうちの会社でしっかりやってくれているし，美衣子が余計なことを言い出しさえしなければ，もう，一郎と夏男君に任せてもいいのかもしれません。

甲野弁護士：いやいや，そんなこと言わずに，まだまだ大丈夫ですよ。

太郎：今回，裁判所には，美衣子の寄与分も認められましたが，特別受益も認めてもらえたので，内容的には，よしとすべきなんだと思います。とはいえ，身内の相続でもめるのは，もうこりごりですので，私も終活をしていこうかなと考えているんです。

太郎と美衣子の協議の結果，太郎は代表権のない会長となり，美衣子は取締役を辞任，一郎を代表取締役，夏男を取締役とする案が了承され，株式会社YMDの新体制が発足することになった。

 即時抗告の実務

1　即時抗告の概要

　別表第二事件の審判に対しては，即時抗告をすることができる。この審判に対する即時抗告期間は，2週間である（家事86条1項）。
　即時抗告の期間は，審判の告知を受けた日から進行し（家事86条2項），審判の告知を受ける即時抗告権者が複数ある場合には，即時抗告の起算点は，各別に決まる。
　即時抗告は，抗告状を原裁判所に提出してしなければならない（家事87条1項）。
　抗告状の写しは原則として原審の当事者及び利害関係参加人（抗告人を除く）に送付される（家事88条）。

Episode 3　成年後見の申立てと遺産分割紛争

審判の確定は即時抗告期間内に提起された即時抗告により遮断される（家事74条5項。なお，特別抗告の提起〔家事94条1項〕または抗告許可の申立て〔家事97条2項〕があっても確定は妨げられない）。

抗告状に原審判の取消しまたは変更を求める事由の具体的な記載をしなかったときは，抗告人は，即時抗告の提起後14日以内に，抗告理由書を提出しなければならない（家事規55条）。

2　抗告裁判所における審理

家事事件手続法は，原則として，原審における当事者に対する抗告状の写しの送付（家事88条1項）及び陳述の聴取（家事89条2項）をしなければならない旨定めている。ただし，抗告状その他の事件の記録から当該即時抗告が不適法であると判断できる場合や，抗告状及び抗告理由書の記載等から抗告に理由がないとして速やかに即時抗告を棄却することができる場合には，原審における当事者に防御のための準備や反論の機会を保障する必要はなく，むしろ速やかに抗告却下または抗告棄却の裁判をすることが当事者の利益にかなうと考えられているため，「即時抗告が不適法であるとき又は即時抗告に理由がないことが明らかなとき」がその対象から除外されている。

Episode 4
遺言書をめぐる相続紛争 〜前妻の子と後婚の妻の対立〜

Episode 4 の主な登場人物

金田　厳男		遺言書を作成した後に亡くなった本件相続の被相続人
金田　節子		金田厳男の妻（後妻）で厳男の相続人
金田　純也		厳男の長男（先妻との子）
吉野　貴子		厳男と節子との子，長女
吉野　優太		貴子の子で，厳男・節子の孫
甲野　正勝		厳男から遺言書の作成を依頼され，遺言執行者に指定された弁護士
戊田　道夫		厳男から公正証書遺言の作成を依頼された公証人
春山　一郎		相続廃除の審判の担当裁判官
北川　恵子		相続廃除の審判の担当裁判所書記官
乙山　二郎		純也から相続廃除の審判及び遺留分減殺請求の委任を受けた弁護士
丙川　法子		節子，貴子，優太から遺留分減殺請求事件の依頼を受けた代理人弁護士
夏川　智美		遺留分減殺請求調停事件の担当調停官
山田　貴行		遺留分減殺請求調停事件の担当調停委員
鈴木　真美		同調停委員
秋野　三郎		遺留分減殺請求訴訟事件の担当裁判官

Scene 1 遺言の作成
——亡き後の遺産紛争の防止？

I 発端——後婚の妻に頼まれて

「貴子と優太のために早く遺言書を作ってちょうだい。」

これまで妻の節子から事あるごとに言われてきたことである。そろそろ遺言書を残すことにするか……。亡父から引き継いだ土地で不動産管理業を営む金田巌男は，先妻の子である純也との相続争いを危惧した妻の節子に急かされて重たい腰をようやく上げた。毎年税務申告をお願いしている税理士に相談にいくと，弁護士に相談するとよいとのアドバイスを受け，甲野正勝弁護士を紹介された。

【親族関係図】

II 遺言書作成の相談——遺言とは

巌男：金田と申します。よろしくお願いいたします。妻から遺言を作れとせっつかれていまして。妻とは再婚なんですが，前妻との間にも息子がいるので，なかなか複雑なんです。息子は昔から好き勝手し放題で，数年前には暴力をふるわれたこともあって，ここ数年は，全く連絡を取っていません。娘のところには可愛い孫もいることですし，私のものはすべて妻と娘に残

Episode 4　遺言書をめぐる相続紛争

してやりたいと思っています。

　甲野弁護士は，事前に巌男に対して作成を依頼していた親族関係図及び財産一覧表を参照しながら，次のような事情を聴き取った。

　　　昭和35年6月10日　　金田巌男・銅山静子婚姻
　　　昭和40年4月21日　　長男純也誕生
　　　昭和45年9月17日　　静子病死
　　　昭和49年11月3日　　金田巌男・宝塚節子再婚
　　　昭和50年3月24日　　長女貴子誕生
　　　昭和55年　巌男の亡父から相続した農地周辺が市街化地域に指定されたことから，農家を廃業し，不動産管理業を開始
　　　平成13年　　長女貴子婚姻
　　　平成15年7月4日　　長女貴子出産・孫優太誕生
　　　平成20年2月　純也が経営する会社(㈱ジェイカー)への融資を断ったところ，純也から暴行を受けて左腕に全治2週間の打撲及び裂傷の傷害を負った(警察へ通報する事態にはならなかったが，自ら病院へ行き治療を受けていたので，甲野弁護士への相談に先立ち，診断書の発行を受けた)。以後，純也とは疎遠であり，ここ数年は連絡を取っていない。

【財産一覧表】
① 自宅不動産（東京都江戸川区，敷地330㎡，木造2階建て）
② 貸地（東京都江戸川区，160㎡）
③ 駐車場（東京都江戸川区，700㎡）
④ リゾートマンション（長野県軽井沢町，1部屋100㎡）
⑤ 預貯金（JA・A銀行・B銀行に合計約7000万円）

# 遺言書の実務

1 遺言能力

有効な遺言をするためには遺言者に遺言能力が必要である（民963条）。民法上15歳以上であれば遺言能力が認められ（民961条），また，成年被後見人であっても事理弁識能力を回復しているときには遺言ができるとされている（民973条）から，遺言能力としては，取引行為における行為能力の程度までは必要とされないものの，当該遺言の内容及びその効果を理解する意思能力を有することが必要といえる。このような遺言能力の有無は，当該遺言の内容や遺言時の遺言者の心身の状況等から個別具体的に判断される。

公正証書遺言でも，事後的に遺言能力が争われ，無効の判断がされることもある（判例など詳しくは土井文美「遺言能力（遺言能力の理論的検討及びその判断・審理方法）」判タ1423号15頁参照）。そこで，公証人においても，遺言者の遺言能力に疑問を感じたときには，診断書の提出を求めるなどして，後日争いとなることを防止するための慎重な判断がされている。

遺言者に遺言能力がなかったとして遺言の効力を争うためには遺言無効確認の調停または訴訟によることとなる。遺言無効確認の訴えを提起しようとする者はまず家庭裁判所に家事調停の申立てをしなければならない（家事257条1項）。もっとも，調停前置は訴訟要件ではないから，調停を経ずに遺言無効確認訴訟を提起した場合でも，訴えが不適法になるものではなく，受訴裁判所は原則として事件を家事調停に付すことになるが，そのまま訴訟手続で審理がされることもある（家事257条2項）。

遺言無効確認請求事件の原告適格は原則として相続人及び承継人に認められ，被告適格は原則として相続人，受遺者及び承継人に認められる。また，遺言執行者がいる場合には，遺言執行者が原告となることができ（大決昭和2・9・17民集6巻501頁），他方で，相続人は，遺言執行者を被告として遺言の無効を主張することができる。

遺言執行者の定めのある遺言で不動産が遺贈された場合にその遺贈を無効として争う場合には，移転登記前であれば，相続人は，遺言執行者を被告として遺言の無効を主張するとともに自己が持分権を有することの確認を求める訴えを提起できるが（最判昭和31・9・18民集10巻9号1160頁），移転登記が完了した後には，遺言執行者の権限がなくなるため，受遺者を被告としてその抹消登記手続を請求しなければならない（最判昭和51・7・19民集30巻7号706頁）。

また，遺言無効確認の訴えは，原則として固有必要的共同訴訟ではないと解されているので，争いのある相続人のみを当事者とすれば足りる。

Episode 4　遺言書をめぐる相続紛争

2　遺言事項

　遺言書は，遺言者の最終意思を記載したものであるが，記載内容のうち法的に効力を有するものは一定の事項（遺言事項）に限定される（下表参照）。遺言事項に該当しない事項，たとえば，「家族仲良く暮らしてもらいたい。」といった内容が記載されることもあるが（付言事項と言われる），これは，相続人らの気持ちに訴えかける効果は期待できるものの，法的な効力を有するものではない。また，遺言は，単独行為であるから，相手方の同意を要する事項についても法的効力は有しない。

相続に関すること	推定相続人の廃除またはその取消し（民893条・894条2項） 相続分の指定または指定の委託（民902条1項） 特別受益の持戻し免除（民903条3項） 遺産分割の方法の指定または指定の委託（民908条） 遺産分割の禁止（民908条） 遺産分割における担保責任に関する別段の意思表示（民914条） 遺留分減殺割合の定め（民1034条ただし書）
相続以外の財産処分に関すること	遺贈（民964条） 遺贈に対する遺留分減殺割合の定め（民1034条ただし書） 一般財団法人設立の意思表示（一般法人152条2項） 信託の設定（信託3条2号） 生命保険金受取人の指定・変更（保険44条）
身分関係に関すること	認知（民781条2項） 未成年後見人の指定（民839条1項） 未成年後見監督人の指定（民848条）
遺言の執行に関すること	遺言執行者の指定または指定の委託（民1006条1項）
その他	祭祀主宰者の指定（民897条1項）

3　遺言書の種類

　遺言は，原則として，自筆証書，公正証書または秘密証書によってなされ（民967条），特別の方式としては死亡危急時遺言（民976条），伝染病隔離者遺言（民977条）等がある（公正証書遺言の作成や要件等の詳細は，282頁参照）。

	自筆証書（民968条）	公正証書（民969条・969条の2）
記載事項 （作成方法）	遺言者が全文，日付及び氏名を自署し，押印する。	・証人2人以上の立会い ・遺言者が遺言の趣旨を公証人に口授 ・公証人が，遺言者の口述を筆記し，これを遺言者及び証人に読み聞かせ，または閲覧させる ・遺言者及び証人が筆記の正確なことを承認した後，各人が署名押印する ・公証人が，当該証書は民法969条1号～4号までに掲げる方式に従って作ったものである旨を付記して，署名押印する
メリット	・いつでも作成することができ，変更も容易である。 ・費用がかからない。	・公証役場に保存され，紛失・滅失等の危険が低い ・方式違反等によって遺言が無効とされる可能性が低い
デメリット	・方式の不備で無効とされる可能性がある ・公正な保管が保証されないため，紛失，滅失，偽造等のおそれがある ・専門家の関与がないため，記載内容の解釈が問題となることが多い	・費用がかかる
その他	検認必要	検認不要

4　自筆証書遺言の検認

　検認とは，検認の日現在における遺言書の状態を明確にして遺言書の偽造・変造を防止するための手続であり，公正証書遺言以外のすべての遺言書に要求される（民1004条，家事別表第一の103）。検認は，遺言の有効・無効を判断する手続ではないため，検認を受けた遺言書であっても，後日，その効力について民事裁判で争うことができる。他方で，検認を経ないで遺言書を執行したり，封印のある遺言書を開封した場合であっても，遺言自体が無効となることはない（ただし，過料に処せられる〔民1005条〕）。なお，遺言の執行をするためには，遺言書に検認済証明書が付されていることが必要となるため，検認後に証明書の申請をする。

5　秘密証書遺言と死亡危急時遺言

　秘密証書遺言は，遺言内容を秘密にしつつ，公証人及び証人の前に封印した遺言書

Episode 4　遺言書をめぐる相続紛争

を提出してする遺言の方式をいう（民970条）。自筆証書遺言と異なり、遺言自体は自筆である必要はなく、代書、パソコンによることも可能であるが（パソコンで作成した場合は、パソコンを操作して遺言を入力した者が筆者であるから、その者を筆者として申述しないと方式違反で無効となる〔民970条1項3号〕）、自筆の場合には、秘密証書遺言としての要件を欠いても、自筆証書遺言としての要件を具備していれば自筆証書遺言として有効となる（民971条）。公証人の一定の関与の下に作成されるものではあるが、公正証書遺言ではなく、作成後は自ら遺言書を保管する必要があり、また、相続開始の際には家庭裁判所の検認を要する。

　死亡危急時遺言は、疾病その他の事由によって死亡の危急が迫った者が、証人3人以上の立会いをもって、その1人に遺言の趣旨を口授し、口授を受けた者がこれを筆記して遺言者及び他の証人に読み聞かせまたは閲覧させ、各証人がその筆記の正確なことを承認した後、これに署名押印する方法による遺言である（民976条）。死亡危急時遺言は、遺言の日から20日以内に証人の1人または利害関係人が家庭裁判所に請求して確認（審判）を得なければならず（民976条4項）、遺言確認の審判がされた遺言であっても、遺言者が普通の方式によって遺言をすることができるようになった時から6か月間生存するときは効力を失うことになる（民983条）。遺言確認の審判がされた遺言であっても、相続開始後には裁判所の検認が必要である。

6　相続させる趣旨の遺言

　遺言において「相続させる」という表現が用いられることがあるが、この「相続させる」遺言の趣旨については、これを特定遺贈と遺産分割方法の指定とのいずれと解するかについて議論がされていた。この2つの実質的な相違点は、①特定遺贈では相手方は相続人である必要はないが、遺産分割方法の指定では相手方は相続人に限定されること、②特定遺贈は民法986条1項に基づいて放棄することができるが、遺産分割方法の指定であれば相続そのものを放棄しなければ放棄できないこと、③登記手続に関し、特定遺贈では登記義務者である相続人との共同申請になるが、遺産分割方法の指定であれば単独申請で移転登記が可能となること、④遺産が借地権または賃借権である場合、特定遺贈では賃貸人の承諾が必要であるが、遺産分割方法の指定では賃貸人の承諾は不要であることである。以前は、登録免許税の金額、農地法3条所定の許可の要否についても、いずれと解するかによって差異があったが、これらについてはその後の法改正等により差異はなくなっている。

　最高裁は、特定の遺産を特定の相続人に「相続させる」遺言について、遺言者の意思は当該遺産を当該相続人に単独で相続させようとする趣旨のものと解するのが合理的であるとして、遺言書の記載から、その趣旨が遺贈であることが明らかであるまたは遺贈と解すべき特段の事情がない限り遺贈と解すべきではなく、「相続させる」趣旨の遺言は、遺産分割方法の指定を定めたものであるとして、遺産分割の協議または審判を経ることなく、被相続人の死亡時に直ちに特定の遺産が特定の相続人に相続により承継される旨を判示した（最判平成3・4・19民集45巻4号477頁）。

なお，遺言で特定の遺産を「相続させる」とされた相続人が，遺言者よりも先に死亡した場合に，民法887条の規定により当該相続人の子が当該遺産を代襲相続できるかについて，最高裁は，「当該推定相続人の代襲者その他の者に遺産を相続させる旨の意思を有していたとみるべき特段の事情のない限り，効力は生じない」としている（最判平成23・2・22民集65巻2号699頁）。したがって，「相続させる」とされた相続人が遺言者よりも先に死亡した場合に当該相続人の相続人（遺言者の代襲相続人）に相続させたいのであれば，「○○が先に死亡した場合には，○○の子である△△に相続させる」といった予備的な遺言を入れる必要がある。

7　遺言の撤回

　遺言者は，その生存中は，いつでも，遺言の方式に従って，その遺言の全部または一部を撤回することができる（民1022条）。遺言の撤回は，その遺言の方式に従っていれば足り，自筆遺言を公正証書遺言の方法によって撤回することも，またその逆も可能である。

　遺言を撤回したものとみなされるのは，①遺言者が後にした遺言と抵触する部分の前の遺言，②遺言者がした遺言後の生前処分その他の法律行為と抵触する部分の前の遺言，③遺言者が故意に遺言書・遺贈の目的物を破棄したとき，破棄した部分についての前の遺言である（民1023条・1024条）。

　遺言は，一度撤回されると，その撤回行為が，撤回され，取り消され，または効力を生じなくなった場合でも，もとの遺言の効力が回復することはない（撤回行為が詐欺または強迫による場合を除く）（民1025条）。ただし，遺言者の意思が前の遺言を復活させるものであることが明らかな場合には，前の遺言の効力が復活することになる（最判平成9・11・13民集51巻10号4144頁）。

　遺言書作成の相談における留意点①──遺留分への配慮

　遺留分を侵害する遺言は，遺留分権利者が遺留分減殺請求権を行使した場合には，その限度で遺言に従った相続が実現できなくなるため，遺言作成を依頼された弁護士としては，各相続人の遺留分額を把握した上で，これを侵害しない遺言を作成するよう助言することが一般的である。しかし，依頼者によっては，遺留分を侵害してもよいから自分の思いどおりの遺言を作成したいと望むこともあるため，そのような遺言の作成を依頼されたときに，弁護士としてどのように対応すべきかは悩ましいところである。この点につき，遺言により遺産分割をめぐる紛争を未然に防止するという点を重視すれば，依頼者に遺留分減殺請求権が行使された場合には結局相続人間で争いとなる可能性が高いことを説明するなどして，

Episode 4　遺言書をめぐる相続紛争

遺留分を侵害する遺言の作成をできる限り避けるべきことになろう。

他方で，被相続人の意思に基づく財産の継承を実現するという観点からは，相続人が遺留分減殺請求権を行使するかは未確定であることも踏まえ，たとえ遺留分を侵害する遺言であっても，依頼者の求めに従った遺言を作成することも考えられよう。ただし，その場合であっても，遺留分減殺請求権が行使された場合には，遺言の内容どおりの相続は実現されず，かえって相続人間の紛争を招来しかねないことについて，十分に説明しておく必要がある。

なお，遺言者に，遺留分減殺請求が行使されるのであれば，特定の財産から減殺してもらいたいという意向がある場合には，遺留分減殺の順序を遺言に記載することも可能である（民 1034 条ただし書）。

甲野弁護士は，遺産はすべて妻節子と長女貴子・孫優太に残したいという厳男の強い意向を尊重し，廃除と遺留分の紛争の可能性を説明した上で次の内容の遺言公正証書案を作成した。遺言執行者の報酬については，後日協議により受領できると考えて条項に入れなかった。

①長女貴子には，軽井沢のリゾートマンション，駐車場を相続させる
②孫の優太に A 銀行と B 銀行の預金を遺贈する
③妻・節子には，自宅，貸地，JA の貯金，その他上記①〜②を除く一切の財産を相続させる
④長男純也は少年時の非行と厳男への暴行等を理由に推定相続人から廃除する

　遺言書作成の相談における留意点②——遺言執行者とその報酬

遺言執行者とは，遺言の内容を実現することを職務として，指定または選任された者であり，遺言者は遺言で，1 人または数人の遺言執行者を指定し，またはその指定を第三者に委託することができる（民 1006 条）。なお，遺言者が，遺言執行者を指定するのは，必ず遺言によることを要する。

遺言者は，遺言で遺言執行者を指定する際に，遺言執行者の報酬についても定めることができる（民 1018 条ただし書）。実務的には，弁護士を遺言執行者に指

定する場合には，遺言執行者の報酬について遺言作成の際に協議して定めておくことが一般的である。単に「相当額の報酬を付与する」とする例や，当該法律事務所の「報酬規程による」とする例などもあるが，後日の紛争を回避するという観点から，できる限り金額が明確となるよう定めておくのが望ましい。遺言に報酬についての定めがない場合には，遺言執行者は，遺言執行の完了後に，相続人と報酬について協議することになるが，合意ができない場合には，家庭裁判所に対して報酬付与の審判を申し立てることになる（民1018条1項本文）。

III 公正証書遺言の作成——公正証書で確実に

1 公証役場との事前のやりとり

　甲野弁護士は，平成23年1月12日，日ごろ公正証書遺言の作成や定款の認証をお願いしている〇〇公証役場の戌田道夫公証人に電話をし，公正証書遺言を作成したい旨を伝え，遺言書の案文について，戌田公証人とやりとりをした上で，遺言作成日の予約をし，併せて必要書類と費用についても確認をした。なお，証人は，甲野弁護士と事務所の職員（松本潤子）とした。

【公正証書遺言作成の必要書類】
本人確認書類（印鑑証明書。例外として運転免許証）
相続人であることの確認資料（戸籍全部事項証明書等や住民票）
財産関係資料（不動産の登記事項証明書，固定資産評価証明書，預金通帳の写しなど）

2 遺言書作成当日

〈平成23年1月21日　〇〇公証役場にて〉
甲野弁護士：おはようございます。今日はよろしくお願いします。
戌田公証人：公証人の戌田です。あなたが，本日，遺言書を作成する金田厳男さんですね。それから，甲野弁護士と事務員の松本さんが証人として立

Episode 4　遺言書をめぐる相続紛争

ち会われるということですか。（本人及び証人の確認をする）──要件①
（次頁，以下同）
　それでは，金田さんが作りたいと思っている遺言の内容をお話しいただけますか。

巌男：私，金田巌男は……（事前にやりとりして確定した遺言書の案文をもとに節子，貴子に相続させるもの，優太に遺贈するもの，純也を廃除することを伝える）。──要件②

戊田公証人：はい。分かりました。金田さんから伺ったことを文書にしたものを読み上げますので，証人と一緒に間違いがないかをよく聞いてください。「本公証人は，遺言者金田巌男の嘱託により……」（事前にやりとりをして確定した遺言書の案文を読み上げる）──要件③

戊田公証人：この内容で間違いありませんか。

巌男：はい。間違いありません。

戊田公証人：それでは，こちらに署名，押印をしてください。続いて証人の甲野弁護士さん，松本さんも署名，押印をしてください。
（金田巌男及び証人2名の署名押印）──要件④
（公証人の署名押印）──要件⑤

戊田公証人：これで遺言書の作成は終わります。原本はこちらで保管いたしますので，正本と謄本を持ち帰って大切に保管してください。

公正証書遺言の要件

1　公正証書遺言作成までの準備
　公正証書遺言を作成する場合には，依頼者が求める遺言内容を案文化して依頼者との間で確定させた上で，公証役場に連絡して遺言作成を依頼し，作成済みの遺言書案文とともに関連資料をFAX等で送信して公証人の事前確認を経ることが一般的である。また，事前に当日必要となる書類及び遺言書作成費用についても確認しておく必要がある。遺言書の内容や遺言者の年齢によっては，公証人から内容の確認や修正ま

たは遺産目録に関する追加資料や本人の遺言能力の確認のための診断書の提出を求められることもある。

　公正証書遺言の作成には，証人が2名必要であるが，①未成年者，②推定相続人及び受遺者並びにこれらの配偶者及び直系血族，③公証人の配偶者，四親等内の親族，書記及び使用人は証人になることができない（民974条）。適当な人物がいない場合には，公証役場で紹介してもらうこともできる（有償）。

　なお，弁護士が遺言執行者になる場合は，遺言公正証書に住所氏名が記載されることになるが，その住所が相続人全員に明らかになることから，①自宅住所を記載する方法だけでなく，②事務所住所を記載する方法によることもできるとされている。

2　公正証書遺言の要件（民969条）——作成当日の留意事項

　公正証書遺言作成の方式は，①証人2人以上の立会い，②遺言者による遺言の趣旨の口授，③公証人の筆記及び遺言者及び証人への読み聞かせ，④遺言者及び証人の署名押印，⑤公証人の署名押印と厳格に定められている（民969条）。

　実務的には，公証人が事前に作成していた遺言書の内容を遺言者本人と証人に読み聞かせ，遺言者の口からも同様の内容が述べられて間違いないと確認した上で，遺言者と証人が署名押印をする順番で行われることもあるが，このように筆記と口授の順番が前後した場合につき，最高裁判所は，民法969条2号の口授と同条3号の筆記および読み聞かせることとが前後したに止まり，遺言者の真意を確保し，その正確を期するため遺言の方式を定めた法意に反するものではなく遺言は有効であると判示している（最判昭和43・12・20民集22巻13号3017頁）。

　これに対し，遺言者が事前に公証人に遺言の内容を説明しておらず，公正証書遺言作成時も自ら遺言の内容を公証人に説明したのではなく，公証人が問いかけたのに対し声を出してうなずくのみであったという事案では，たとえ遺言公正証書を作成することが遺言者の意思に基づくものであったとしても，遺言者が公証人に対し遺言の趣旨を「口授」したと認めることはできないとして，遺言を無効とした裁判例がある（宇都宮地判平成22・3・1金法1904号136頁。ほかに公正証書遺言が適法な口授を欠き無効と判断した大阪高判平成26・11・28判タ1411号92頁）。

Episode 4　遺言書をめぐる相続紛争

【書式4-1】 遺言公正証書

平成23年第○○○○号　　　　　　　　　　　　　　　　正　本

遺言公正証書

　本公証人は、遺言者金田厳男の嘱託により、証人甲野正勝、同松本潤子の立会いのもとに、遺言者の口述を筆記してこの証書を作成する。

第1条　遺言者は遺言者の有する次の財産を、遺言者の妻金田節子（昭和25年2月8日生れ）に相続させる。

　1　不動産

　　（略）

　2　預貯金

　　ただし、葬儀費用については、預貯金から支払うこととする。

　　（略）

　3　第2条及び第3条に記載する財産を除く一切の財産

第2条　遺言者は遺言者の有する次の財産を、遺言者の長女吉野貴子（昭和50年3月24日生れ）に相続させる。

　1　不動産

　　（略）

第3条　遺言者は遺言者の有する次の財産を、遺言者の孫吉野優太（平成15年7月4日生れ）に遺贈する。

　　（略）

－1－　　　　　　公　証　人　役　場

第4条　長男純也（昭和40年4月2日生れ）は著しい非行があり、また、遺言者に対して重大な侮辱を与えたことから、遺言者は長男純也を相続人から廃除する。

第5条　遺言者は、本遺言の遺言執行者として、次の者を指定する。

　　　住　所　東京都○○区○○3-4-5

　　　弁護士　甲野　正勝（昭和○○年○○月○日生れ）

　　　　　　　本旨外要件

　　　東京都江戸川区○○

　　　遺言者　金田　巌男

　　　昭和10年1月15日生れ

上記の者については、印鑑証明書の提出により、人違いでないことを証明させた。

　　　東京都○○区○○3-4-5

　　　証人　甲野　正勝

　　　東京都○○区○○5-2-1-303

　　　証人　松本　潤子

以上のとおり読み聞かせたところ、一同その記載に誤りがないことを承認し、次に署名押印する。

　　　遺言者　金田　巌男　㊞

　　　（略）

Episode 4　遺言書をめぐる相続紛争

　遺言による推定相続人の廃除

　推定相続人の廃除は、被相続人が生前に審判事件として申し立てることもできるが（家事188条）、遺言事項であり、遺言によってされることもある（民893条）。その場合、遺言書に廃除事由（被相続人に対する虐待、重大な侮辱または推定相続人の著しい非行。民892条）に該当する具体的事実をどこまで記載するかは依頼者とよく話し合う必要がある。つまり、遺言による推定相続人の廃除の審判手続は遺言者の死亡後に行われることから、遺言者自身が同手続に関与することができないため、遺言書自体に廃除事由を具体的に記載することで、遺言者の生前の事実認識を証拠化しておくことができる。しかし、他方で、遺言書はその執行に際し、金融機関や登記所等相続人以外の者の目に触れることも少なくなく、そのような観点からは、具体的な事実を記載することは差し控えるべきとの考え方もあろう。今回のケースでは、診断書という証拠があること等を考慮し、遺言書における廃除事由の記載は抽象的なものにとどめている。なお、生前の被相続人の認識を証拠化しておく方法として、廃除事由に該当する具体的な事実について、宣誓供述書（公証人が、遺言者の陳述書に宣誓認証を与えるもので、公証人の面前でその記載が真実であることを宣誓した上で作成されたもの。公証58条の2）を活用することも考えられる。

Scene 2　遺言執行の着手
——遺言執行者の業務

I　遺言執行者の就任——遺言者の死亡

　平成28年1月30日に病気療養中の巖男が死亡した（享年81歳）。葬儀から1週間後，節子が貴子を連れて甲野弁護士へ弔問のお礼の挨拶に行ったところ，甲野弁護士は，巖男の相続に関する遺言執行業務の大まかな流れ，純也の相続人の廃除の見通しなどを説明し，「四十九日の法要後に遺言執行を開始しましょう」と伝えた。

遺言執行者の業務の流れ

　遺言執行の業務の大まかな流れは，次表のとおりである。遺言執行者に就任したときは直ちに任務を開始しなければならず（民1007条），遅滞なく財産目録を作成して，相続人に交付しなければならない（民1011条）。遺言執行者が行う遺言執行は，遺言書の内容によって様々であるが，その主要な業務は遺産（不動産，動産，債権）を相続人や受遺者に引き渡すことである。遺言執行が終了したときは，報酬（民1018条）や遺言執行費用（民1021条）の清算をして，業務が終了となる。

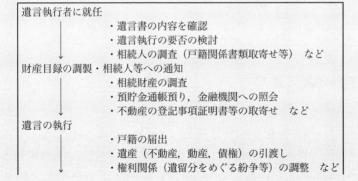

Episode 4　遺言書をめぐる相続紛争

```
相続人等への終了報告
　↓　　　　・事務処理費用，報酬の清算　など
　業務終了
```

遺言執行者選任・解任の審判

　本エピソードと異なり，遺言書で遺言執行者が指定されていない場合で，遺言書の執行のために遺言執行者を必要とするとき（受遺者への移転登記に相続人が協力しない場合など）は，受遺者等の利害関係人が家庭裁判所に対し遺言執行者の選任申立てをすることになる（民 1010 条，家事別表第一の 104）。

　他方で，遺言執行者がその任務を怠ったときその他正当な事由があるときは，利害関係人はその解任を家庭裁判所に請求することができる（民 1019 条 1 項，家事別表第一の 106）。実務上，遺言執行者と対立関係にある相続人や受遺者からの解任申立ても少なくないが，遺言執行者の解任事由としては，一部の相続人の利益に加担する等の公正な遺言の実現が期待できないような客観的事情が必要である（任務懈怠及び一部の相続人に対する偏頗不公平な扱い並びに遺言者に対する背信的行為を理由に解任を認めた例として東京高決平成 19・10・23 家月 60 巻 10 号 61 頁）。

II　遺言執行者の初動業務
　　――相続人に不信を抱かせないために

1　就任承諾の通知

　甲野弁護士は，四十九日の法要後の平成 28 年 3 月 17 日，遺言執行者の就任承諾の通知書を送付した。送付先は，相続人である節子，貴子，純也，受遺者である優太の 4 名とした。純也については，後日家裁へ相続人の廃除の申立てをする予定であったが，廃除による相続権喪失の効力（民 887 条

2項参照）は審判の確定によって生じ、その発生の効力が相続開始時にさかのぼるに過ぎない（民893条）。したがって、廃除を認める審判が確定するまでの間は、純也も相続人であることから、同人にも通知をした。

　なお、実務上、純也のような非受益相続人に対しては、遺言執行が妨害されるのを回避したいという理由から、まずは遺言執行（不動産移転登記等）を先行させ、後日その事実を知らせるといった例もあるようである。しかし、遺言執行者は、相続人の代理人として（民1015条）、遅滞なく財産目録を作成・交付し（民1011条1項）、善管注意義務に基づき遺言執行の状況等を報告しなければならないとされており（民1012条2項・645条）、かかる義務の相手方については、遺言によって利益を受ける相続人であるか、あるいは、遺留分を侵害されている相続人であるかといった区別はされていない。遺言執行者が相続人に対して財産目録を交付せず、事前に通知をしないまま遺産である不動産を処分したことなどが違法であるとして、相続人から遺言執行者に対する損害賠償請求が認められた裁判例（東京地判平成19・12・3判タ1261号249頁）もあることに留意する必要がある。

【書式4-2】遺言執行者の就任通知書

<pre>
　　　　　　　　　　　　通　知　書

　　　　　　　　　　　　　　　　　　　　　平成28年3月17日
関係者各位
　　　　　　　　　　　　　　　　　　東京都○○区○○3-4-5
　　　　　　　　　　　　　　　　　　　　　甲野法律事務所
　　　　　　　　　　　　　　　　　　　電話○○-○○○○-○○○○
　　　　　　　　　　　　　　　　　　　FAX○○-○○○○-○○○○
　　　　　　　　　　　　　　　　　　弁護士　甲野正勝　㊞

前略
　当職は、亡金田巌男殿（平成28年1月30日逝去、最後の住所：東京都江戸川区○○）より、平成23年1月21日付け公正証書遺言において遺言執行者として指定された者です。この度、遺言執行者に就任させていただくこととなりましたので、その旨通知いたします。
　今後、巌男様の遺産について調査し、財産目録を作成・交付させていただいた上で、遺言書のとおりに遺産の引渡し等を行う予定です。ご不明な点がありましたら当
</pre>

Episode 4　遺言書をめぐる相続紛争

職宛てにご連絡を頂きたく，お願い申し上げます。

草々

【添付資料】
1．平成23年1月21日付け公正証書遺言・写し　　1通

2　財産目録の作成・交付

(1)　甲野弁護士が行った財産調査

甲野弁護士が財産目録の作成のために行った調査は概ね次のとおりであった。

ア　不動産

節子から聴取したところ，4件の不動産についてはいずれも権利関係や使用関係に特に変更はないとのことであったが，念のため登記事項証明書を新たに取り寄せて確認した。なお，財産目録を作成するに当たって，個々の財産の価額まで調査する義務はないと解されているため（ただし，相続人の要求がある場合には，報告義務〔民1012条2項・645条〕に基づいて財産の価額を調査する必要があるとされている。新版注釈民法(28) 328頁〔泉久雄〕），この段階では不動産の価額調査（不動産業者への査定依頼）はしなかった。

イ　預貯金

預貯金については，解約・払戻しをした上で節子と優太にそれぞれ払戻金を振込送金することで執行を完了することも考えたが（この点，後記「相続させる旨の遺言と預金の払戻し」〔294頁〕参照），純也の相続人の廃除が認められるか不確定であることも考慮し，節子に説明した上，純也の相続人の廃除が確定するまでの間，預貯金通帳を一旦すべて節子から預かることとした。また，JA，A銀行，B銀行へ遺言執行者の就任通知を送付するとともに，相続開始時点の残高証明書の発行を依頼した。

ウ　貸付債権

節子から聴取した情報に基づき，純也の経営する㈱ジェイカー宛てに貸付金の有無を尋ねる内容の照会書兼回答書を送付したところ，同社から1000万円の借入金を認める内容の回答書が返送された。

Scene 2

エ　動産

家財道具については，特筆すべき高価品の存在は確認できなかったため，単に「家財道具一式」として記載することとした。

オ　相続債務

節子から，入院していた病院の医療費の領収書，不動産の固定資産税等の納付書，葬儀費用の領収書などを預かり，相続債務の確認をした。

(2)　財産目録の作成と交付

甲野弁護士は次のとおり財産目録を完成させ，平成28年4月11日に節子，貴子，優太，純也宛てに郵送した。

【書式4-3】財産目録

財　産　目　録（相続開始時：平成28年1月30日　現在）

平成28年4月11日
亡金田巖男様 遺言執行者
弁護士　甲野正勝　㊞
電話○○（○○○○）○○○○

1　不動産

番号	所在，種類，面積等	備考
1の1	江戸川区○○1丁目○○番地　宅地　330.00㎡	自宅不動産 金田節子に相続させる
1の2	江戸川区○○1丁目○○番　木造スレートぶき2階建　1階120.00㎡　2階80.00㎡　共有持分2分の1（ほか2分の1金田節子）	
2	江戸川区○○2丁目○○番地　宅地　160.00㎡	貸地 金田節子に相続させる
3の1	江戸川区○○2丁目○○番地1　宅地　300.00㎡	駐車場 吉野貴子に相続させる
3の2	江戸川区○○2丁目○○番地2　宅地　200.00㎡	
3の3	江戸川区○○2丁目○○番地3　宅地　200.00㎡	
4の1	長野県北佐久郡軽井沢町○○3丁目○○番地　宅地　共有持分○○○.○○㎡の内○○○分の○○	リゾートマンション 吉野貴子に相続させる
4の2	長野県北佐久郡軽井沢町○○3丁目○○番地○　鉄筋コンクリート造陸屋根6階建　専有部分501・100.00㎡	

2　預貯金

番号	種類（口座番号等）	金額・数量	備考
1	○○農業協同組合・江戸川支店　普通○○○○○○○	1000万円	金田節子に相続させる
2	○○農業協同組合・江戸川支店　定期○○○○○○○	2000万円	
3	A銀行・江戸川支店　定期○○○○○○○	2000万円	吉野優太に遺贈する
4	B銀行・江戸川支店　定期○○○○○○○	2000万円	
	現金・預貯金の合計額	7000万円	

3　その他財産

番号	種類等	備考
1	貸付金1000万円（㈱ジェイカー〔江東区○○1丁目2番3号〕）	
2	家財道具一式（自宅不動産内）	

Episode 4　遺言書をめぐる相続紛争

4　相続債務

番号	種類（債権者）	金額（円）	備考
1	未払金（○○病院）	80万円	入院費用等
2の1	公租公課（○○税務署）	300万円	平成27年度準確定申告所得税
2の2	公租公課（江戸川区）	100万円	平成27年度固定資産税・都市計画税第3期・第4期, 平成27年度住民税第4期
	負債の合計額	480万円	

3　遺言の執行──不動産，預貯金等

　財産目録の作成・交付を終えた後，甲野弁護士は，節子と貴子に知人の司法書士を紹介し，節子と貴子は，「相続させる旨の遺言」に基づき，平成28年4月12日付けで4件すべての不動産につき相続登記を完了させた。

　預貯金については，節子から「地代や駐車場料金の管理のため通帳が必要です。入院費，税金，葬儀費用等の立替金も精算したい」等と言われており，そのため，地代や家賃の入金口座であるJAの普通貯金の通帳については，解約・払戻しをせずにそのまま節子に返還し，節子が立て替えていた費用はこの預金で清算するよう伝えた。しかし，その他の節子に相続させるJA定期貯金，優太に遺贈されたA銀行及びB銀行の定期預金については，甲野弁護士は，「もし純也の相続人の廃除が家裁で認められなければ，遺留分減殺請求をしてくるだろう。そうだとすると，現時点で節子と優太に預貯金を全部渡すとすると，後でトラブルになるかもしれない」と考えて，「あの人（純也）に渡すつもりじゃないですよね」といぶかしがる節子に対し遺留分制度の説明などをした上で，引き続き遺言執行者として預かり，保管することとし，各金融機関に対してもその旨連絡をした。㈱ジェイカーに対する貸付債権についても，「すぐにでも返還請求したい」という節子に対し，純也の相続人の廃除の手続が完了した後で，節子が同社に対して返還請求するのがよいと節子にアドバイスした（純也の相続人の廃除の手続については，**Scene 3**を参照）。

Scene 2

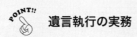 **遺言執行の実務**

1 相続させる旨の遺言と不動産登記手続

　相続させる旨の遺言は，遺産分割方法の指定であり，特段の事情がない限り，何らの行為を要せずして，被相続人の死亡時に直ちに相続により承継されるので，遺言執行者は遺言の執行としての登記義務は負わないというのが確立した判例である（最判平成3・4・19民集45巻4号477頁，最判平成7・1・24判時1523号81頁）。そのため，本エピソードでも，相続させる旨の遺言により不動産を承継した節子は，遺言書に基づき単独申請により「相続」を原因とする所有権移転登記手続をすることができ，遺言執行者である甲野弁護士が登記申請する必要はないのが原則である。

　しかし，不動産が被相続人名義でない場合にはその例外となる。たとえば，本件遺言書作成前に純也に不動産を相続させる旨の別の公正証書遺言書（旧遺言書）が作成されていたと仮定して，純也がこれを所持しており，新たに作成された公正証書遺言の存在を知らずに旧遺言書をもとに自らへの所有権移転登記を経ていたような場合は，甲野弁護士が，遺言執行の一環として，抹消登記手続，あるいは，節子への真正な登記名義の回復による移転登記手続を求めることになる（下図）。純也がこれに任意に応じない場合には，遺言執行者である甲野弁護士が原告となって，純也を被告とする登記手続請求訴訟を提起することになる（最判平成11・12・16民集53巻9号1989頁）。

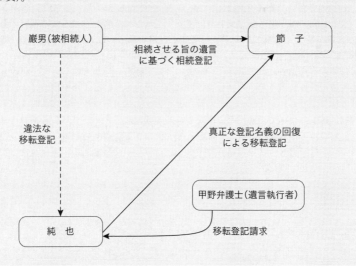

Episode 4　遺言書をめぐる相続紛争

2　相続させる旨の遺言と預金の払戻し

「相続させる旨の遺言」の対象が預貯金債権である場合の遺言執行者の権限については，最高裁の判例はなく，遺言執行者の払戻権限を否定する判例（東京高判平成15・4・23金法1681号35頁）もあれば，これを認める判例（東京地判平成24・1・25判時2147号66頁）もある。

そのため，遺言執行者の払戻請求に対する金融機関の対応は必ずしも一定しておらず，相続させる旨の遺言により節子に帰属することになった預貯金の解約・払戻請求をする場合には，遺言書に基づく遺言執行者の権限により当然に払戻しを受けられるものではなく，金融機関の求めに応じて必要な書類（節子の印鑑証明書等）を追完する必要も出てくることに留意すべきである。なお，預貯金の遺言執行については，解約・払戻しという方法だけでなく，定期預金の利息等によっては名義変更の手続をすることが受益相続人に有利な場合もあるので，この点も留意すべきである。

3　遺留分侵害がある場合の遺言執行

甲野弁護士は，遺留分侵害のおそれがあるとの理由で，預貯金の引渡しを一部留保したが，このような対応は妥当か。

一般論としては，遺言執行者の基本的な職務は，遺言内容を実現することにあって，遺留分問題を調整することではない。遺言執行者には遺留分権を侵害しないように遺言を執行する義務があるといった見解もあるが（伊藤昌司・相続法〔有斐閣〕160頁等），裁判例でも，遺留分減殺請求がされた状況で遺言の執行をした遺言執行者の不法行為責任は否定されている（東京地判平成18・5・31判例秘書登載）。ただし，法律の専門家である弁護士等に遺言執行を委ねる遺言者の通常の意思からすれば，遺留分問題の調整も事実上の役割として期待されているものと見るべきであろう（竹下史郎「疑わしい遺言執行者」新家族法実務大系（4）274頁，赤沼康弘「遺言執行者の職務執行に関する諸問題」判夕1380号49頁）。

孫の優太へ遺贈された預貯金については，遺言執行の対象となるので，甲野弁護士が預貯金通帳を管理することそれ自体には問題はない。特に現金や預貯金は比較的費消あるいは隠匿されやすいものであることから，①遺留分減殺の請求期間を経過する以前は，遺贈についての対抗要件を備えさせる程度にとどめ，②減殺請求がされた場合においては，遺言執行者としてはひとまず受遺者と遺留分権利者との利害の調整を試みることになろう（第一東京弁護士会司法研究委員会編・新版　遺言執行の法律と実務〔ぎょうせい〕160頁を参照）。

他方で，妻の節子へ相続させるとされた預貯金については，当然に節子に帰属し，遺言執行者である甲野弁護士に管理権限がないものの，本エピソードでは，節子は遺産となる不動産のうち大半を相続させる旨の遺言によって承継しているから，純也から遺留分減殺請求を受けた場合には，相応の価額弁償をしなければならず，そのために不動産の一部を処分しなければならないことが想定される。このような状況を説明

し，節子の同意を得て暫定的に事実上管理をすることであれば可能であろう。

法定相続情報証明制度

　相続に関する手続を行うためには，その手続ごとに被相続人の出生から死亡までの戸除籍謄本等の提出が必要となることが多く，相続人の負担となっていることから，法務省民事局において，相続登記の促進を図るため，不動産登記規則の改正により「法定相続情報証明制度」が新設され（不登則247条），平成29年5月29日から運用されている。

　「法定相続情報証明制度」は，戸除籍謄本等を基に，法定相続情報一覧図を作成して，登記所に保管等を求めることにより，法定相続情報一覧図の写しに登記官が認証文を付記したものの交付を受けられるものであり，各種の相続手続への利用が想定されている。ただし，法定相続情報一覧図は，あくまで，相続開始時における法定相続人を記載するもの（不登則247条1項2号）であって，相続放棄や遺産分割協議があったとしても，これらの情報が記載されることはないので，法定相続情報一覧図を他の相続手続に利用する場合であっても，相続放棄等に関する資料は，別途提出する必要がある。

Episode 4　遺言書をめぐる相続紛争

Scene 3　推定相続人の廃除の審判
——廃除事由はあるか

I　推定相続人の廃除の審判申立て
——申立書の記載例

　被相続人が遺言で推定相続人を廃除する意思を表示したときは，遺言執行者は，その遺言が効力を生じた後，遅滞なく，推定相続人の廃除を家庭裁判所に請求しなければならないことから（民893条），甲野弁護士は，平成28年4月12日，推定相続人の廃除の審判を申し立てた。

推定相続人の廃除の要件

　遺留分を有する推定相続人が，被相続人に対して虐待をし，若しくは重大な侮辱を加えたとき，または推定相続人にその他の著しい非行があったときは，被相続人の生前は，推定相続人の廃除を家庭裁判所に請求することができ（民892条），遺言で推定相続人を廃除する意思表示をしたときは，遺言執行者が廃除の審判を求めることになる（民893条）。
　廃除を認めた比較的最近の審判例としては以下のようなものがあるが，廃除の要件である「虐待」，「重大な侮辱」，「その他の著しい非行」に当たるか否かは相続的協同関係を破壊するような行為かどうかという基準によると言われており，実務上，廃除が認められる割合は少ない。
　①東京高決平成23・5・9家月63巻11号60頁
　被相続人の養子である推定相続人が，被相続人が10年近く入院及び手術を繰り返していることを知りながら，居住先の外国から年1回程度帰国して生活費等として被相続人から金員を受領するだけで，被相続人の面倒を見ることはなかったこと，被相続人から提起された離縁訴訟等について，連日電話で長時間にわたって取下げを執拗に迫ったこと，同訴訟をいたずらに遅延させたことなどが「著しい非行」に当たると判断
　②神戸家伊丹支審平成20・10・17家月61巻4号108頁

廃除を求められた推定相続人が借金を重ね，被相続人に2000万円以上を返済させたり，当該推定相続人の債権者が被相続人宅に押しかけるといった事態により，被相続人を約20年間にわたり経済的，精神的に苦しめてきた行為が「著しい非行」に当たると判断
　③京都家審平成20・2・28家月61巻4号105頁
　廃除を求められた推定相続人は窃盗等により複数回服役し，現在も刑事施設に収容中で，窃盗等の被害弁償や借金返済を行わなかったことにより，被相続人に被害者らへの謝罪，被害弁償及び借金返済等，多大の精神的苦痛と多額の経済的負担を強いてきたことが「著しい非行」に当たると判断

【書式4-4】廃除審判申立書

家事審判申立書

東京家庭裁判所御中

　　　　　　　　　　　　　　　　　　　　　　　平成28年4月12日
　　　　　　　　　　　　　　　　　　　　　申立人　甲野正勝　

　　　　　当事者　別紙当事者目録（省略）記載のとおり※

第1　申立ての趣旨
　推定相続人金田純也が被相続人金田巌男の推定相続人であることを廃除する審判を求める。

第2　申立ての理由
　1　推定相続人金田純也（以下「純也」という。）は，被相続人金田巌男（以下「被相続人」という。）の長男であり，推定相続人である。
　2　被相続人は，平成28年1月30日，死亡し，相続が開始した。
　3　被相続人には，平成23年1月21日付けの公正証書遺言があり，これには，純也が被相続人に対して虐待及び重大な侮辱を加え，また著しい非行があるので，推定相続人から廃除する旨の遺言がある。
　4　上記遺言により，遺言執行者として申立人が指定されている。
　5　純也は，平成20年2月ころ，純也が経営する会社への融資を被相続人に依頼したところ，被相続人がこれを断ったことから，被相続人に対し暴行を加え，左腕部裂傷・打撲により全治2週間を要する傷害を負わせ（甲1），虐待を行ったものである。
　6　純也は，平成21年5月ころ，被相続人及びその後妻である金田節子に対し，「金目当ての結婚」などと誹謗中傷し，重大な侮辱をした。

Episode 4　遺言書をめぐる相続紛争

　7　純也は，昭和58年ころ，暴走族に加わり，抗争相手に重大な傷害を負わせたことにより，少年院送致とされており，著しい非行がある。
　8　よって，申立ての趣旨記載の審判を求める。

証拠資料
診断書（甲1）

　※　推定相続人の廃除の審判が確定すると，申立人は10日以内に戸籍の届出をしなければならない（戸96条・63条1項）。そのため，審判申立書には廃除されるべき者（純也）の本籍地を記載するとともに，同人の戸籍事項証明書を添付する必要がある。

II　家庭裁判所における審判手続
　　──当事者主義的対立構造で

1　裁判官と書記官の進行の打合せ

　平成28年4月15日に春山一郎裁判官と北川恵子書記官の打合せが行われた。

北川書記官：裁判官，新件の相談です。遺言執行者による推定相続人の廃除の件なんですが，どのように進行させましょうか。推定相続人の廃除は，別表第一事件なので，廃除を求められた推定相続人は，「相手方」ではないんですよね。

春山裁判官：そうです。でも，廃除事件は廃除を求める申立人と推定相続人とが対立する紛争性の高い事件で，推定相続人は廃除が認められれば相続権を失うという重大な不利益を受けることになるので，推定相続人の手続保障の観点から別表第二事件に関する規定の多くが準用され，廃除を求められた相続人の陳述の聴取を審問の期日においてしなければならないとされています。進行としては，別表第二事件と同様に，当事者主義的対立構造で進行するのがよいでしょう。申立人には，申立書の写しのほか，資料も他方当事者用の写しを提出してもらいましょう。

北川書記官：分かりました。

 推定相続人の廃除の審判

　推定相続人の廃除の審判事件は，家事審判法では，調停を行うことができる乙類審判事項とされていたが，家事事件手続法においては，廃除が相続権を失う重大な効果を生ずるものであり，申立人と推定相続人との合意が成立したとしても調停を成立させるべきではないとして，旧法下の規律を変更し，調停をすることができない別表第一事件に位置づけられた。もっとも，推定相続人の廃除の審判事件は申立人と推定相続人が対立する紛争性の高い事件であり，推定相続人は，廃除の審判により相続権が剥奪されるという重大な不利益を被ることから，別表第二事件と同様の手続保障として，申立書の写しの送付（家事 67 条），審問の期日への立会い（同 69 条），事実の調査の通知（同 70 条），審理の終結（同 71 条），審判日（同 72 条）の規定が準用され（同 188 条 4 項），廃除を求められた推定相続人の陳述聴取を審問期日においてしなければならないとされている（同 188 条 3 項。金子・逐条解説 602 頁）。

2　廃除を求められた純也と乙山弁護士の打合せ

　家裁から推定相続人の廃除の審判申立書写しの送付を受けた純也は，平成 28 年 4 月 20 日，自ら経営する㈱ジェイカーの顧問弁護士から紹介を受けた乙山弁護士へ電話をした。乙山弁護士は，純也に対し，家裁から送られた申立書写しのほか，公正証書遺言，財産目録，その他関係資料を持参するよう要請し，同月 26 日，打合せが行われた。

乙山弁護士：遺言書に純也さんを相続人から廃除するとあるので，これが裁判所で認められると遺産から何ももらえなくなります。

純也：事実無根で，どうせあの女（節子）の入れ知恵です。

乙山弁護士：少年期の非行というのはどうですか。

純也：それは事実です。父が再婚して妹の貴子を溺愛するものですから，自分の居場所がなくなったと思いぐれ始めました。高校を中退して暴走族に

Episode 4　遺言書をめぐる相続紛争

加わっていた時期（18歳）に対立グループのメンバーに重いけがを負わせてしまったんです。1年間少年院に入りましたが，その間に父が被害者へ示談金を支払ったと聞いています。しかし，その後は私も立ち直り，一生懸命勉強して大検に合格して大学に進学しました。自動車販売会社に就職した後，幼馴染みと結婚しましたが，平成10年に先生もご存じの㈱ジェイカーを設立して，中古車販売業を始めて現在に至っています。

乙山弁護士：巌男さんへの暴行という点は，いかがですか？

純也：これは父と口論になって手を振り払ったときに付けてしまった傷のことで，わざとやったわけではありませんし，侮辱的発言というのも，あの女が大げさに言っているだけで，そんなつもりで述べた言葉ではありません。

乙山弁護士：少年非行があったからといって，直ちに相続人の廃除にいう非行に当たるとも思えませんし，巌男さんへの暴行が事実無根ということであれば，まずは廃除事由の点を争いましょう。遺言執行者の解任というのは，誰が見てもおかしいという出来事でもない限り，裁判所は認めてくれません。まずは，真に争うべき推定相続廃除について，しっかり対応をすることにしましょう。

純也：遺言執行者の解任よりも先にすべきことがあるということですね。

乙山弁護士：そのとおりです。それでは，次に，遺留分減殺請求について打ち合わせましょう（遺留分についての打合せ内容は **Scene 4** 参照）。

3　第1回審判期日

　平成28年5月30日，第1回審判期日が行われた。

春山裁判官：申立人の主張は，少年期の非行，巌男さんへの暴力，巌男・節子夫妻への侮辱的発言ということですが，被相続人に対する暴力が廃除事由の「虐待」に当たり，侮辱的発言が「重大な侮辱」，少年期の非行が「その他の著しい非行」に当たるということですか。

甲野弁護士：そうですね。

春山裁判官：純也さんの方はいかがですか。

乙山弁護士：純也さんは，少年期に非行があったことはありますが，廃除事

由には当たらないと考えます。暴行については，口論となって手を振り払ったときに付いた傷で意図的ではないですし，侮辱的発言も，そのような趣旨ではありません。いずれにせよ，相続権を剥奪させるほどの事由はあるとは考えておりませんので，書面で反論させていただきます。

春山裁判官：では反論をしてください。争点は絞られているので，次回期日に純也さんの審問をしようと思いますが，事前に陳述書も提出していただけますか。

乙山弁護士：はい。そうします。

春山裁判官：申立人は，他に提出予定の資料はありますか。

甲野弁護士：被相続人の妻である節子さんの話も聴いていただければと思います。

春山裁判官：そうですか。では，事前に陳述書を提出の上，次回期日に連れて来てください。

4 第2回審判期日（節子と純也の陳述聴取）

平成28年7月4日，第2回審判期日が行われ，節子と純也の陳述を春山裁判官が聴取した。

他に主張及び資料の提出がないことが確認されたので，審理が終結され，審判日が同年8月1日に指定された。

5 審　判

平成28年8月1日，純也の行為はいずれも，被相続人に対する虐待，重大な侮辱，その他の著しい非行には当たらないとして，申立てを却下する内容の審判がされ，審判書が双方に送達された。

甲野弁護士は，平成28年8月5日，即時抗告の申立てをしたが，平成28年9月30日，高等裁判所は，抗告棄却の決定をした。

 廃除を求められた推定相続人以外の相続人の利害関係参加

家事事件手続法42条2項は，審判を受ける者となるべき者以外の者について

Episode 4　遺言書をめぐる相続紛争

は，「審判の結果により直接の影響を受ける者」または「当事者となる資格を有する者」の家庭裁判所の許可による利害関係参加を認めている。

　家事審判法下においては，遺言執行者による推定相続人の廃除の審判事件において，相手方以外の推定相続人は「審判の結果について利害関係を有する者」（家審12条，家審規14条）として，参加することができると解されていたが，当該相続人は，廃除の結果により自己の法定相続分が影響を受けるという点で利害関係はあるが，その影響は間接的であるから「審判の結果により直接の影響を受ける者」には該当しないと解されている（金子・逐条解説138頁）。そのため，本エピソードにおいて裁判官が節子から事情を聴いたのは，利害関係参加（家事42条）の参加人から陳述を聴取したのではなく，事実の調査（家事56条1項）として事件の関係人から陳述を聴取したことによる。

　なお，旧法下においても「遺言執行者が推定相続人の廃除を求める審判手続において，廃除を求められていない推定相続人が利害関係人として審判手続に参加した場合に，その参加人は廃除の申立てを却下する審判に対して即時抗告をすることができない」（最判平成14・7・12判時1805号61頁）とされていた。家事事件手続法ではこの趣旨を明確にするため，廃除の審判に対しては廃除された推定相続人が，廃除の申立てを却下する審判に対しては申立人が，それぞれ即時抗告をすることができると定めている（家事188条5項）。

Scene 4　遺留分減殺請求に関する裁判外の交渉——当事者間の事前協議

　Scene 3（平成28年4月26日）において，純也と乙山弁護士は推定相続人の廃除について打合せを行ったが，その際，以下のとおり遺留分の問題についても打合せを行った。

I　純也と乙山弁護士との打合せ
　　——相続させないとされた相続人の採る手段

　乙山弁護士は，「遺留分請求には，1年の期間制限があるので，内容証明で減殺請求をしておきましょう」と述べて，ホワイトボードに次のとおり書き記し，純也に対し遺留分の算定方法などを説明した。

巖男氏の遺産

節子氏の遺留分（4分の1）	巖男氏の自由分（2分の1）
純也氏の遺留分（8分の1）	
貴子氏の遺留分（8分の1）	

A：遺留分算定の基礎となる財産
　　積極財産　＋　特別受益　－　相続債務
B：純也氏の遺留分額
　　A　×　1／8　－　純也氏の特別受益

乙山弁護士：このように，巖男さんは自らの遺産の半分を自由に処分することができますが，残りの半分は相続人に遺さなければならず，これが相続人の遺留分ということになります。純也さんの場合は，法定相続分4分の1に対し，2分の1（民1028条2項）を乗じた8分の1が遺留分となります。

Episode 4　遺言書をめぐる相続紛争

純也：8分の1ということは、不動産は8分の1もらえるし、預貯金も7000万円の8分の1（875万円）もらえるということでしょうか。

乙山弁護士：大まかに言えばそうなりますが、上記の計算式のとおり、まずは、「遺留分算定の基礎となる財産」を求めることになり、これは、巌男さんが亡くなったときにあった遺産だけでなく、その生前に相続人へ贈与していたものを加え、さらに、亡くなったときの債務を引いたものになります。そして、これに遺留分割合である8分の1を掛けて、さらに、純也氏が生前に受けた贈与があればそれを引くことで、具体的な遺留分という数字（金額）をはじき出すことになるのです。

純也：生前に受けた贈与といえば、平成17年ころ（巌男が公正証書遺言を作成する数年前）から㈱ジェイカーが売上減少によって運転資金に事欠くようになり、父から資金援助を受けたこともありましたが、会社の借入金として処理されていると思います（合計1000万円ほど）。その他、㈱ジェイカーが運転資金の融資を受ける際の保証人になってもらったこともあります。

乙山弁護士：少年期の非行の件の示談金というのはいくらくらいでしたか？

純也：全く記憶にありません。

乙山弁護士：分かりました。この点は、示談金に関する主張がされたときに、検討することにしましょう。

純也：駐車場として使っている土地ですが、戸建てとして売却すれば儲かると思います。駐車場が手に入ればよいと思っているんですが、どうでしょうか。

乙山弁護士：話合いで節子さん側が了解すればあり得ない話ではありませんが、遺留分の請求には、基本的にはどの財産を返還してくれという選択権がありません。具体的にどのような解決方法とするのかについては、遺留分についての協議が始まった段階で、改めてご相談させてください。

Scene 4

> **POINT!! 遺留分減殺請求の実務①**
>
> 1　遺留分減殺請求権の行使時期
> 　遺留分減殺請求権は，相続開始及び減殺すべき贈与または遺贈を知った時から1年，相続開始から10年で時効により消滅することに注意する必要がある（民1042条）。1年間の時効期間の起算点である減殺すべき贈与等を「知った時」とは，単に贈与等があった事実を認識しただけでなく，それが減殺請求の対象となることまで認識した時点をいう（最判昭和57・11・12民集36巻11号2193頁）。
> 　遺留分減殺請求権の行使は，裁判外の意思表示でもできるので（最判昭和41・7・14民集20巻6号1183頁），実務的には受任時に内容証明郵便で遺留分減殺請求の意思表示をしておくのが通常である。
>
> 2　遺留分の算定方法
> 　遺留分侵害額は，①被相続人が相続開始時に有していた財産の価額に，贈与した財産の価額を加えた額から，債務の全額を控除することで算定された基礎財産（民1029条1項）に，②遺留分割合（民1028条）を乗じて算定した額から，③遺留分権利者が相続によって得た財産額を控除し，同人が負担する相続債務額を加算して算定する（最判平成8・11・26民集50巻10号2747頁）。
> 　上記①において基礎財産に加算される「贈与」には，相続人ではない第三者に対する贈与だけでなく，相続人に対する贈与も含まれる。したがって，遺留分権利者が生前贈与を受けている場合には，その時期や評価額によっては，遺留分侵害はないと判断される場合がある。贈与財産が現金であるときは，贈与時の金額を相続開始時の貨幣価値に換算した価額でもって評価する（最判昭和51・3・18民集30巻2号111頁）。

II　遺留分減殺請求の通知

　乙山弁護士は，純也に対し弁護士報酬の見積書を提示し，その了解を得て委任契約書を取り交わした。そして，平成28年4月26日，内容証明郵便にて遺留分減殺請求通知書を発送した。

Episode 4　遺言書をめぐる相続紛争

【書式 4-5】遺留分減殺請求通知書

遺留分減殺請求通知書

平成 28 年 4 月 26 日

東京都江戸川区○○
金　田　節　子　殿
東京都江戸川区○○
吉　野　貴　子　殿
吉　野　優　太　殿

東京都○○区○○
乙山法律事務所
電話○○－○○○○－○○○○
FAX○○－○○○○－○○○○
通知人亡金田巌男相続人金田純也
上記代理人弁護士　乙山二郎　㊞

前略
1　当職は，被相続人亡金田巌男様の相続人である金田純也から依頼を受けた代理人として，貴殿らに対して，次のとおり通知します。
2　巌男様は，平成 23 年 1 月 21 日付け遺言公正証書により，その有していた不動産，預貯金等の財産すべてを，金田節子様及び吉野貴子様に相続させ，また，吉野優太様に遺贈する旨の遺言をして，平成 28 年 1 月 30 日に亡くなりました。
3　しかし，上記遺言は，巌男様の長男である通知人の遺留分 8 分の 1 を侵害することが明らかです。
4　よって，本書でもって，遺留分減殺請求の意思表示をしますので，貴殿らが上記遺言により取得した財産につき，通知人の遺留分を侵害する限度において，その現物返還又は価額弁償をするよう求めます。

草々

Ⅲ　遺留分減殺請求を受けた場合の対応

1　遺言執行者（甲野弁護士）との関係

　乙山弁護士からの遺留分減殺請求通知書を受け取った節子と貴子は，平成 28 年 4 月 28 日，甲野弁護士を訪問してその対応について相談した。これに対し，甲野弁護士は，遺言執行者の地位（弁護士倫理）について説明し，

自らは代理人を受任できないとして，丙川法子弁護士を紹介した。

 遺言執行者の法的地位と弁護士倫理

　遺言執行者の任務は，遺言者の真実の意思を実現することにあるので，民法1015条が遺言執行者は相続人の代理人とみなす旨規定しているからといって，必ずしも相続人の利益のためのみに行為すべき責務を負うものではない（最判昭和30・5・10民集9巻6号657頁）。そして，遺言執行者は，特定の相続人の立場に偏ることなく，中立的な立場で任務を遂行することが期待されている。そのため，遺言執行が終了しているか否かにかかわらず，遺言や相続財産をめぐる相続人間の紛争について，特定の相続人の代理人となって活動することは，職務の中立性・公正性（弁護士職務基本規程5条・6条）から問題があり，原則として許されないと考えるべきである（日本弁護士連合会弁護士倫理委員会編著・解説・弁護士職務基本規程〔第2版〕84～86頁を参照）。

2　節子らと丙川弁護士との打合せ

　節子らは，平成28年5月9日，甲野弁護士から紹介された丙川弁護士のもとに相談に赴いた。事前に節子から電話連絡を受けていた丙川弁護士は，遺留分減殺請求通知書，遺言書，相続関係の資料（戸籍全部事項証明書など），遺産の資料（不動産登記事項証明書，預金通帳コピーなど），経緯説明メモ（時系列）などを用意するよう指示しており，これらの資料を見ながら，打合せが進められた。

丙川弁護士：純也さんの推定相続人の廃除については，甲野先生にご相談いただくとして，もし廃除の主張が認められなければ，純也さんが主張する遺留分に対応する必要があります。

節子：遺言書で相続させないと書いてあるじゃありませんか。純也は，ほんとに不良で，昔から主人を困らせてきたんです。少年院に送られたときだって，被害者への示談金300万円は全部主人が払ったのに，純也は一銭も返してないんですよ。自分が悪くなったのを父親のせいにして，中古車の

Episode 4　遺言書をめぐる相続紛争

会社をつくるんだと言っては金を出させて，資金繰りが苦しいと言ってはさらに金を出させて，そんな人にどうして相続させるお金があるというんですか。

丙川弁護士：相続する権利それ自体を失わせるというのはよほどのことなので，そもそもハードルが高く，裁判所で認められることは少ないんです。甲野先生も苦労されていると思いますが，遺留分の問題について私を紹介したのもそのためだと思います。ところで，示談金 300 万円だとか，会社への援助だとか，そういった支出があったことが分かる資料は残っていますか。

節子：主人の預金通帳はすべて残していますし，当時の示談書も残っています。会社への貸付けについては，純也も認めているようで，甲野先生もそう言っていました。

丙川弁護士：それでは純也さんへの支出の資料は後日準備していただくとして，ひとまず，純也さんからの遺留分減殺請求に対して，相続人の廃除を理由に応じられない旨の回答書を出すことで対応しましょう。

　丙川弁護士は，念のため，節子・貴子・優太の 3 名から受任することについての弁護士倫理上の問題（利益相反関係が顕在化した場合には辞任もあり得ることなど）を説明した上，後日，弁護士報酬の見積書を提示し，その了解を得て節子らとの間で委任契約書を取り交わした。

3　回答書の送付

　丙川弁護士は，平成 28 年 5 月 10 日，内容証明郵便によって回答書を発送した。その内容は，純也には推定相続人の廃除が認められるべきで，そもそも遺留分はないというものであった。

IV　遺留分減殺についての交渉
　　　──事前協議は折り合わず

　平成 28 年 9 月 30 日（**Scene 3**）に記したように，純也の推定相続人の

Scene 4

廃除に関して高裁が抗告を棄却した後，乙山弁護士からその旨の通知と遺留分についての協議の再開を求める文書が丙川弁護士へ送付されてきた。そのため，丙川弁護士は，節子へその旨報告した上で，乙山弁護士と弁護士会館で面談をした。

乙山弁護士：純也さんは，遺留分に相当する財産として駐車場の取得を希望しています。
丙川弁護士：純也さんは少年期に300万円もの多額の示談金を巌男さんに支出させているだけでなく，㈱ジェイカーという純也さんの経営する会社の関係で合計3000万円も支払わせています。そのため，節子さんらとしては，廃除が認められないとしても，純也さんには多額の特別受益があり，遺留分侵害はないと考えています。
乙山弁護士：少年期のことは，親としての監督義務を果たしたということであり，特別受益の問題ではないと思います。㈱ジェイカーの帳簿では巌男さんからの借入金は，3000万円ではなく1000万円となっています。これはあくまでも会社に対するもので，純也さん個人に対する特別受益に当たりません。
丙川弁護士：そうだとすると，純也さんの特別受益に対する考え方に大きな開きがあるということになりますね。
乙山弁護士：相続人間の感情的な対立は根深いようですし，本件は家事調停を申し立てて，家庭裁判所に第三者として入ってもらうのが望ましい事案かもしれません。
丙川弁護士：こちらとしても，家庭裁判所で話し合うことについては異存ありません。

Episode 4　遺言書をめぐる相続紛争

Scene 5　遺留分減殺の調停
——まずは話合いでの解決を目指します

I　遺留分減殺の調停申立て
——遺留分も家庭に関する事件です

1　純也と乙山弁護士の打合せ

　乙山弁護士は，丙川弁護士との面談後の平成28年10月11日，事務所で純也と打合せを行った。乙山弁護士は，遺留分減殺請求をした後は，遺産分割手続ではなく，家裁での調停（協議）を経た上で，地方裁判所での民事訴訟になることを改めて説明した上，後日，純也から委任状の提出を受けた。

遺留分減殺請求後の法律関係

　相続人が遺留分減殺請求（民1031条）をした場合，遺贈等（相続をさせる旨の遺言を含む）は遺留分を侵害する限度において失効し，受遺者等が取得した権利はその限度で当然に減殺請求をした遺留分権利者に帰属することになる（最判昭和51・8・30民集30巻7号768頁等）。つまり，次の図のとおり，相続させる旨の遺言により節子が取得した権利（不動産の所有権）は，純也からの遺留分減殺請求によって，節子と純也との共有状態となる。

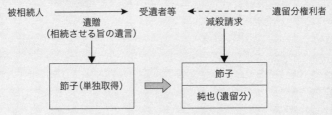

　このように，減殺請求により共有状態になった財産について，それを分割する方法としては，これを遺産共有として遺産分割手続（家事審判）によるのか，物権共有と

して共有物分割手続（民事訴訟）によるのかが問題となる。

　最高裁は，相続人の1人に対する全部包括遺贈に対し遺留分減殺がされた事案において，減殺請求により他の相続人に帰属する権利は，遺産分割の対象となる相続財産としての性質を有しない（つまり，物権共有である）との判断を示しており（最判平成8・1・26民集50巻1号132頁），遺留分減殺請求により生じた共有状態は，基本的には物権共有として民事訴訟によって解決すべき問題となる。ただし，被相続人の処分行為の中でも，割合的包括遺贈や，相続分の指定遺言など一部の場合には，遺産共有として家事審判の対象となる（以下の一覧表は，矢尾和子「遺留分減殺請求による取戻財産の性質と遺産分割事件の運営——最高裁第二小法廷平成8年1月26日判決を中心として」家月49巻7号52頁の別表を転載したものである）。

被相続人の処分行為				処分行為の効果	減殺請求権を行使した場合の共有関係			
					減殺取戻分と留保分相互の関係		減殺による取戻分相互の関係	減殺請求による取戻分と処分対象外の残余財産相互の関係
					処分の相手方		減殺請求権行使者相互の関係	減殺請求をしない者との関係
					第三者の場合	相続人の場合		
生前贈与				直接権利移転	物権共有（民事訴訟による解決）		共有せず	遺産分割手続が別途必要
遺言による処分	遺贈	特定		分割協議または分割審判必要	遺産共有（遺産分割の対象）			
		包括	全部		遺産共有（遺産分割の対象）			
			割合的					
	相続分の指定遺言				遺産共有（遺産分割の対象）			
	分割方法の指定遺言	相続分指定を伴う分割方法の指定			遺産共有（遺産分割の対象）			
		相続させる	特定	直接権利移転	物権共有（民事訴訟による解決）		共有せず	遺産分割手続が別途必要
			包括 全部		物権共有（民事訴訟による解決）		共有せず	遺産分割手続が別途必要
			割合的	分割協議または分割審判必要	遺産共有（遺産分割の対象）			

　本件では，被相続人である巖男の処分行為は，生前贈与，特定遺贈，特定財産を相続させる趣旨の遺言であるため，これらに対して遺留分減殺請求がされても物権共有となるため，遺産分割手続ではなく，最終的には民事訴訟手続で解決しなければならない。

2　遺留分減殺の調停申立て

　遺留分減殺請求は，家事事件手続法244条の「その他家庭に関する事件」（一般調停事項）に該当し，調停前置主義（家事257条1項）の対象となる事

Episode 4　遺言書をめぐる相続紛争

件である。そのため，家裁での調停を経ずにいきなり地方裁判所へ訴訟を提起しても，地裁の担当裁判官の判断にもよるが，付調停（家事257条2項・3項）により家裁で処理されることになる。

　乙山弁護士は，平成28年10月17日，東京家庭裁判所へ節子・貴子・優太3名を相手方とする，遺留分減殺の調停申立書を提出した。申立書の「申立ての趣旨」及び「申立ての理由」は，以下のとおりである。申立書には，財産目録，相続人全員の戸籍全部事項証明書，被相続人の出生時から死亡時までの戸籍関係書類，不動産の全部事項証明書，遺言公正証書写し，遺留分減殺通知書写し，手続代理委任状を添付した。なお，財産目録としては，便宜上，遺言執行者甲野弁護士作成の財産目録をそのまま添付した。

【書式4-6】遺留分減殺の調停申立書（一部抜粋）

申立ての趣旨
相手方らは，申立人に対し，被相続人金田巌男の平成23年1月21日付け公正証書遺言により相手方らが取得した別紙財産目録（省略）記載の財産につき，申立人の遺留分を侵害する限度において，その現物返還又は価額弁償をするとの調停を求める。※
申立ての理由
1　申立人は被相続人金田巌男（以下「被相続人」という。）の長男であり，相手方金田節子は被相続人の妻，同吉野貴子は長女，同吉野優太は孫（受遺者）である。 　被相続人の相続人は，相手方節子（妻：法定相続分2分の1），申立人（長男：同4分の1），相手方貴子（長女：同4分の1）の3名である。 　2　本件遺言 　被相続人は，平成23年1月21日付け公正証書遺言により，その有する財産すべてを相手方ら3名に相続させる又は遺贈する旨の遺言をした。 　3　申立人の遺留分の侵害 　遺留分算定の基礎となる財産は，別紙財産目録記載のとおりであり，申立人の遺留分の割合は8分の1である。 　4　遺留分減殺請求 　申立人は，平成28年4月26日付け内容証明郵便により，相手方らに対して遺留分減殺請求権を行使する旨通知した。しかし，その後も相手方は現物返還又は価額弁償いずれの申出もしないので，本申立てに及ぶ。 　　　　　　　　　　　　　　　　　　　　　　　　　　　　　　　　　以上

※　調停段階では，遺留分の具体的な金額や現物返還または価額弁償の別は記載しなくてもよい。

II　第1回調停期日──遺留分調停の進め方

1　事前評議

　平成28年11月21日の第1回調停期日の1週間前に，相手方手続代理人丙川弁護士から，申立人は被相続人から多額の贈与を受けており，それらは特別受益に当たるので，相続人に対する相続させる旨の遺言及び遺贈は，申立人の遺留分を侵害していないとする答弁書が提出された。

山田貴行調停委員：この事件は，どのように進めるのがよいでしょうか。
夏川智美調停官：遺留分の事件も，家庭に関する事件なので，双方の心情的な部分を聞いていただく必要があるとは思いますが，とはいえ，最終的には，財産関係事件なので，客観的な資料に基づいて，遺留分額が決まってくると思います。このチャート図（315頁の**【進め方チャート図】**と同様のもの）を参考にして段階的に進行していただけたらスムーズだと思います。
鈴木真美調停委員：では，遺産分割と同じような感じですか。
夏川調停官：そうですね。ただ，遺産分割と大きく違うのは，遺産分割が現時点のプラスの財産を分けるものであるのに対し，遺留分の場合は，相続開始時を基準として，マイナス財産である相続債務も控除して，遺留分額を決めることになります。
山田調停委員：なかなか複雑ですね。
夏川調停官：それから，遺産分割事件は，家事事件手続法の別表第二事件なので，調停が不成立になった場合には，審判手続に移行しますが，遺留分事件は，一般事件なので，調停が不成立になっても，審判にはなりません。
鈴木調停委員：どういうことでしょうか。
夏川調停官：遺留分事件が不成立になると，家庭裁判所での手続は終了し，当事者は，改めて地方裁判所に訴訟を提起しなければならなくなります。

Episode 4　遺言書をめぐる相続紛争

地方裁判所では，地方裁判所の裁判官が訴訟を担当しますから，遺産分割事件のように，調停で積み上げていった合意を，審判手続において考慮するようなことは難しいですし，最終的な判断は訴訟を担当する裁判官に委ねられますので，事実認定を要する部分で大きな対立があるような場合には，長々と調停を続けるのではなく，訴訟手続で判断する方がよいのではないかと思います。

山田調停委員：この事件も早々に訴訟行きでしょうか。

夏川調停官：いやいや，そうは言っても家庭裁判所における紛争解決機能には，国民の期待が高いですし，調停で争点が明確になっていれば，それを前提として，訴訟をすることもあり得ますから，是非ともよろしくお願いします。

遺留分調停の進め方（事前評議のあり方）

　遺留分調停については315頁のような**【進め方チャート図】**を利用して，調停手続を進めている例がある（川口洋平「遺留分減殺調停事件の審理に関する若干の考察」ケース研究316号44頁参照）。

　ただし，1の事前評議でも述べられているが，基本的な事実の認識等に大きな差がある場合には，早期解決を目指すためには，ある程度の見極めが必要であり，調停では，短期間である程度ざっくりとした解決を目指し，それでも着地点が見えない場合には，早期の訴訟提起を促すのも，紛争解決のあり方として1つの方法といえる。他方，当事者双方が調停での解決を目指しており，当事者双方が協力的な場合には，細かい点も含めて緻密に金額を詰めるなど，ある程度時間をかけて，調停を進めることも可能である。いずれにせよ，調停での対立点を明確にし，仮に調停での合意に至らなかった場合でも，訴訟で活かされるような活動が，手続代理人として受任した弁護士には望まれている。

Scene 5

【進め方チャート図】

① **遺留分減殺請求権行使の確認**
・申立人が遺留分権利者であること
・被相続人が，遺言によって財産を処分したり，生前贈与をしたこと
・遺留分権利者が，被相続人の死亡と自分の遺留分が侵害されたことを知ってから1年以内に減殺請求権行使の意思表示をしたこと

↓

② **遺留分の算定**
（相続開始時遺産総額＋生前贈与総額－相続債務総額）× 遺留分割合
＊生前贈与した財産のうち，申立人を含む相続人が特別受益（民903条）として被相続人から贈与を受けた財産は，原則として，遺留分算定の基礎となる財産に加えて計算する。
＊各相続人の寄与分（特別の寄与。民904条の2）は考慮されない。

↓

③ **遺留分侵害額の算定**
遺留分額（②）－（特別受益額＋遺贈額＋相続による取得額）＋承継した相続債務（いずれも個々の権利者についての金額である。）
＊「遺贈」：遺言による贈与

↓

④ **遺留分減殺の対象・順序・効果**
まず，遺贈（複数の遺贈は価格の割合に応じて），次に贈与等の順で減殺する。
＊民法1033条から1035条　遺留分侵害部分の遺贈等は効力を失い，権利者は，その限度で権利を取得する。

↓

⑤ **現物返還または価額弁償**
相手方は，現物の返還でなく，価額弁償による支払（現物を処分済みの場合は，処分時の価額）を選択することができる。

↓ 合意

調停成立

Episode 4　遺言書をめぐる相続紛争

　家事調停官制度――普段は弁護士やってます

　家事調停官は，現に弁護士として職務を行う者が裁判官と同等の権限をもって調停手続を主宰するものである（家事250条・251条）。非常勤裁判官とも呼ばれている。弁護士任官を推進するための架け橋の1つとして，また，家事調停の紛争解決機能の充実のための方策の1つとしても，その活躍が期待されている。東京，大阪，横浜，京都，札幌，埼玉，名古屋，福岡，札幌などの家裁で任用されている。普段は弁護士としての職務を行っており，裁判所勤務は週1日が原則である。

2　調停期日でのやりとり

　期日の冒頭に当事者双方立会いによる手続説明がされた後，個別に事情聴取が行われた。

(1)　申立人からの聴取

　申立人は，比較的冷静であったものの，父親とはそれなりの関係を築いてきたこと，相手方節子や廃除を申し立てられたことに対する不満が述べられ，少なくとも法律上認められている遺留分の主張はしたい，被相続人は，祖父から相続した土地をたくさん売ったはずであるが，その割には預貯金が少なく，財産目録のほかにも遺産があるはずだと主張した。また，不動産の評価については，相手方らが，相続税の申告の際に評価を出しているはずなので，相続税申告書の提出をするように求めた。

(2)　相手方金田節子からの聴取

　相手方節子は，申立人の廃除事由について，審判は却下されたものの，納得がいかないと強く述べ，裁判所に対する不満を示したが，調停委員や相手方ら代理人から，審判で決まった以上，前向きに話合いをするように促され，被相続人の遺産に関する話を進めることになった。

山田調停委員：被相続人の遺産は，財産目録のとおりでしょうか。申立人は，ほかにも遺産があるのではないかと言っていますが。

節子：これ以外にはありません！　預貯金が少ないのは，巌男が申立人に多額の援助をしたからじゃないですか。何を言っているんですか。

丙川弁護士：答弁書には，簡単に記載しましたが，こちらは，申立人の特別受益を主張します。巌男さんは，純也さんが未成年のころに起こした暴行事件の被害者に示談金として300万円を支払っていますし，純也さんが会社を設立した時やその後も合わせて，合計3000万円の援助をしています。これらは，巌男さんから純也さんへの生計の資本としての贈与として特別受益に当たります。更に言えば，巌男さんは，㈱ジェイカーの1500万円の借入金の保証人にもなっていますので，これを相続債務として計算すると，遺留分の侵害はないと考えております。

鈴木調停委員：え，それでは，全く支払はできないということですか。

節子：そうです。

丙川弁護士：基本的にはそうですが，まずは，これらの点について，純也さんがどうお考えになっているのか，お伺いしたいということです。

山田調停委員：そうですか，その点については，申立人に確認しますが，申立人からは，財産目録に記載されている預金通帳及び相続税申告書について，資料の開示をしてほしいとの希望もありますが。

丙川弁護士：預金通帳及び相続税申告書について，開示することはやぶさかではありませんので，準備したいと思います。

(3) 申立人からの再聴取

　申立人は，示談金の支払は特別受益に当たらないし，㈱ジェイカーへの支援については，1000万円の貸付け（支援）を受けたが，そもそも会社への貸付けであり特別受益には当たらないと考えていると述べた。また，保証債務については，㈱ジェイカーが主債務をきちんと返済しているので相続債務として計算すべきではなく，この点については，次回までに決算書を提出して，㈱ジェイカーの経営状況を説明するとの意見を述べた。

Episode 4　遺言書をめぐる相続紛争

(4)　次回予定

次回期日の1週間前までに，申立人は㈱ジェイカーの決算書，相手方らは巌男の預貯金通帳，相続税申告書などの遺産関係資料を提出し，財産一覧表を作成することとなった。

Ⅲ　第2回調停期日——調停における争点の整理

1　期日前に提出された資料

申立人：㈱ジェイカーの決算書
相手方ら：預金通帳の写し，相続税申告書，財産一覧表

【書式4-7】　財産一覧表（相手方ら作成）

財 産 一 覧 表（相続開始時：平成28年1月30日　現在）

平成28年12月21日

1　不動産

番号	所在，種類，面積等	評価額	備考
1の1	江戸川区○○1丁目○○番地○　宅地　330.00㎡	100,000,000円	自宅不動産 金田節子に相続させる 相続税評価額を記載した
1の2	江戸川区○○1丁目○○番○　木造スレートぶき2階建　1階120.00㎡　2階80.00㎡　共有持分2分の1（ほか2分の1金田節子）		
2	江戸川区○○2丁目○○番地○　宅地　160.00㎡	50,000,000円	貸地 金田節子に相続させる 相続税評価額を記載した
3の1	江戸川区○○2丁目○○番地1　宅地　300.00㎡	調査中	駐車場 吉野貴子に相続させる 相続税評価額（1億2000万円）は現状とかけ離れており，不動産会社の査定では4800万円程度である
3の2	江戸川区○○2丁目○○番地2　宅地　200.00㎡		
3の3	江戸川区○○2丁目○○番地3　宅地　200.00㎡		

318

4の1	長野県北佐久郡軽井沢町○○3丁目○○番地○　宅地　共有持分○○○.○○㎡の内○○○分の○○	30,000,000 円	リゾートマンション 吉野貴子に相続させる 相続税評価額を記載した
4の2	長野県北佐久郡軽井沢町○○3丁目○○番地○　鉄筋コンクリート造陸屋根6階建　専有部分501・100.00㎡		

2　預貯金			
番号	種類（口座番号等）	金額・数量	備考
1	○○農業協同組合・江戸川支店 普通○○○○○○○	10,000,000 円	金田節子に相続させる
2	○○農業協同組合・江戸川支店 定期○○○○○○○	20,000,000 円	〃
3	A銀行・江戸川支店 定期○○○○○○○	20,000,000 円	吉野優太に遺贈する
4	B銀行・江戸川支店 定期○○○○○○○	20,000,000 円	〃
現金・預貯金の合計額		70,000,000 円	

3　その他財産			
番号	種類等	金額	備考
1	貸付金（㈱ジェイカー〔江東区○○1丁目2番3号〕）	10,000,000 円	
2	家財道具一式（自宅不動産内）	0 円	

4　相続債務			
番号	種類（債権者）	金額	備考
1	未払金（○○病院）	800,000 円	入院費用等
2の1	公租公課（○○税務署）	3,000,000 円	平成27年度準確定申告所得税
2の2	公租公課（江戸川区）	1,000,000 円	平成27年度固定資産税・都市計画税第3期・第4期，平成27年度住民税第4期
3	保証債務（○○銀行）	15,000,000 円	主債務者は㈱ジェイカー
負債の合計額		19,800,000 円	

Episode 4　遺言書をめぐる相続紛争

2　調停期日でのやりとり

　期日前に，遺言執行者である甲野弁護士から，本件調停事件について，利害関係参加の許可の申出がされ，調停委員会はこれを許可した（家事258条1項・42条4項）。

(1)　当事者双方立会手続説明及び遺言執行者からの意見聴取

　期日の冒頭に，調停委員による当事者双方立会いによる手続説明が行われ，引き続き，当事者双方が同席した上で，遺言執行者である甲野弁護士から，厳男の相続財産の状況について説明を受けることとなった。
　甲野弁護士によれば，相手方らから提出された預貯金通帳に疑わしい点は見当らず，保証債務を除き，相続財産については，財産目録（【書式4-3】）に記載した以外の相続財産はなかったとのことであった。当事者双方から，特段の異論は出なかったため，調停委員は，双方が希望する解決方法について，個別の聴取を行うこととした。

(2)　申立人からの事情聴取

　申立人は，示談金や1000万円を超える㈱ジェイカーへの貸付金について，そもそも1000万円を超える貸付けはないし，仮に存在するとしても，会社への貸付けは，申立人の特別受益には当たらないので，相続財産に持戻し分として加えることには疑問があるとし，他方で，節子にも，生前に贈与を受けた不動産持分があると主張した。
　また，今回の財産一覧表に記載した不動産の評価額については，あくまで相続税申告額を記載したものであり，その妥当性については，次回までに検討したいと述べた。

(3)　相手方節子からの事情聴取

　相手方節子は，今回提出した財産一覧表に記載した不動産の評価額のうち，貸駐車場の評価については，現在不動産会社に査定を依頼しており，それによると4800万円程度であり，相続税評価額1億2000万円は実情とはかけ

離れた金額であると主張した。
　続いて，調停委員は，相手方節子から，㈱ジェイカーへの貸付金について聴取を行った。

山田調停委員：申立人は，1000万円を超える貸付けはなく，仮に存在するとしても，特別受益には当たらないと言っていますが。
丙川弁護士：こちらの主張としては，㈱ジェイカーへの援助というのは，そもそも純也さんへの贈与と考えており，それを会計上どのように処理したかは，向こうの内部の問題であると考えています。ただ，㈱ジェイカーの債務として計上されている1000万円については，ちゃんと返していただけるのであれば，純也さんの特別受益ではなく，相続財産とすることに異存はないということです。
山田調停委員：そうすると，他に2000万円については，巌男さんから純也さんに贈与した事実があるということですか。
丙川弁護士：そうですね。2000万円については，㈱ジェイカーの設立時に純也さんに贈与したと聞いています。
山田調停委員：そうですか。その点については，申立人に確認してみます。それと，申立人は，節子さんが巌男さんから生前に不動産の持分の贈与を受けていると主張されていますが。
節子：確かに，生前に不動産の持分の贈与を受けていますが，長年夫婦で暮らしてきた家なので，私が困らないようにと生前に半分もらったんです。これが特別受益になるんですか。
山田調停委員：贈与となると特別受益になるのですが，いわゆる持戻し免除の意思表示があったということですか。ただ，遺留分では，持戻し免除の意思表示があったとしても，相続財産に加算されるのはやむを得ない気が……。
丙川弁護士：法的な議論はともかく，妻が居住する自宅の持分まで特別受益として，加算するのはどうかということです。
節子：それに，これだけの財産があるのは，私が管理してきたからなんですよ。あの人は，この株が儲かりそうだとか，すぐ人の話を信じてしまうの

Episode 4　遺言書をめぐる相続紛争

で。私が反対していなければ，今ごろ財産はとっくに無くなっていますよ。
丙川弁護士：節子さんは堅実で，巌男さんが株式投資などの投資話に乗ろうとするといつも反対していました。借地人や駐車場利用者からの地代や駐車場の受け取りも，主に節子さんが行っており，巌男さんの財産管理も行っていました。このような節子さんの寄与があってこそ，バブル崩壊の余波を受けることなく，巌男さんは資産を維持することができたのですから，当方としては寄与分があることも考慮していただきたいと考えております。
鈴木調停委員：それも遺留分で考慮できるかどうか……。
丙川弁護士：法的にはともかく，そのような事情を踏まえて，妥当な話合いができればというのがこちらの希望です。

3　評　議

　当事者双方の主張が余りにも食い違うことから，調停委員2名は，夏川調停官を呼んで中間評議を実施することになった。

　その結果，まずは遺留分の考え方を整理してもらう必要があると考えられたことから，評議後に，夏川調停官から，遺留分減殺の対象となる生前贈与の範囲と遺留分減殺請求と寄与分の関係について，当事者に説明し，持戻しの範囲や不動産の評価につき争いがあることを踏まえて，双方からこの調停の手続で解決する場合の調停案をそれぞれ考えてきてもらうように要請した。

【持戻しの可能性のある巌男の生前処分一覧】

	生前処分の内容	金額	備考
節子	自宅不動産持分の贈与	1000万円	建物全体で2000万円
純也	非行時の示談金	300万円	約30年前で，現在の貨幣価値換算で500万円程度
	㈱ジェイカー設立資金	2000万円	
	㈱ジェイカーへの貸付金	1000万円	㈱ジェイカーに対するものであって純也に対するものではないと純也は主張

遺留分減殺請求の実務②

1 遺留分減殺請求の対象となる生前贈与の範囲

遺留分算定の基礎となる財産に加算される「贈与」は，相続開始前の1年間にしたものに限られているが（民1030条前段），遺留分権利者に損害を加えることを知ってされた贈与については，1年前より以前にしたものであっても，遺留分算定の基礎となる財産に加算される（同条後段）。

そして，相続人が特別受益として受けた贈与は，民法1044条が民法903条（特別受益）の規定を遺留分に準用していることから，1年前より前にされたものであっても，すべて加算される（最判平成10・3・24民集52巻2号433頁）。

さらに，特別受益に当たる贈与について，持戻し免除の意思表示があった場合でも，遺留分制度の趣旨に鑑み，遺留分算定の基礎となる財産額に算入される。すなわち，持戻し免除の意思表示が減殺された場合，持戻し免除の意思表示は，遺留分を侵害する限度で失効し，当該贈与に係る財産の価額は，遺留分を侵害する限度で，遺留分権利者である相続人の相続分に加算され，当該贈与を受けた相続人の相続分から控除されることになる（最決平成24・1・26判時2148号61頁）。なお，この最高裁決定は，遺産分割事件において，相続分の指定と持戻し免除の意思表示について，遺留分減殺請求された場合について判示したものである。

2 遺留分減殺請求と寄与分

共同相続人の1人が贈与や遺贈を受け，他の共同相続人から遺留分減殺請求をされている場合に，減殺額を減らすために寄与分の主張をすることはできない。

民法1044条が民法904条の2を準用しておらず，寄与分を遺留分算定の基礎としていないためである。

寄与分は，家事審判事項であり，遺留分減殺請求訴訟において，抗弁として主張することは許されないとした裁判例がある（東京高判平成3・7・30判時1400号26頁）。

Episode 4 遺言書をめぐる相続紛争

IV 第3回調停期日——多少は歩み寄ったものの

1 期日でのやりとり

(1) 申立人からの事情聴取

不動産の評価額：相続税申告額のとおり

㈱ジェイカーへの援助：2000万円を出資してもらったが，その後，経営危機時に株式の贈与を受けたため（評価額0円），特別受益には当たらない。

相続財産総額：3億7520円（遺留分額：4690万円）

調停案：収益物件である駐車場一筆（財産一覧表3の1）の現物取得を希望。

(2) 相手方節子からの事情聴取

駐車場（財産一覧表3）の評価額：自用地ではなく，貸地として6割減価して4800万円程度

申立人の特別受益：3300万円

㈱ジェイカーの保証債務：相続債務とすべき

調停案：解決金1000万円の支払

2 不成立の評議と双方立会手続説明

双方の提案に大幅な相違があり，双方とも妥協する様子はないため，評議を行ったが，基本的な考え方に大きな違いがあり，調停に代わる審判をするのも相当ではないと判断して，不成立とすることとなった。

夏川調停官から，不成立の宣言をする際に，相続財産の範囲，節子の特別受益，駐車場を除く不動産の評価，寄与分は考慮されないことについては，共通の理解が得られたものの，①純也の特別受益の有無，②貸駐車場の評価，③保証債務について相続債務として控除するか，及び④現物返還か価額弁償によるのかの解決方法について争いがあり，調停で解決するのは難しいとして，不成立として事件を終了する旨が述べられた。

Scene 6 遺留分減殺請求訴訟
——手続は民事裁判へ

I 遺留分減殺請求訴訟の提起
——遺留分減殺請求訴訟のモデル訴状

　平成29年2月10日，純也の依頼を受けた乙山弁護士は，地裁へ遺留分減殺請求訴訟を提起した。

　なお，遺留分減殺請求訴訟の訴状については，東京地裁プラクティス委員会第三小委員会「遺留分減殺請求訴訟における遺留分算定について」（判タ1345号34頁）で財産一覧表及び遺留分減殺計算シートの書式を付したモデル訴状の提案がされている。

【書式4-8】訴状（遺留分減殺）

```
                      訴　状
                              平成29年2月10日
東京地方裁判所御中

             原告訴訟代理人弁護士　　乙　山　二　郎　㊞

〒〇〇〇-〇〇〇〇　東京都〇〇区〇〇
             原　　　告　　金　田　純　也
（送達場所）
〒〇〇〇-〇〇〇〇　東京都〇〇区〇〇　乙山法律事務所
             上記訴訟代理人弁護士　　乙　山　二　郎
                 電話　〇〇-〇〇〇〇-〇〇〇〇
                 FAX　〇〇-〇〇〇〇-〇〇〇〇
〒〇〇〇-〇〇〇〇　東京都江戸川区〇〇
             被　　　告　　金　田　節　子
〒〇〇〇-〇〇〇〇　東京都江戸川区〇〇
             被　　　告　　吉　野　貴　子
```

Episode 4　遺言書をめぐる相続紛争

〒○○○－○○○○　東京都江戸川区○○
　　　　　　　　　　被　　　　告　　　吉　野　優　太

遺留分減殺請求事件
　　訴訟物の価額　（省略）
　　貼用印紙額　　（省略）

第1　請求の趣旨
1　被告金田節子は，原告に対し，別紙遺産目録記載1及び2の各不動産について，平成28年4月27日遺留分減殺を原因とする持分各203万4050分の22万5589の所有権移転登記手続をせよ
2　被告金田節子は，原告に対し，443万6252円を支払え
3　被告吉野貴子は，原告に対し，別紙遺産目録記載3及び4の各不動産について，平成28年4月27日遺留分減殺を原因とする持分各358万9500分の48万3539の所有権移転登記手続をせよ
4　被告吉野優太は，原告に対し，783万9532円を支払え
5　訴訟費用は，被告らの負担とする
との判決及び第2項，第4項につき仮執行宣言を求める。

第2　請求の原因
1　被相続人である訴外金田巌男（以下「被相続人」という。）は，別紙遺産目録（省略）記載1から4までの各不動産を所有し，同目録記載5から8までの各預貯金を保有していた（以下証拠の引用は省略）。
2　被相続人は，次のとおり平成23年1月21日付け公正証書遺言（○○法務局所属公証人戊田道夫作成，同年第○号）をした。
(1)　別紙遺産目録1及び2の各不動産並びに同5及び6の各貯金を被告金田節子（以下「被告節子」という。）に，同3及び4の各不動産を被告吉野貴子（以下「被告貴子」という。）に，それぞれ相続させる。
(2)　別紙遺産目録7及び8の各預金を被告吉野優太に遺贈する。
3　被告節子は，被相続人の生前，同人から，別紙贈与目録（省略）記載の不動産の贈与を受けた。
4　被相続人は，平成28年1月30日，死亡した。同人の法定相続人は，別紙相続関係図（省略）のとおり，原告，被告節子及び被告貴子の3名であり，被相続人の遺産は，別紙遺産目録記載のとおりである。
5　被告節子は，別紙遺産目録1及び2の各不動産について，平成28年4月12日，相続を原因とする所有権移転登記をした。
6　被告貴子は，別紙遺産目録3及び4の各不動産について，平成28年4月12日，相続を原因とする所有権移転登記をした。
7　原告は，被相続人巌男の相続財産について，8分の1の遺留分を有するところ，第

2項の遺言は，原告の遺留分を侵害するものである。そこで，原告は，被告節子に対し，平成28年4月27日，同月26日付け内容証明郵便により，遺留分減殺請求権を行使する旨の意思表示をした。なお，被告らの具体的な遺留分侵害額は，別紙遺留分計算表のとおりとなる。

8　よって，原告は，請求の趣旨記載のとおり，被告節子に対し，別紙遺産目録記載1及び2の各不動産について，平成28年4月27日遺留分減殺を原因とする持分各203万4050分の22万5589の所有権移転登記手続並びに443万6252円の支払，被告貴子に対し，別紙遺産目録記載3及び4の各不動産について，同日遺留分減殺を原因とする持分各358万9500分の48万3539の所有権移転登記手続並びに被告吉野優太に対し，783万9532円の支払を求める。

第3　関連する事情

原告が申立人となって申し立てた遺留分減殺請求の調停（東京家庭裁判所平成28年（家イ）第○○号）は，3回の期日が開かれるも，平成29年2月1日不成立により終了した。その際，被相続人厳男の相続財産の範囲，被告節子の特別受益，駐車場を除く不動産の評価，寄与分は考慮されないことについては，共通の理解が得られたものの，①原告の特別受益の有無，②貸駐車場の評価，③保証債務について相続債務として控除するか及び④現物返還か価額弁償によるかについては，合意を得られなかったことから，上記の4点が争点になるものと思料する。

（以下省略）

（訴状別紙）基礎となる財産一覧表

相続人・受遺者・受贈者	1 純也	2 節子	3 貴子	4 優太	
法定相続分（上段に分子，下段に分母を記載）	1 4	1 2	1 4		1
遺留分権行使者（○印を全角で記入）	○				
	財産の種類・名称	各自の取得分の評価額			合計
遺贈	自宅		80,000,000円			80,000,000円
	貸地		50,000,000円			50,000,000円
	駐車場			120,000,000円		120,000,000円
	リゾートマンション			30,000,000円		30,000,000円
	JA普通貯金	10,000,000円				10,000,000円
	JA定期貯金	20,000,000円				20,000,000円
	A銀行定期預金				20,000,000円	20,000,000円
	B銀行定期預金				20,000,000円	20,000,000円
	貸付金	10,000,000円				10,000,000円
	合計		170,000,000円	150,000,000円	40,000,000円	360,000,000円

Episode 4　遺言書をめぐる相続紛争

死因贈与	財産の種類・名称	各自の取得分の評価額	合計
	合　計		

未処理遺産		財産の種類・名称	法定相続分に基づく分配額	評価額
	非金銭			
	金銭			
		合　計		

生前贈与		財産の種類・名称	各自の取得分の評価額	合計
	1	自宅建物2分の1	20,000,000 円	20,000,000 円
	2	資　金　援　助		
	3	示　談　金		
		↑新しい贈与が上になるように入力	20,000,000 円	20,000,000 円

債務	合計額から入力	法定相続分に基づく分担額	合計
	個別負担額から入力	各自の分担額	合計
	保　証　債　務		
	未払金(○○病院)	800,000 円	800,000 円
	公租公課(○○税務署)	3,000,000 円	3,000,000 円
	公租公課(江戸川区)	1,000,000 円	1,000,000 円
	合　計	4,800,000 円	4,800,000 円

(訴状別紙) 遺留分減殺計算表

相続人・受遺者・受贈者		1 純也	2 節子	3 貴子	4 優太
死亡時遺産	受遺(相続させる遺言を含む)額(1)		170,000,000 円	150,000,000円	40,000,000円
	死因贈与額(2)				
	未処理遺産合計(3)				
	評価額合計(4)=(1)+(2)+(3)	360,000,000 円			
贈与生前	生前贈与額(5)		20,000,000 円		
	生前贈与額合計(6)	20,000,000 円			
持戻後遺産評価額(7)=(4)+(6)		380,000,000 円			
債務額合計(8)		4,800,000 円			
遺留分算定の基礎となる財産(9)=(7)-(8)		375,200,000 円			
法定相続分(10)		1/4	1/2	1/4	
個別的遺留分率(11)=(10)÷2		1/8	1/4	1/8	
個別的遺留分額(12)=(9)×(11)		46,900,000 円	93,800,000 円	46,900,000 円	
債務分担額(13)		4,800,000 円			
現在分配額(14)=(1)+(2)+(5)-(13)			185,200,000 円	150,000,000 円	40,000,000円
未処理遺産取得額(15)=(3)×(10)					

うち 金銭債権				
最終分配額(16)=(14)+(15)		185,200,000 円	150,000,000 円	40,000,000 円
権利行使者の遺留分侵害額 (17)=(12)−(16)((17)>0)	46,900,000 円			
遺留分超過受遺額 (18)=(1)+(2)+(5)−(12)((1)が上限)		96,200,000 円	103,100,000 円	40,000,000 円
遺贈の減殺額(17)の合計を(18)で按分((18)が上限)		18,854,074 円	20,206,394 円	7,839,532 円
受遺額からみた減殺率(権利行使者の合算)		225589/2034050	483539/3589500	469/2393

遺留分減殺請求訴訟を提起するに当たって

1 遺留分減殺請求訴訟の訴訟物

　遺留分減殺請求権は，形成権であり，その効果は物権的に生ずる（最判昭和51・8・30民集30巻7号768頁参照）。そうすると，遺留分減殺請求権の行使の結果，遺留分を侵害する処分行為の効力は，減殺請求者の遺留分を侵害する程度で失効し，減殺された財産は，減殺請求者に帰属することになる。このような減殺請求権を行使して訴訟を提起する場合，遺留分減殺請求権そのものが訴訟物となるものではなく，この請求権を行使した結果生じた物権的権利または債権的権利が訴訟物となる。

2 遺留分減殺の順序
　遺留分減殺は，以下の順序によることが法定されており，請求者が減殺の対象となる目的物を選択することはできない。
　①減殺されるべき遺贈及び贈与が複数存在するときは，遺贈（遺言による贈与）から減殺（民1033条）。
　②遺贈が複数あるときは，遺言者の別段の意思が表明されていない場合には，遺贈の価額の割合に応じて減殺（民1034条）。
　③遺贈が減殺されても遺留分の額に満たないときは，贈与を減殺（死因贈与〔死亡を条件とする贈与契約〕があるときは，生前贈与より先に減殺）。
　④贈与が複数ある場合には，相続開始時に近い贈与から減殺し，順次前の贈与にさかのぼる（民1035条）。
　純也は駐車場の土地（貴子に相続させる趣旨の遺言）の取得を希望しているが，減殺の意思表示の結果，物権的な効力が生じているので，遺産分割と違って，対象は選べないから，前記訴状の記載のとおりの請求になる（民1034条本文）。また，節子への贈与（建物持分）は，その額が基礎となる財産に加算されるとしても，「贈与」よりも「遺贈」を先に減殺するので（民1033条），本件においては，減殺請求の対象には

Episode 4　遺言書をめぐる相続紛争

ならない。なお，減殺の対象を選ぶことができないとしても，調停手続や，訴訟における和解手続で，特定の物を遺留分権利者が取得する内容の話合いが合意されれば，そのとおりの取得をすることができる。

遺留分制度の見直し

　平成 29 年 4 月現在，法制審議会民法（相続関係）部会では，相続法制の見直しに関する議論が進められているところ，遺留分制度については，①遺留分請求権の効力及び法的性質の見直し，②遺留分の算定方法の見直し，③遺留分侵害額の算定における債務の取扱いに関する見直しの 3 つの方策が平成 28 年 6 月に取りまとめられた中間試案に盛り込まれた。

　特に，①は，現行法上，遺留分減殺請求権の行使によって当然に物権的効果が生じることとされていることが，遺留分減殺請求権の行使後の法律関係の複雑化を招いているとの指摘があることを踏まえて，遺留分減殺請求によって原則として金銭債権が発生するものとしつつ，受遺者または受贈者において，遺贈または贈与の目的財産による返還を求めることができる制度を設けようとするものである。中間試案に対するパブリックコメントにおいて，訴訟上の問題点が指摘されたことを踏まえ，最終的に見直しの是非について判断するための議論がされている。また，②については，遺留分算定の基礎となる財産の範囲を見直し，相続人に対する生前贈与については，相続開始前の一定期間にされたものに限り，遺留分算定の基礎となる財産に含めることとする考え方等が示されている。

II　第 1 回口頭弁論期日
——第 1 回からの争点整理

　平成 29 年 3 月 10 日の第 1 回期日では，事件を担当する秋野三郎裁判官が，双方から提出された訴状及び答弁書を読んだ上で，これにより判明した当事者間で行われた調停を踏まえ，争点を確認した。

【書式4-9】答弁書（特別受益，貸駐車場の評価，連帯保証債務）

答　弁　書

平成29年3月3日

東京地方裁判所　御中

被告ら訴訟代理人弁護士　丙川　法子　㊞

（送達場所の記載は省略）
第1　請求の趣旨に対する答弁
（略）
第2　請求の原因に対する認否
（略）
第3　被告らの主張
1　原告が得た特別受益について
　原告は，被相続人から下記のとおり特別受益を得ている。
(1)　原告が傷害を負わせた被害者に対する示談金（300万円）
　被相続人は，原告が傷害を負わせた被害者への示談金として300万円を原告に代わって被害者に対して支払っている（乙1：示談書）。本件当時，原告は既に18歳だったのであり，かかる損害賠償責任は原告自身が負うべきものであったが，被相続人が原告に代わって原告の債務を支払ったのである。また，その後被相続人はかかる債務について原告に対して求償をしていないのであるから，かかる示談金の支払は無償の経済的出捐といえ，特別受益に該当するものである。
(2)　原告に対する贈与
ア　被相続人は，原告が平成10年に㈱ジェイカーを設立する際に，その設立資金として原告に対して2000万円を贈与しており，これは特別受益に該当するものである（乙2：預金通帳写し）。
イ　また，被相続人は，売上が減少し，運転資金の捻出が困難となった原告に頼まれ，平成18年ころから計1000万円を贈与している（乙3：預金通帳写し）。
ウ　上記いずれの金員も，被相続人から原告への贈与であって，原告に対する生前贈与として特別受益に該当するものである。

2　貸駐車場の評価について
　貸駐車場として使用されている土地については，借地であることから，更地価格ではなく，借地権割合を控除して評価すべきところ，本件土地の借地権割合は60％であることから，相続税評価額1億2000万円の40％に相当する4800万円と評価すべきである。

3　㈱ジェイカーのための保証債務を相続債務として控除すべきこと
　被相続人は，㈱ジェイカーを主債務者とする保証債務1500万円（相続開始時点）

Episode 4　遺言書をめぐる相続紛争

> を負っていたところ，現在の㈱ジェイカーの経営状況に鑑みれば（乙4：㈱ジェイカー決算書3期分），かかる保証債務が現実化する危険性は極めて高く，また，保証債務を履行しても，㈱ジェイカーに求償をし，弁済を得ることは困難といえる。したがって，遺留分を算出するための基礎財産から当該保証債務1500万円は控除すべきである。
>
> 4　結語
> 　以上をもとに計算すると，別紙遺留分減殺計算表（省略）のとおり，原告の遺留分侵害額は715万円である。

1　口頭弁論期日でのやりとり

秋野裁判官：では，原告は訴状陳述されますね。

乙山弁護士：はい。陳述します。

秋野裁判官：被告も答弁書陳述ですね。

丙川弁護士：はい。陳述します。

（書証の取調べ省略）

秋野裁判官：本件については，調停段階である程度お話が進んでいたようですが，現時点での争点としては，示談金や原告に対する贈与が特別受益に当たるか，貸駐車場の評価，㈱ジェイカーの保証債務を相続債務として控除するかの3点と認識していますが，よろしいですか。

乙山弁護士・丙川弁護士：はい。

秋野裁判官：それでは，原告は，次回期日までに答弁書に対する認否・反論を準備してください。双方，和解についてはどうお考えですか。

乙山弁護士：原告としては，法律で認められている遺留分だけはせめて確保したいとの意向が強いですが，裁判所から提案があれば伺います。

丙川弁護士：こちらも裁判所からの提案があれば，説得はしてみます。

秋野裁判官：分かりました。では，次回期日は弁論準備期日といたします。

2　期日後の秋野裁判官の争点整理

　秋野裁判官は，第1回期日において確認した3つの争点について，双方の主張及び証拠を検討した上，遺留分減殺計算シートに入力して試算を行った。

Scene 6

【書式 4-10】遺留分減殺計算シート

相続人・受遺者・受贈者		1 純也	2 節子	3 貴子	4 優太
死亡時遺産	受遺(相続させる遺言を含む)額 (1)		170,000,000 円	150,000,000 円	40,000,000 円
	死因贈与額(2)				
	未処理遺産合計(3)				
	評価額合計(4)=(1)+(2)+(3)	360,000,000 円			
生前贈与	生前贈与額(5)	20,000,000 円	20,000,000 円		
	生前贈与額合計(6)	40,000,000 円			
持戻後遺産評価額(7)=(4)+(6)		400,000,000円			
債務額合計(8)		4,800,000 円			
遺留分算定の基礎となる財産(9)=(7)-(8)		395,200,000円			
法定相続分(10)		1/4	1/2	1/4	
個別的遺留分率(11)=(10)÷2		1/8	1/4	1/8	
個別的遺留分額(12)=(9)×(11)		49,400,000 円	98,800,000 円	49,400,000 円	
債務分担額(13)			4,800,000 円		
現在分配額(14)=(1)+(2)+(5)-(13)		20,000,000 円	185,200,000 円	150,000,000 円	40,000,000 円
未処理遺産取得額(15)=(3)×(10)					
うち 金銭債権					
最終分配額(16)=(14)+(15)		20,000,000 円	185,200,000 円	150,000,000 円	40,000,000 円
権利行使者の遺留分侵害額(17)=(12)-(16)((17)>0)		29,400,000 円			
遺留分超過受遺額(18)=(1)+(2)+(5)-(12)((1)が上限)			91,200,000 円	100,600,000 円	40,000,000 円
遺贈の減殺額(17)の合計を(18)で按分((18)が上限)			11,567,213 円	12,759,447 円	5,073,339 円
受遺額からみた減殺率(権利行使者の合算)			1764/25925	24647/289750	147/1159

 基礎財産から保証債務を控除すべきか

　被相続人が保証債務を負担している場合に，被相続人が主債務を負担している場合と同様に，遺留分算定の基礎財産からこれを控除することができるかについては，主たる債務者が弁済不能の状態にあるため保証人がその債務を履行しなければならず，かつ，その履行による出捐を主たる債務者に求償しても返還を受けられる見込みがないような特段の事情が存在する場合でない限り，控除の対象とはならないとする裁判例がある（東京高判平成 8・11・7 判時 1637 号 31 頁）。

Episode 4　遺言書をめぐる相続紛争

Ⅲ　第2回期日（第1回弁論準備手続）
——裁判所による和解勧試

1　期日前に提出された資料

　第2回期日の1週間前に，原告訴訟代理人乙山弁護士から原告第1準備書面が提出された。平成29年4月26日の第2回期日では，第1回弁論期日での当事者とのやりとりに基づいて，秋野裁判官が双方の主張及び証拠を検討して作成した和解案を提示し，合わせて事案に関する心証を開示した。

【書式4-11】 平成29年4月19日付け原告第1準備書面（本文）

第1　答弁書に対する認否
（略）

第2　答弁書に対する反論
1　原告に特別受益はないこと
(1)　示談金（300万円）について
　原告が傷害を負わせた被害者への示談金の支払は，被相続人が原告の監督義務者として支払ったものであり，原告に代わって支払ったものではなく，特別受益には該当しない。
(2)　原告に対する贈与（2000万円）
　2000万円は原告に対する贈与ではなく，被相続人がした㈱ジェイカーへの出資であり，被相続人が保有していた㈱ジェイカーの株式については，既に被相続人から原告に対してすべて贈与されている。なお，㈱ジェイカーの株の相続開始時点における評価額は0円であるため，㈱ジェイカーの株を贈与したことによる特別受益はない。
(3)　㈱ジェイカーへの貸付金（1000万円）
　1000万円の貸付けは㈱ジェイカーに対する貸付けであって，原告に対するものではない。したがって，その返済状況如何にかかわらず，原告の特別受益とならないことは明らかである。

2　貸駐車場の評価について
　貸駐車場としての土地利用は，当該土地で一定の期間，自動車を保管することを引き受けることに過ぎず，土地の利用そのものを目的とした賃貸借契約が締結されてい

る場合とは本質的に異なるものなのであるから，貸駐車場の場合に借地権割合を控除することは相当ではなく，更地評価とすべきである。駐車場を自用地として評価することは，相続税評価においても確立した取扱いである（乙5：国税庁のタックスアンサー参照）。

3　㈱ジェイカーのための保証債務を相続債務として控除すべきでないこと
　㈱ジェイカーの経営状況は順調とはいえないが，銀行借入等については遅滞なく返済しており，また，平成27年に始めた中古車のインターネット販売も軌道に乗り始め，新規顧客の獲得が十分に見込まれる状況であり，保証債務が現実化する危険性はない。したがって，遺留分を算出するための基礎財産から被相続人の保証債務1500万円は控除すべきではない。

以上

2　期日でのやりとり

秋野裁判官：原告から第1準備書面が出ていますね。陳述されますか。
乙山弁護士：はい。
秋野裁判官：さて，第1回期日で確認した争点についてそれぞれの主張が出されました。被告にも原告の第1準備書面に対する反論もあるかとは思いますが，現段階で，話合いで解決できるかどうか，裁判所からの提案があれば，検討していただけるということでしたね。
双方代理人：はい。
秋野裁判官：それでは，本件の争点を踏まえて，検討した結果をお伝えします。まず，特別受益の点についてですが，示談金については，裁判所としては，少年時代のことですし，親として支払ったものであって，特別受益に当たるというのは難しいのではないかと考えています。次に，会社設立時の2000万円については，預金通帳の記録からは，被相続人から原告に対して送金されていますし，現時点では，被相続人が株主であったという証拠も提出されていないようですので，原告に対する贈与として，特別受益に当たるのではないでしょうか。他方で，貸金債権の1000万円については，確かに㈱ジェイカーの帳簿上貸付けとして処理されており，預金通帳の記録上も㈱ジェイカーに対して送金されていますので，㈱ジェイカー

Episode 4　遺言書をめぐる相続紛争

に対する貸付けであって，原告の特別受益と判断することは難しいでしょうね。

丙川弁護士： ㈱ジェイカーは，原告が100％株を保有しており，実質的に原告と同視できるのではないでしょうか。

秋野裁判官： 確かに㈱ジェイカーは原告の100％所有会社ですが，実態がない会社ということではなく，従業員も数名ではありますが雇っていますし，原告と同視することは難しいのではないでしょうか。

丙川弁護士： まあ，その点については，㈱ジェイカーからちゃんと返済していただけるのであれば，当方としては，それほど争うつもりはないのですが……。

秋川裁判官： そうですよね。遺言書の記載からすれば，この債権は，被告節子さんが相続することになりますよね。被告節子さんとしては，相続すれば当然に返済を求めてくると思われますが，原告代理人としてはそのあたりはどうお考えですか。

乙山弁護士： 確かに，1000万円もの債権が節子さんに渡ることについては，原告自身も気にしています。今，急に返済を迫られても会社に支払う余裕はありませんので。

秋野裁判官： 厳しいですよね。この点については，保証債務の争点にも絡んでくるのですが，㈱ジェイカーの決算書を拝見すると，3期連続赤字でなかなか経営状態が厳しいようですが，そのあたりはいかがでしょうか。

乙山弁護士： 確かに，ここ数年経営状態が芳しくないことは事実です。先ほども急に支払えと言われれば，難しいと申し上げましたが，ただ，銀行への返済も何とかしていますし，最近では新規顧客も獲得しており，保証債務が現実化するような状態ではありません。

秋野裁判官： ㈱ジェイカーの経営状態について，被告代理人としてはどのようにお考えですか。

丙川弁護士： 決算書を確認したところ，裁判官指摘のとおり，3期連続赤字ということですし，非常に危ない状態にあると考えています。調停の際に，業績予測のような資料を受け取り，業績は回復基調にあるとの説明を受けましたが，極めて楽観的な予測に基づいており，とても信頼できるような

ものではありませんでした。
秋野裁判官：なるほど。そうなると，実際に，1500万円の連帯保証債務が現実化する可能性は高いとお考えなんですね。
丙川弁護士：はい。
秋野裁判官：では，話は戻りますが，会社に対する1000万円の貸付金について，これを被告節子さんが相続した場合の回収可能性についてはどのように考えていますか。
丙川弁護士：担保もありませんし，現実的には回収は極めて難しいかもしれませんね。
秋野裁判官：そこでなんですが，節子さんの会社に対する貸金債権については，現実的には回収可能性が極めて低いということで放棄していただき，被告節子さんが代償金として支払う金額のうち，1500万円については被相続人が連帯保証をしていた債務の返済に充てることを原告に約束してもらうということも考えられるのではないでしょうか。
丙川弁護士：確かに，今のままでは，㈱ジェイカーの連帯保証債務が現実化するのも時間の問題ではないかと考えています。連帯保証債務が現実化した場合には，価額弁償金を原告に支払うだけでなく，連帯保証している1500万円も金融機関に支払わなければならない，という最悪の事態もあり得ますからね。価額弁償金の金額にもよりますが。
秋野裁判官：原告は，いかがですか。
乙山弁護士：もし，節子さんが会社に対する債権を放棄してくれるのであれば，こちらも多少譲歩できる部分はあると思いますが，本人は，価額弁償金の使途を制限されることには強い抵抗があると思います。
秋野裁判官：そうですか。ただ，そうは言っても，節子さんに貸付金の返済を求められた場合には，㈱ジェイカーとしてはなかなか厳しいのではないでしょうか。連帯保証債務の現実化ということにもなりかねませんよね。確かに，価額弁償金の使途を制限されるというのは気持ちのいい話ではないかもしれませんが，銀行借入れもいずれは返さなければならないものでしょうし，原告本人とよく話し合ってみていただけませんか。
乙山弁護士：もちろん代理人としては，裁判官の今の話は合理的だと思って

Episode 4　遺言書をめぐる相続紛争

います。後は，価格弁償金として，いくら支払っていただけるかにもよるのですが。

秋野裁判官：そうですよね。最後に，金額面で大きいのは，貸駐車場の評価ですが，貸駐車場については，建物等の所有を目的とするような賃貸借契約とは異なりますので，借地権割合は考慮せず，更地評価になるのではないでしょうか。

丙川弁護士：そうですか。

秋野裁判官：これは，考え方の違いですので，一応，私の考え方を前提として試算したところによると，連帯保証債務を基礎財産から控除しなかった場合の遺留分侵害額は2900万円くらいになります。そこで，被告節子さんに，会社に対する貸金債権については，放棄していただき，価額弁償金として節子さんが2000万円を支払う。ただし，2000万円のうち，1500万円については被相続人が連帯保証をしていた債務の返済に充てることを原告に約束してもらうという案が考えられるのですが，いかがでしょうか。

乙山弁護士：分かりました。本人の意向もありますので，ひとまず持ち帰らせていただきます。

丙川弁護士：こちらも，考え方は理解しましたので，依頼者にも，ご提案のあった内容で話をしてみたいと思います。

【裁判所の提案内容】
①被告は原告に対して価額弁償金として2000万円支払う。
②被告節子は㈱ジェイカーに対する債権1000万円を放棄する。
③原告は，被告が連帯保証債務を相続した銀行に対する債務1500万円を返済する。

Ⅳ　期日間における代理人と依頼者とのやりとり
　　――和解案の受入れへ

【乙山弁護士と純也】

乙山弁護士：価額弁償金2000万円のうち1500万円を銀行への返済に充て

たらどうかとの提案が裁判所からありましたが，どうですか。
純也：……。確かに，相手に金の使い道を指図されるのは気に入りませんが，実際，金が入ったら会社のために使おうと思っていました。親父が連帯保証人になっていた分だけでも繰り上げ返済すれば，月々の返済は相当楽になりますし，会社の資金繰りもよくなりますし……。私はこの内容で合意していただいて結構です。

【丙川弁護士と節子，貴子】
丙川弁護士：先ほどご説明した裁判所からの提案についてはどうですか。
節子：会社に対する援助だって，純也に対する援助だって，同じじゃありませんか。まったく裁判所の考えは法律ばっかりで筋が通っていませんよ。何を考えているのかしら。
貴子：まあ，でもお母さん，そろそろこの問題は解決しないと……。そうこうしているうちに純也さんの会社が潰れちゃったら大変よ。
丙川弁護士：貴子さんが仰るとおりです。今，㈱ジェイカーの返済が滞った場合には，銀行は節子さんや貴子さんに連帯保証債務の履行を求めてくるでしょう。そしてそれを支払ったとしても，肝心の㈱ジェイカーが潰れてしまっていたら，そのお金は戻ってきません。
節子：そうですね。あの人の経営能力は全くあてにできないから，いつ潰れてもおかしくないわね。そうなると，先生が言われるとおり，会社に対する債権だって水の泡ですものね。仕方ないですね。裁判所の提案内容で早期に和解してください。
丙川弁護士：分かりました。お支払いいただくのは，節子さんと貴子さんになりますか。
節子：貴子は現金を相続していませんから，私が全部支払います。

V　第3回期日（第2回弁論準備手続）
──和解成立とその後の手続

双方代理人が期日前に裁判所に対して，裁判所提案内容で和解する旨を回

Episode 4　遺言書をめぐる相続紛争

答した。

　丙川弁護士は，被告全員の代理人をしていることから利益相反（弁護25条）の観点から辞任の要否を検討したが，本件では，節子のみが支払義務を負うことに被告3名とも異論はなかったことから，辞任することなく期日に臨んだ。

　平成29年5月16日の期日では，秋野裁判官が和解条項を読み上げ，双方代理人が内容を確認した上で，和解が成立した。

【書式4-12】和解調書（和解条項）

和解条項

1　被告金田節子は，原告に対し，被相続人金田厳男の相続に関する遺留分の価額弁償金として2000万円の支払義務があることを認める。

2　被告金田節子は，原告に対し，前項の金員を平成29年6月末日限り，原告が指定する銀行口座に振り込む方法により支払う。ただし，振込手数料は被告金田節子の負担とする。

3　被告金田節子は，被相続人から相続した㈱ジェイカーに対する貸金債権金1000万円を放棄する。

4　原告は，被告金田節子に対し，平成29年6月末日限り，㈱ジェイカーの○○銀行に対する債務1500万円を返済することを約束する。

5　原告は，被告らに対するその余の請求を放棄する。

6　原告及び被告らは，原告と被告らとの間には，被相続人の遺産相続に関し，この和解条項に定めるもののほかに何らの債権債務がないことを相互に確認する。

7　訴訟費用は各自の負担とする。

以上

遺留分減殺請求の効果

1 遺留分減殺請求に対する価額弁償

遺留分減殺請求権が行使されると，遺留分を侵害する遺贈等は遺留分を侵害する限度で失効し，当該限度で受遺者等が取得した権利は遺留分権利者に当然に帰属する。したがって，遺留分権利者は，受遺者等に対して当該限度において返還を請求することができ，受遺者等は現物でこれを返還するのが原則であるが，受遺者等は遺留分権利者からの返還請求に対して，価額を弁償することによって返還を免れることもできる（民1041条）。ただし，遺留分減殺請求権者から，受遺者等に対して現物返還ではなく価額を弁償することを求めることはできない。受遺者等が価額弁償を求める場合には，受遺者等において遺留分権利者に対し価額の弁償を現実に履行または価額の弁償のための弁済の提供をしなければならず，単に価額の弁償をすべき旨の意思表示をしただけでは足りない（最判昭和54・7・10民集33巻5号562頁）。なお，弁償すべき価額の算定基準時は現実に弁償がなされる時点であり，訴訟の場合には，事実審口頭弁論終結時である（最判昭和51・8・30民集30巻7号768頁）。

また，受遺者等が，数個の財産を取得した場合には，その財産のうち一定の財産だけを価額弁償の対象とし，それ以外の財産については現物返還とすることも認められる（最判平成12・7・11民集54巻6号1886頁）。

2 遺留分減殺請求に基づく移転登記

①遺留分減殺請求権が行使される前に既に相続等を原因とする移転登記がなされている場合には，遺留分減殺請求が相手方に到達した日を原因日付として，遺留分を侵害していた登記名義人を登記義務者，遺留分減殺請求権者を登記権利者とする共同申請により，「遺留分減殺」を登記原因とする移転登記をすることになる。

②遺留分減殺請求権が行使された時点で未だ相続等を原因とする移転登記がなされていない場合には，被相続人から遺留分減殺請求権者に対して直接，相続を原因とする移転登記をすることが認められている（昭和30年5月23日民甲第973号回答）。

3 遺留分減殺と相続税の申告

①遺留分減殺請求を受けた者

遺留分減殺請求を受けた者は，遺贈等により取得した財産が減少するため，当初した相続税の申告よりも課税価格や相続税額が減少したときは，遺留分減殺請求により返還または弁償すべき額が確定したことを知った日の翌日から4か月以内に限り，税務署長に対し，その課税価格及び相続税額につき更正の請求ができる（相税32条1項3号）。

Episode 4　遺言書をめぐる相続紛争

> ②遺留分減殺請求権を行使した者
> 　遺留分減殺請求権を行使したことで財産を取得した者は，納付すべき相続税額が生じるため，期限後申告をすることになる。（相税30条1項）。手続期限の定めはないが，申告が無い場合，税務署長による決定が行われることになる。
> 　なお，遺留分減殺請求権の行使により相続税額に変動があった場合であっても，相続人間で合意し，変動した相続税額分を金銭等で授受することにより，当初申告のまま新たな税務手続を行わないということも可能である。

VI　純也の報告──昔を思い出しました

純也：先生，今日，無事1500万円を銀行に返済してきました。何だかほっとしました。

乙山弁護士：それはよかったです。これで会社の資金繰りにも余裕ができたでしょうから，これからが頑張りどころですね。

純也：はい。今回の件で，色々と昔のことを思い出すこともあって……。確かに死ぬ前の数年間は親父との仲はぎくしゃくしていたけど，自分が少年院から出て大検をとったときや，独立して会社を始めるって言ったときも，親父はすごく喜んでくれて……。あんなうるさい後妻がいるなかで，自分に金を貸したりするのは，大変だっただろうなあ，なんて思いました。自分は四十九日にも呼ばれなかったんで，葬式に行ったきりなんです。今日はこの後，親父の墓参りをしてこようと思います。

Scene 7 遺言執行の終了
——報酬を受け取るまで

　Scene 6のとおり，平成29年5月16日に遺留分をめぐる金田家の紛争は，訴訟上の和解によって解決された。
　そこで，甲野弁護士は，これにより遺言執行がすべて完了したとして，速やかに任務終了報告書を作成し，相続人である節子，貴子，純也へそれぞれ送付した。

【書式4-13】任務終了報告書

任務終了報告書

平成29年6月30日

亡金田巌男様相続人　各位

東京都〇〇区〇〇3-4-5
電話〇〇-〇〇〇〇-〇〇〇〇
亡金田巌男様遺言執行者
弁護士　甲　野　正　勝　㊞

　当職は，亡金田巌男様の平成23年1月21日付け公正証書遺言の執行者として任務を行ってきましたが，今般，遺言全部の執行が終了したのでご報告いたします。
1　遺言執行の経過及び結果※
(1) 遺言書第1条（金田節子様へ不動産等を相続させる遺言）
　　第1条第1項につき，平成28年4月12日に節子様の単独申請により所有権移転登記がされました。第1条第2項（預貯金）につき，平成28年4月21日にJA普通貯金の通帳を節子様へ引き渡し，平成29年6月27日にJA定期貯金の解約・払戻しをして払戻金を節子様へ振込送金しました。
　　（略）
(2) 遺言書第2条（吉野貴子様へ不動産を相続させる遺言）
　　（略）
(3) 遺言書第3条（吉野優太様へ預貯金を遺贈する遺言）
　　（略）
(4) 遺言書第4条（推定相続人の廃除）
　　（略）
2　報酬その他費用の清算

Episode 4　遺言書をめぐる相続紛争

　　遺言書により相続財産を取得した節子様，貴子様，優太様に対し，追ってご連絡申し上げます。

【添付書類】
1. 全部事項証明書（不動産登記簿）写し　　　　　○通
2. 受領書（預金通帳等）写し　　　　　　　　　　○通
3. 推定相続人の廃除の審判書及び抗告審の決定書　　各1通

以上

※　相続させる旨の遺言の実現については遺言執行事項ではないため，記載しなくてもよい。

I　遺言執行の終了

1　遺言執行の終了時期

　遺言執行がいつ終了したと見るのかについては，前述したとおり，遺留分の調整を遺言執行者の職務内容に含めて考えるかどうかによって異なる。本件でも，遺留分の調整を遺言執行者の職務の範囲外と考えて，遺言書のとおりにすべての財産を相続人及び受遺者へ引き渡し，かつ，純也の推定相続人の廃除の審判事件が終結すれば，その時点をもって遺言執行の終了と考えることも可能であろう。これに対し，本件では，甲野弁護士は，節子及び優太の了解を得て，遺留分の価額弁償に備えて預貯金の一部を預かり留保した上で，遺留分をめぐる紛争の訴訟上の和解後に預貯金の引渡しを完了したものであるから，この引渡し時をもって遺言執行の終了と見ることになる。

2　遺言執行者の任務終了報告
　　──任務終了報告書の作成

　遺言執行者は，相続人との間で委任に準じた関係に立つので，任務が終了した場合には遅滞なくその経過及び結果を報告（顛末報告）しなければならず（民1012条2項・645条），任務が終了した後でも応急措置を行う義務を負い（民1020条・654条），任務が終了した事実を通知しないと相続人に対抗できない（民1020条・655条）。そのため，任務が終了した場合には，上

記報告義務の履行として，任務終了報告書を作成して，それを相続人に提出すべきである。その後，報酬を含めた遺言執行費用（民1021条）の清算をして，遺言執行者の業務が終了となる。

II 遺言執行者の報酬
―――協議ができない場合には家庭裁判所の審判で

1 相続人との協議

甲野弁護士は，公正証書遺言に報酬額の定めをしなかったことを後悔しつつ（前述のとおり後日の紛争を回避するために，公正証書遺言に報酬額または報酬算定基準を記載すべきである），平成29年7月5日，節子及び貴子に法律事務所に来てもらい，報酬額について協議を行った。ところが，節子は，純也の推定相続人の廃除が認められなかったことや，それによって不本意ながら純也からの遺留分減殺請求に応じることになったことへの不満から，甲野弁護士が示した報酬額について了解せず，交渉は決裂した。

 遺言執行者の報酬額の定めがなかった場合

遺言執行者の報酬は，遺言者の意思に従うことになるが（民1018条1項ただし書），本件のように遺言書に遺言執行者の報酬額の定めがない場合などにはどうすべきか。

1 相続人らとの協議による報酬額の決定

遺言書に報酬額の定めがない場合でも，相続人全員との協議により報酬額を決定することも可能であるため（新版注釈民法(28) 373頁〔泉久雄〕），まずは，相続人との間で協議をすべきである。

報酬を含めた遺言執行費用は，相続財産の負担となるが（民1021条本文），相続人の遺留分を害することはできない（同条ただし書）。そのため，本件では，遺留分を取得しただけの純也に対しては遺言執行費用の負担を求めることができない。よって，甲野弁護士は，相続人である節子及び貴子，受遺者である優太の計

Episode 4　遺言書をめぐる相続紛争

3名との間で，報酬額について協議を行うことになる。

　2　家庭裁判所の審判による報酬額の決定

　遺言執行者は，相続人らとの協議が調わなければ，家庭裁判所に対して報酬付与の審判申立てをして，報酬額の決定を求めることになる。申立てを受けた家庭裁判所は，相続財産の状況その他の事情によって遺言執行者の報酬を定める（民1018条1項本文，家事39条・別表第一の105）。この審判に対する即時抗告は認められない（東京高決平成16・5・7家月57巻1号127頁）。

　報酬付与の審判は，具体的な報酬請求権を形成するものに過ぎず，給付を命じる審判ではないと解されている。そのため，相続人等から任意に支払を受けられない場合には，別途民事訴訟等で解決する必要がある。報酬以外にも，遺言執行の費用（遺言書検認費用，財産目録作成費用，財産管理費用，訴訟の費用，登記費用，測量費用など）を立て替えている場合には，これらの費用の償還請求（民1012条・650条）も必要となる。実務的には，相続人や受遺者の了解を得て，遺言執行費用として預貯金の中から相当額を預かっておき，遺言執行の終了時においてその清算をする例も少なくない。

2　報酬付与審判の申立て

　甲野弁護士は，節子らとの報酬額をめぐる交渉の決裂を受けて，平成29年7月18日，家裁へ報酬付与の申立てを行った。甲野弁護士が作成した遺言執行者に対する報酬付与の家事審判申立書の「申立ての趣旨」及び「申立ての理由」は，以下のとおりである。

【書式4-14】遺言執行者に対する報酬付与申立書（一部抜粋）

申　　立　　て　　の　　趣　　旨
遺言者金田巌男の平成23年1月21日付け公正証書遺言の遺言執行者の報酬として相当額を付与する審判を求める。[※1]
申　　立　　て　　の　　理　　由
1　申立人は，遺言者金田巌男の平成23年1月21日付け公正証書遺言（以下「本件

遺言」という。）の遺言執行者である。
2　遺言執行の内容
　申立人は，遺言執行者に就任した後，1年4か月間その任務を遂行して，平成29年6月30日をもって遺言執行を終了したが，執行行為の具体的内容は別添「任務終了報告書」に記載したとおりである。
3　本件遺言には遺言執行者の報酬に関する定めがない。遺言執行の終了後に相続人及び受遺者との間で報酬額につき協議を行ったが，全員の合意が得られなかった。
4　よって，本申立てに及ぶものである。※2

※1　申立ての趣旨に具体的な報酬額を記載する必要はない。
※2　家庭裁判所は，相続財産の多寡や，執行の期間，執行の範囲や難易，義務の程度，実現された成果などを考慮して，その裁量により報酬額を決定する（新版注釈民法（28）373頁〔泉久雄〕）。そのため，審判申立書及び添付資料において上記の各事情が分かるようにすべきである。

3　報酬付与の審判とその後の経過

　報酬付与の審判申立てを受けた東京家庭裁判所の冬月四郎裁判官は，甲野弁護士から提出された資料につき事実の調査及びその通知（家事55条・63条）をした上で，平成29年8月31日，甲野弁護士への報酬額を〇〇万円とする報酬付与の審判をした。

　そして，甲野弁護士が改めて節子と協議したところ，節子も家裁の審判には従う旨述べたので，節子が代表して，家裁で取り決められた報酬額と，甲野弁護士が立て替えていた諸経費を支払うこととなった。その後，甲野弁護士の請求書どおりの振込みがされて，甲野弁護士の遺言執行者としての業務は無事終了した。

事項索引

あ 行

異議権放棄の共同申出 …………………51
遺言事項 …………………………………276
遺言執行者 ………………………………280
　　──選任・解任の審判 ………………288
　　──の業務 ……………………………287
遺言能力 …………………………………275
遺言の撤回 ………………………………279
遺言無効確認 ……………………………275
遺産の範囲 ………………………………204
遺産分割の審判 …………………………259
遺産分割方法の指定 ……………………278
慰謝料的財産分与 …………………………59
遺留分 ……………………………………279
　　──制度の見直し ……………………330
　　──の算定方法 ……………………305
遺留分減殺
　　──請求後の法律関係 ……………310
　　──請求訴訟 ………………………329
　　──の順序 …………………………329
遺留分減殺請求権 ………………………305
遺留分調停 ………………………………314
インテーク ………………………………24
オーバーローン ……………………………62

か 行

価額弁償 …………………………………341
家事調停 ……………………………………15
家事調停官 ………………………………316
家庭裁判所調査官 ……………………24, 177
仮分割の仮処分 …………………………206
管　轄 ……………………………135, 195
管轄合意書 ………………………………136
換価分割 …………………………………253
監護権 ……………………………………136
監護に関する陳述書 ………………………96
間接強制 …………………………………151
間接交流 …………………………………141
鑑　定
　　非上場株式の── …………………217
　　不動産の── ………………………216

鑑定費用 …………………………………171
　　株式の── …………………………227
期限後申告 ………………………………342
協議離婚 ……………………………………11
共有分割 …………………………………254
許可抗告 …………………………………268
寄与分 ……………………………234, 323
　　──を定める処分 …………………256
具体的取得分 ……………………………265
具体的相続分 ……………………………265
具体的相続分率 …………………………265
検　認 ……………………………………277
現物分割 …………………………………253
合意管轄 …………………………………136
合意分割 ……………………………………81
後　見 ……………………………………169
後見制度支援信託 ………………………177
後見命令 …………………………………175
公示価格 …………………………………215
公正証書遺言 ……………………………281
更正の請求 ………………………218, 341
個人番号（マイナンバー） ………………23
固定資産税評価額 ………………………215
子の氏の変更許可 …………………………80
子の陳述聴取 ……………………………128
婚姻費用 ……………………………………28
婚氏続称 ……………………………………80

さ 行

財産管理 …………………………………182
財産管理者の選任 ………………………175
財産分与 ……………………………………58
裁量割合 …………………………………249
3号分割 ……………………………………81
参与員 ……………………………………176
試行的面会交流 …………………………142
死後事務 …………………………………184
事後評議 ……………………………………33
事実認定 ……………………………………52
事実の調査
　　──の通知 …………………………259
　　子の監護者指定・引渡事件の── ……127

349

事項索引

事情聴取
　遺産分割事件の―― …………………187
　離婚事件の―― ……………………………5
事前評議 ………………………………………33
自庁処理の申出 ……………………………135
使途不明金 …………………………………203
自筆証書遺言 ………………………………277
死亡危急時遺言 ……………………………278
収益還元法 …………………………………216
修正申告 ……………………………………218
住宅ローン付き不動産 ………………………60
受任通知 ………………………………………10
進行照会回答書 ………………………………16
身上監護 ……………………………………182
身上配慮義務 ………………………………183
人身保護請求 …………………………………90
審判日 ………………………………………260
審判前の保全処分 ……………90, 95, 175
審問立会権 …………………………………103
審理の終結 …………………………………260
推定相続人の廃除 …………………286, 296
　――の審判 ………………………………299
進め方チャート図
　――遺産分割調停 ………………………200
　――遺留分調停 …………………………315
　――婚姻費用分担調停 ……………………39
清算的財産分与 ………………………………59
成年後見制度 ………………………………169
生命保険金 …………………………239, 241
宣誓供述書 …………………………………286
前提問題 ……………………………………202
相続税申告 …………………………………217
相続税の納付 ………………………………218
相続税評価額 ………………………………215
双方代理 ……………………………………191
双方立会手続説明 ……………………………36
即時抗告 ……………………………………269

た 行

代償分割 ……………………………………253
段階的進行モデル …………………………201
単独調停 ……………………………………131
中間合意調書 ………………………………225
中間評議 ………………………………………33
調査官調査 …………………………………106
調査嘱託 ………………………………………65
調査報告書 …………………………………113
調査命令 ……………………………………104
調停委員 ………………………………………15
調停委員会 ……………………………………15
調停条項 ………………………………………78
調停前置主義 ……………………………9, 311
調停に代わる決定 ……………………………51
調停に代わる審判 ……………………………50
手続選別 ………………………………………24
同席調停 ………………………………………36
同族会社の株式 ……………………………267
特別抗告 ……………………………………268
特別受益 ……………………………229, 231, 323
特有財産 ………………………………………59
取消権
　成年後見人の―― ………………………182

な 行

2分の1ルール ………………………………60
入籍届 …………………………………………80
任意後見制度 ………………………………169
任務終了報告書 ……………………………345
年金分割 ………………………………………81
年金分割のための情報通知書 ………………82

は 行

長谷川式簡易知能評価スケール …………171
非監護親 ……………………………………141
非上場株式の評価 …………………………216
秘密証書遺言 ………………………………277
評議 ……………………………………………33
標準報酬改定請求書 …………………………80
付言事項 ……………………………………276
付随問題 ……………………………………203
附帯処分 ………………………………………63
付調停 ………………………………131, 312
不動産の評価 ………………………………214
扶養の財産分与 ………………………………59
弁護士会照会 …………………………65, 172
弁護士倫理 …………………………………307
忘恩行為 ………………………………………72
包括的代理権
　成年後見人の―― ………………………182
報酬付与の審判 ……………………………346

| 法定相続情報証明制度 …………………295
| 保　佐 ………………………………169
| 補　助 ………………………………169
| 保全処分 ………………………………62
| 本人出頭主義 …………………………14
| 本来の相続分 ………………………264

ま　行

| マイナンバー …………………………23
| みなし相続財産 …………………214, 264
| 命令補佐 ………………………………105
| 面会交流 ………………………………141
| 持戻し免除の意思表示 ………229, 231, 246

や　行

| 有責配偶者からの離婚請求 ……………13
| 郵便転送 ………………………………183
| 養育費・婚姻費用算定表 …………26, 29

ら　行

| 利益相反 ………………………………191
| 利害関係参加 …………………301, 320
| 履行勧告 …………………………………82
| 履行命令 …………………………………82
| 離婚慰謝料 ………………………………72
| 離婚届 ……………………………………80
| 療養看護型の寄与分 ……………235, 248

判例索引

大決昭和 2・9・17 民集 6 巻 501 頁 ……………………………………275
最判昭和 29・4・8 民集 8 巻 4 号 819 頁 …………………………………205
最判昭和 30・5・10 民集 9 巻 6 号 657 頁 …………………………………307
最判昭和 31・9・18 民集 10 巻 9 号 1160 頁 ………………………………275
最判昭和 34・6・19 民集 13 巻 6 号 757 頁 ………………………………205
札幌高決昭和 39・11・21 判タ 181 号 204 頁 ……………………………214
最判昭和 40・2・2 民集 19 巻 1 号 1 頁 …………………………………205
最大決昭和 41・3・2 民集 20 巻 3 号 360 頁 ……………………………202
最判昭和 41・7・14 民集 20 巻 6 号 1183 頁 ……………………………305
最判昭和 43・12・20 民集 22 巻 13 号 3017 頁 …………………………283
新潟地判昭和 46・11・12 下民集 22 巻 11＝12 号 1121 頁 ………………72
東京高判昭和 48・9・17 高民 26 巻 3 号 288 頁 …………………………205
最判昭和 49・7・22 判時 750 号 51 頁 ……………………………………191
最判昭和 51・3・18 民集 30 巻 2 号 111 頁 ………………………………305
最判昭和 51・7・19 民集 30 巻 7 号 706 頁 ………………………………275
最判昭和 51・8・30 民集 30 巻 7 号 768 頁 ……………………310, 329, 341
最判昭和 52・9・19 判時 868 号 29 頁 ……………………………………205
最判昭和 53・2・17 判タ 360 号 143 頁 …………………………………72
最判昭和 54・7・10 民集 33 巻 5 号 562 頁 ……………………………341
福島家白河支審昭和 55・5・24 家月 33 巻 4 号 75 頁 …………………240
最判昭和 55・7・11 民集 34 巻 4 号 628 頁 ………………………………59
最判昭和 57・11・12 民集 36 巻 11 号 2193 頁 …………………………305
大阪家審昭和 59・4・11 家月 37 巻 2 号 147 頁 ………………………205
最決昭和 59・7・6 判時 1131 号 79 頁 ……………………………………141
東京高判昭和 61・1・28 判時 1185 号 109 頁 ……………………………72
東京地判昭和 61・1・28 判時 1222 号 79 頁 ……………………………205
最大判昭和 62・9・2 民集 41 巻 6 号 1423 頁 …………………………13
東京高判昭和 63・5・11 判タ 681 号 187 頁 ……………………………225
最判平成 2・10・18 民集 44 巻 7 号 1021 頁 ……………………………205
最判平成 3・4・19 民集 45 巻 4 号 477 頁 ……………………196, 278, 293
東京高判平成 3・7・30 判時 1400 号 26 頁 ……………………………323
最判平成 4・4・10 判時 1421 号 77 頁 ……………………………………205
最判平成 5・10・19 民集 47 巻 8 号 5099 頁 ……………………………91
最判平成 6・4・26 民集 48 巻 3 号 992 頁 ………………………………91
最判平成 7・1・24 判時 1523 号 81 頁 ……………………………………293
最判平成 8・1・26 民集 50 巻 1 号 132 頁 ………………………………311
東京高判平成 8・11・7 判時 1637 号 31 頁 ……………………………333
最判平成 8・11・26 民集 50 巻 10 号 2747 頁 …………………………305
最判平成 9・11・13 民集 51 巻 10 号 4144 頁 …………………………279
最判平成 10・3・24 民集 52 巻 2 号 433 頁 ……………………………323
最判平成 11・12・16 民集 53 巻 9 号 1989 頁 …………………………293
名古屋高決平成 12・4・19 家月 52 巻 10 号 90 頁 ……………………225

最決平成 12・5・1 民集 54 巻 5 号 1607 頁 …………………………………………141
最判平成 12・7・11 民集 54 巻 6 号 1886 頁 ……………………………………341
最判平成 14・7・12 判時 1805 号 61 頁 …………………………………………302
東京高判平成 15・4・23 金法 1681 号 35 頁 ……………………………………294
東京地判平成 15・11・17 判タ 1152 号 241 頁 …………………………………231
東京高決平成 16・5・7 家月 57 巻 1 号 127 頁 …………………………………346
最決平成 16・10・29 民集 58 巻 7 号 1979 頁 …………………239, 241, 246, 262
最判平成 17・9・8 民集 59 巻 7 号 1931 頁 ………………………205, 206, 209
東京高決平成 17・10・27 家月 58 巻 5 号 94 頁 ………………………………246
大阪家堺支審平成 18・3・22 家月 58 巻 10 号 84 頁 …………………………246
名古屋高決平成 18・3・27 家月 58 巻 10 号 66 頁 ……………………………246
東京地判平成 18・5・31 判例秘書登載 …………………………………………294
東京高決平成 19・10・23 家月 60 巻 10 号 61 頁 ………………………………288
東京地判平成 19・12・3 判タ 1261 号 249 頁 …………………………………289
京都家審平成 20・2・28 家月 61 巻 4 号 105 頁 ………………………………297
神戸家伊丹支審平成 20・10・17 家月 61 巻 4 号 108 頁 ………………………296
最判平成 21・1・22 民集 63 巻 1 号 228 頁 ……………………………………207
宇都宮地判平成 22・3・1 金法 1904 号 136 頁 …………………………………283
最判平成 22・10・8 民集 64 巻 7 号 1719 頁 ……………………………………205
最判平成 23・2・22 民集 65 巻 2 号 699 頁 ……………………………………279
東京高決平成 23・5・9 家月 63 巻 11 号 60 頁 …………………………………296
東京地判平成 24・1・25 判時 2147 号 66 頁 ……………………………………294
最決平成 24・1・26 判時 2148 号 61 頁 …………………………………………323
東京高決平成 24・10・18 判時 2164 号 55 頁 ……………………………………95
最決平成 25・3・28 民集 67 巻 3 号 864 頁 ……………………………………152
最決平成 25・3・28 判時 2191 号 46 頁 …………………………………………152
最決平成 25・3・28 判時 2191 号 48 頁 …………………………………………152
最判平成 26・2・25 民集 68 巻 2 号 173 頁 ……………………………………205
大阪高決平成 26・3・20 判時 2244 号 21 頁 ……………………………………267
大阪高判平成 26・11・28 判タ 1411 号 92 頁 …………………………………283
最大決平成 28・12・19 民集 70 巻 8 号 2121 頁 ………………………205, 266
最判平成 29・4・6 金法 2064 号 6 頁 ……………………………………………205

裁判実務フロンティア　家事事件手続
Frontiers of Law Practice; The Law of Family Affairs Procedure

2017年7月30日　初版第1刷発行

編　者	矢　尾　和　子
	大　坪　和　敏
発行者	江　草　貞　治
発行所	株式会社　有　斐　閣

郵便番号 101-0051
東京都千代田区神田神保町 2-17
電話　(03)3264-1314〔編集〕
　　　(03)3265-6811〔営業〕
http://www.yuhikaku.co.jp/

印刷・株式会社理想社／製本・牧製本印刷株式会社
© 2017, K. Yao, K. Otsubo. Printed in Japan
落丁・乱丁本はお取替えいたします。
★定価はカバーに表示してあります。

ISBN 978-4-641-13753-0

JCOPY　本書の無断複写(コピー)は、著作権法上での例外を除き、禁じられています。複写される場合は、そのつど事前に、(社)出版者著作権管理機構(電話03-3513-6969、FAX03-3513-6979、e-mail:info@jcopy.or.jp)の許諾を得てください。